모빌리티
　　　인문학
미래세계

이 저서는 2018년 대한민국 교육부와 한국연구재단의 지원을 받아 수행된 연구임 (NRF-2018S1A6A3A03043497)

HA15
bility
manities
emblage

모빌리티
인문학
미래세계

이진형 신인섭 김주영 이현영 김태희 양명심 김치정 임보미 우연희 박해리 이용균

앨피

모빌리티인문학은 기차, 자동차, 비행기, 인터넷, 모바일 기기 등 모빌리티 테크놀로지의 발전에 따른 인간, 사물, 관계의 실재적·가상적 이동을 인간과 테크놀로지의 공-진화co-evolution라는 관점에서 사유하고, 모빌리티가 고도화됨에 따라 발생하는 현재와 미래의 문제들에 대한 해법을 인문학적 관점에서 제안함으로써 생명, 사유, 문화가 생동하는 인문-모빌리티 사회 형성에 기여하는 학문이다.

모빌리티는 기차, 자동차, 비행기, 인터넷, 모바일 기기 같은 모빌리티 테크놀로지에 기초한 사람, 사물, 정보의 이동과 이를 가능하게 하는 테크놀로지를 의미한다. 그리고 이에 수반하는 것으로서 공간(도시) 구성과 인구 배치의 변화, 노동과 자본의 변형, 권력 또는 통치성의 변용 등을 통칭하는 사회적 관계의 이동까지도 포함한다.

오늘날 모빌리티 테크놀로지는 인간, 사물, 관계의 이동에 시간적·공간적 제약을 거의 남겨두지 않을 정도로 발전해 왔다. 개별 국가와 지역을 연결하는 항공로와 무선 통신망의 구축은 사람, 물류, 데이터의 무제약적 이동 가능성을 증명하는 물질적 지표들이다. 특히 전 세계에 무료 인터넷을 보급하겠다는 구글Google의 프로젝트 룬Project Loon이 현실화되고 우주 유영과 화성 식민지 건설이 본격화될 경우 모빌리티는 지구라는 행성의 경계까지도 초월하게 될 것이다. 이 점에서 오늘날은 모빌리티 테크놀로지가 인간의 삶을 위한 단순한 조건이나 수단이 아닌 인간의 또 다른 본성이 된 시대, 즉 고-모빌리티high-mobilities 시대라고 말할 수 있다. 말하자면, 인간과 테크놀로지의 상호보완적·상호구성적 공-진화가 고도화된 시대인 것이다.

고-모빌리티 시대를 사유하기 위해서는 우선 과거 '영토'와 '정주' 중심 사유의 극복이 필요하다. 지난 시기 글로컬화, 탈중심화, 혼종화, 탈영토화, 액체화에 대한 주장은 글로벌과 로컬, 중심과 주변, 동질성과 이질성, 질서와 혼돈 같은 이분법에 기초한 영토주의 또는 정주주의 패러다임을 극복하려는 중요한 시도였다. 하지만 그 역시 모빌리티 테크놀로지의 의의를 적극적으로 사유하지 못했다는 점에서, 그와 동시에 모빌리티 테크놀로지를 단순한 수단으로 간주했다는 점에서 고-모빌리티 시대를 사유하는 데 한계를 지니고 있었다. 말하자면, 글로컬화, 탈중심화, 혼종화, 탈영토화, 액체화를 추동하는 실재적·물질적 행위자agency로서의 모빌리티 테크놀로지를 인문학적 사유의 대상으로서 충분히 고려하지 못했던 것이다. 게다가 첨단 웨어러블 기기에 의한 인간의 능력 향상과 인간과 기계의 경계 소멸을 추구하는 포스트-휴먼 프로젝트, 또한 사물 인터넷과 사이버 물리 시스템 같은 첨단 모빌리티 테크놀로지에 기초한 스마트 도시 건설은 오늘날 모빌리티 테크놀로지를 인간과 사회, 심지어는 자연의 본질적 요소로 만들고 있다. 이를 사유하기 위해서는 인문학 패러다임의 근본적 전환이 필요하다.

이에 건국대학교 모빌리티인문학 연구원은 '모빌리티' 개념으로 '영토'와 '정주'를 대체하는 동시에 인간과 모빌리티 테크놀로지의 공-진화라는 관점에서 미래세계를 설계하기 위한 사유 패러다임을 정립하려고 한다.

차례

2부 _ 모빌리티의 초국적 실천과 정치/통치/윤리

모빌리티인문학과 미래 세계의 구상

_이진형

존 어리John Urry의 《모빌리티》는 모빌리티 연구사에서 가장 중요한 저서 가운데 하나로 평가받고 있다. 거기에는 새 모빌리티 패러다임New Mobilities Paradigm의 이론과 방법론에 대한 체계적인 설명뿐만 아니라 그 패러다임을 활용해서 진행한 모빌리티 연구 사례들이 풍부하게 담겨 있기 때문이다. 흥미로운 것은, 존 어리가 이 책에서 보행, 기차, 자동차, 항공기 같은 모빌리티 시스템들에 대한 통시적 연구를 진행한 뒤 마지막 장('시스템과 어두운 미래')에서 결론 격으로 모빌리티의 미래에 관한 암울한 전망을 제시했다는 점이다.

지금까지 모빌리티의 미래는 두 가지 가능성 사이에 끼어 있는 듯 보인다. 그중 하나는 지구온난화의 다중적 되먹임 고리를 통해 수많은 시스템과 네트워크가 붕괴하는 것이다. 그리고 다른 하나는 수많은 모빌리티, 특히 승용차 시스템의 "안전"을 위하여, 그리고 다중적 파놉티콘 환경 내부에서 사람들의 "안전"을 위하여, 시스템과 모빌리티가 지나치게 잘 작동하는 세상이다.[1]

물론 어리는 "예측 불가능한 의외의 시스템 변화"가 발생할 수도 있고, 자신의 분석 또는 예상이 확정적인 것도 영원한 것도 아님을 덧붙이고 있지만, "지구의 미래가 오웰적 미래와 홉스적 미래 사이에서 진퇴양난에 처해 있"다는 게 그가 모빌리티 연구를 통해서 도달한 최종 결론이었다.[2] 우리는 물론 이러한 전망에 동의할 수도 있고 동의하지 않을 수도 있다. 그러나 모바일 테크놀로지의 급속한 발전에 따른 이동의 효율적 조직화와 전쟁 또는 기후위기에 수반하는 파국적 모빌리티 비상 사태의 빈번한 도래를 동일한 모니터 안에서 목도하게 된다면, 어리의 논의를 무시한 채 우리의 미래 세계를 조망하기란 불가능한 일일 것이다. 팀 크레스웰Tim Cresswell이 말했던 것처럼, 모빌리티란 단순한 공간 이동이 아니라 '존재가 지닌 근본적인 지리적 측면'이고, 그래서 '존재의 서사'와 '이데올로기'를 배양하는 풍요로운 토양을 제공해 주기 때문에 '신체와 사회에 관한 논의에서 중심적인 역할'을 할 수밖에 없다.[3]

---

1 존 어리, 《모빌리티》, 김태한 옮김, 앨피, 2022, 529쪽.
2 존 어리, 《모빌리티》, 529쪽.
3 팀 크레스웰, 《온 더 무브》, 최영석 옮김, 앨피, 2021, 17쪽.

미미 셸러Mimi Sheller는 최근 출간한 모빌리티 연구 입문서《고급 모빌리티 입문Advanced Introduction to Mobilities》(2020)에서 새 모빌리티 패러다임이 미래 세계를 구상하고 그에 관한 논의를 전개하는 데 필수적임을 주장한 바 있다. 셸러는 존 어리와 함께 새 모빌리티 패러다임을 처음 주창한 학자로 유명하지만, 이 책에서는 특히 어리보다 더 실천적인 입장을 취하는 가운데 '지속가능한 모빌리티의 길'을 위한 절대적 조건으로서 "체현된 키노폴리틱 투쟁embodied kinopolitical struggles"("그린 젠트리피케이션의 역사를 호출하는 지배적 자동차 모빌리티 시스템, 키네틱 엘리트의 과잉, 자원 착취 식민주의 같은 문제들에 대한 직접적 도전")을 주장했다.[4] 그리고는 다음과 같은 두 가지 가능한 미래상을 제시하며 글을 맺었다.

안전과 사회적 보호는 국경 치안 유지 활동 강화, 장벽 건설 증가, 데이터베이스 보강, 바이오-시큐리티 시행 강화에 의존하는가, 그렇지 않으면 우리가 대안적 세계를 상상할 수 있을까? 우리가 **모두를 위한**for all 이동과 거주의 자유를 공유하고, 가로지르고, 보존하고, 다른 이들(인간과 인간-이상more-than-human 모두)에게 전해 주는 모바일 공유재로서 보존하는 세계 말이다.[5]

어리가 인류의 미래를 어떤 긍정적 전망도 불가능한 암울한 세

---

4 Mimi Sheller, *Advanced Introduction to Mobilities*, Edward Elgar Publishing, 2021, p. 123.
5 Mimi Sheller, *Advanced Introduction to Mobilities*, p. 123.

계로 묘사했다면, 셸러는 실천("키노폴리틱 투쟁")을 통해 성취해야 할 일종의 당위적 세계상을 선택지에 포함함으로써 낙관적 희망이 완전히 사라지지는 않은—그러나 지금으로서는 실현 가능성이 있다고 말하기도 힘든—미래 세계 전망을 제시했다. 이 무렵 피터 애디Peter Adey와 동료들 또한 비슷한 관점에서 《이행을 향한 운동Moving Towards Transition: Commoning Mobility for a Low-Carbon Future》(2021)를 공동 저술했다. 이 책에서 그들은 탈-탄소 모빌리티 정책과 관련하여 '모빌리티 공유재' 개념을 중심으로 '정의로운 모빌리티 이행'의 조건들을 고찰함으로써 '대안적 세계'의 가능성을 탐구했다.[6]

미래지향적 모빌리티 연구는 단지 몇몇 연구자들에게만 해당하는 것이 아니다. 《Mobilities》 특집호 '인류세 모빌리티Anthropocene mobilities'(2019), 《Sustainability》 특집호 '인류세 이후 시간과 모빌리티Time and Mobility after the Anthropocene'(2020), 《Australian Georapher》 특집호 '모빌리티 정의Mobility Justice'(2023), 학술지 《Applied Mobilities》 특집호 '사회-생태적으로 지속가능한 모빌리티 레짐의 구상Shapes of Socio-ecologically Sustainable Mobility Regimes'(2023) 등 최근 출판되는 주요 학술지 특집호들을 보면 그러한 연구 경향이 모빌리티 학계의 전반적인 흐름 가운데 하나임을 어렵지 않게 확인할 수 있다. 이러

---

6 Peter Adey, Tim Cresswell, Jane Yeonjae Lee, Anna Nikolaeva, André Nóvoa, and Cristina Temenos, *Moving Towards Transition: Commoning Mobility for a Low-Carbon Future*, Zed Books, 2021.

한 연구 동향이 의미하는 바는, 모빌리티 연구의 목적이 단지 과거나 현재의 모빌리티 시스템에 대한 분과학문적이거나 탈분과학문적인 연구에만 있지 않다는 점일 것이다. 아니, 오히려 그러한 연구 동향은 모빌리티 연구가 '모빌리티의 미래', 정확히 말하면 '정의로운 미래 모빌리티 세계'를 탐구하고 실현하는 데 더 관심이 많음을 보여 주는 듯하다. 모빌리티 정의를 "우리가 어떻게, 언제, 어디로 이동하는지" 너머 "어떻게, 언제, 어디에 사느냐에 관한 것"으로 이해한다면 말이다.[7]

모빌리티인문학 역시 모빌리티 연구와 미래지향성을 공유하지만, 텍스트 기반 연구를 통해서 그에 참여하고자 한다. 텍스트에 구현된 모빌리티의 '가상'과 '상상'에 주목함으로써 "더 객관적이고 관찰적인 재현 방식을 통해서는 보통 접근할 수 없"는 "상상적이거나 비가시적이거나 억압된 모빌리티 맥락들"을 포착하여 가시화하고,[8] 그래서 아직 현실화되지 않은 또는 억압되어 있는 잠재적 모빌리티들을 개방하는 데 참여하는 것이다. 이와 같은 잠재적 모빌리티들은 비록 가상적이거나 상상적인 방식으로 존재하겠지만, 현재 실재하는 모빌리티들을 비판적으로 성찰하고 정의로운 미래 모빌리티 사회를 구상하기 위한 '더 나은 입장'[9]으로

---

7 미미 셸러, 《모빌리티 정의》, 69쪽.

8 닐 아처, 〈길 위의 장르〉, 피터 메리만·린 피어스 편, 《모빌리티와 인문학》, 김태희·김수철·이진형·박성수 옮김, 앨피, 2019, 76쪽.

9 Carlos López-Galviz, Monika Büscher, and Malene Freudendal-Pedersen, "Mobilities and Utopias: A Critical Reorientation," *Mobilities* 15(1), 2020, p. 5.

기능하거나 그 '더 나은 입장'을 사유하게 해 준다. "물리적 이동 가능성의 장"에는 "기원, 횡단, 목적지 등에 대한 상상 행위", 즉 "우리 삶과 미래 그 자체에 대한 열망"이 스며들어 있기 때문이다.[10] 물론 잠재적 모빌리티들의 가시화를 통해 궁극적으로 '모빌리티 정의'의 관점에서 미래 모빌리티 사회의 형성에 기여하고자 하는 모빌리티인문학의 시도는 어쩌면 말 그대로 텍스트 내부에 머물러 버릴지도 모른다.[11] 하지만 셰인 엡팅Shane Epting이 말했듯이, '모빌리티 정의라는 바위를 언덕 위로 계속 밀어 올리는 일'은 '기약 없는 숙제'일 수 있지만 우리는 이 숙제를 하지 않으면 안 된다.[12]

이 책은 바로 그 '기약 없는 숙제'를 하려는 의도에서 기획되었다. 모빌리티는 한편으로 권력의 역학관계 속에서 '사회적으로 생산된 운동'[13]이자 인간의 사회적 실천 및 인지적·감각적 활동에 의한 구성물('인문학적 생산물')[14]이지만, 다른 한편으로는 "시간과 공간을 생산하는 행위주체"[15] 역할을 담당하기도 한다. 예를

10   Flavia Cangià and Tania Zittoun. "Editorial: Exploring the Interplay between (Im)mobility and Imagination." *Culture & Psychology* 26(4), 2020, pp. 641.
11   이진형, 〈모빌리티인문학의 적용과 모델링〉, 이진형 외, 《모빌리티 인문학의 적용과 모델링》, 앨피, 2024, 15쪽.
12   셰인 엡팅, 《도시 모빌리티와 도덕성》, 김나현 옮김, 앨피, 2024, 25쪽.
13   팀 크레스웰, 《온 더 무브》, 20쪽.
14   Jooyoung Kim, Taehee Kim, Jinhyoung Lee, and Inseop Shin, "Exploring Humanistic Layers of Urban Travel: Representation, Imagination, and Speculation," *Transfers* 9(3), 2019, p. 100.
15   팀 크레스웰, 《온 더 무브》, 23쪽.

들어, 열차의 이동은 추상적이고 절대적인 시공간에서 이루어지는 것처럼 보이지만, 그 이동을 중심으로 인간과 사물의 배치를 재구성함으로써 사회적 시공간을 (재)생산하는 데 결정적 역할을 수행한다. 모빌리티인문학은 모빌리티의 실행과 그에 의한 사회적 시공간의 (재)생산 메커니즘을 탐구하는데, 특히 다양한 형태의 텍스트들을 매개로 모빌리티가 사회적 시공간 (재)생산에 기여하는 바를 고찰함으로써 그렇게 한다. 이를 위해서는 물론 그 과정에 개입하는 권력의 역학관계에 대한 연구가 필수적이지만, 그에 못지않게 그 과정에 참여하는 사회적 주체의 윤리적 실천 또한 반드시 염두에 두지 않으면 안 된다. 윤리를 "현실을 생산하고 (생성하고 창조하며) 재생산하는, 다양한 의식적·무의식적 방식들로 전개되는 일상적 사건들에 대한 습관적 참여"[16]로 이해할 수 있다면 말이다. 말하자면, 인간의 삶 그 자체를 조건짓거나 결정짓는 환경과 기후, 그리고 오늘날 대다수의 인간이 거주하고 있는 도시공간은 모빌리티의 윤리적 실천에 의해 (재)편성될 것이다. 그러므로 모빌리티인문학은 모빌리티가 사회적 생산물이자 인지적·감각적 구성물이기도 하지만 사회적 시공간 (재)생산에 참여하는 중요한 행위자임을 잊지 않으며, 그래서 모빌리티를 둘러싼 권력의 역학관계뿐만 아니라 그 가운데서 수행되는 인간의 윤리적 실천 또한 주요 연구 대상으로 설정한다. 이 책이 '텍

---

[16] Rodanthi Tzanelli, *Frictions in Cosmopolitan Mobilities: The Ethics and Social Practices of Movement across Cultures*, Edward Elgar Publishing, 2021, p.3.

스트의 모빌리티 재현과 장소 만들기', '모빌리티의 초국적 실천과 정치/통치/윤리', '모빌리티와 미래 세계의 현재적 조건: 환경, 기후, 도시' 등 세 부분으로 이루어진 이유는 바로 여기에 있다.

◆ ◆ ◆

1부 '텍스트의 모빌리티 재현과 장소 만들기'는 〈텍스트 너머 작가의 모빌리티: 일본 근대 작가 아리시마 다케오의 장소〉, 〈고-모빌리티 시대 무인도 유튜브 디지털 스토리텔링〉, 〈모빌리티 인프라와 공간의 형성: 에도시대 명소기를 통해 본 스미다강의 '다리'와 '공간'에 관한 고찰〉로 이루어져 있다. 여기서는 일본 근대문학 작가 아리시마 다케오有島武郎의 모빌리티 실천, 무인도 테마 유튜브 디지털 스토리텔링, 일본 근세 시대 출판된 명소안내기 등을 중심으로 모빌리티 실천을 통한 장소의 (재)생산 과정을 탐구한다.

우선 신인섭의 〈텍스트 너머 작가의 모빌리티: 일본 근대 작가 아리시마 다케오의 장소〉는 기존 아리시마 다케오 관련 논의들이 모빌리티의 문제를 고려하지 않은 채 전개되었다는 데 문제를 제기하면서 이동하는 작가에 의해 생산되는 장소의 의미를 탐구한다. 이 글에서 저자는 1955년 지쿠마서점筑摩書房에서 나온 '일본 문학 앨범' 시리즈 9권《아리시마 다케오有島武郎》를 대상으로 하여, 아리시마 다케오 전기가 보통 '도쿄/로컬(지방 도시)'의 근대적 위계 위에서 부동성(임모빌리티)을 강조하는 방식으로 기술되곤 하지만, 작가 자신은 사실상 장소성을 부정하는 부유하는 삶을 살았음을 주장한다.

구체적으로 '일본 문학 앨범'은 남부 지방(아버지)과 북부 지방(어머니)의 부모 사진을 먼저 제시한 후 작가가 탄생한 도쿄의 사진을 배치한다. 이는 의식적이든 무의식적이든 일본 근대문학의 담론 환경 속에서 로컬(순종하는 아들)이 도쿄(아버지의 권력)로 통합되던 일본의 근대를 표상한다. 그러나 이후 '일본 문학 앨범'은 아리시마 다케오가 로컬(삿포로)로 이동하고, 더 나아가 해외(미국, 유럽)로 이동하는 사진들 또한 게재하고 있다. '도쿄/로컬(지방 도시)'의 근대적 위계라는 견지에서 보면, 이와 같은 작가의 이동은 도쿄 중심성 또는 근대적 권위로부터의 이탈 또는 자유의 성취를 의미한다. 삿포로에서 아리시마 다케오는 교회와 야학을 매개로 도쿄에 대한 대안적 장소 생산 활동을 수행했고, 미국과 유럽에서는 서구 작가들 및 사회주의자들과 교류함으로써 근대적 위계 지리에서 벗어난 대안적 사상의 장소를 만들었다. 여기서 중요한 점은, 아리시마 다케오의 거주 장소가 아니라 "넘어갔다", "시도"했다, "돌아왔다" 같은 이동의 지속적 수행이다. 이러한 작가의 지속적 이동은 거주의 경험보다 이동하면서 포착한 문화 변동의 체험과 감성이 그의 문학을 더 규정했음을 의미하고, 더 나아가서는 작가의 장소라는 고정된 시점에서 도쿄를 중심으로 부감하는 로컬에 의문을 제기하는 효과를 낳는다. 말하자면,

아리시마 다케오는 이동의 실천을 통해 '도쿄/로컬(지방 도시)'이라는 근대적 위계의 해체 작업을 감행했던 것이다.

이처럼 모빌리티를 중심으로 아리시마 다케오의 전기를 재구성하는 작업은 그의 작품에 내재하는 반근대적 의식을 잘 보여 줄 뿐만 아니라, 중심(도쿄)을 중심으로 구축된 위계적 근대 지리학에 문제를 제기하는 동시에 일종의 대안적 공간을 실천적으로 생산하는 방식을 잘 드러낸다. 이는 문학연구자가 텍스트를 매개로 공간의 (재)생산 문제를 다루는 대표적인 방식이라고 할 수 있다.

다음으로, 김주영의 〈고-모빌리티 시대 무인도 유튜브 디지털 스토리텔링〉은 고-모빌리티 시대 모바일 테크놀로지의 발전을 토대로 등장한 새로운 서사 형식으로서 '무인도 유튜브 디지털 스토리텔링'에 관해 논의한다. 특히 이 서사 형식이 무인도를 재현하고 의미화한 결과 부동성의 견지에서 규정되곤 했던 무인도가 인간의 모빌리티를 촉진하는 새로운 생태 공간으로 생산되었음을 다양한 사례를 들어 입증한다.

이 글에서 저자는 한국이라는 '상상의 공동체'가 섬을 배제하는 방식으로 경험되고 상상되어 왔다고 주장한다. 섬은 많은 경우 '육지/바다'의 이분법적 지형학을 토대로 육지에 종속된 지역으로 간주되어 왔는데, 이는 단순한 관점의 문제가 아니라 오랜 역사적 경험과 문화적 실천에 따른 결과다. 그 사례로서 저자는 《로빈슨 크루소》의 섬 상상력('야생')부터 TV 예능 프로그램 〈무한도전〉의 '무인도 2015' 편이 보여 준 섬 재현('열악한 인프라와 임모빌리티'), 영화 〈캐스트 어웨이Cast Away〉(2000)에 가시화된 섬 형상('결핍'으로 규정되는 이름 없는 '그 어떤 곳') 등을 제시한다. 다른 한편, 김주영은 최근 한국에서 주로 섬 자체의 생태계와 자연 환경을 찬사하는 새로운 섬 서사가 등장했다는 데 주목한다. 그것은 '무인도 유튜브 디지털 스토리텔링'으로 명명되는데, 여기서 사람들의 무인도 경험을 매개하는 서사들은 '그 어떤 곳'이었던 무인도에서 벌어지는 일상적인 사건들을 시청자가 직관적으로 추체험re-enactment하게 해 주는 스토리텔링 전략에 의해 구성되어 있다. 저자에 따르면, 이 무인도 유튜브 디지털 스토리텔링은 무인도의 일상적 모빌리티를 재현함으로써 무인도가 배제와 결핍으로 특징지어지는 부동의 공간이 아니라 '인간과 소통하는 자연', 또는 '매우 가고 싶고 보존하고 싶은, 실생활처럼 느껴지는 장소'이자 '새로운 생태'로서 생산되는 데 기여한다.

무인도 유튜브 디지털 스토리텔링은 섬 내에서 이루어지는 일상적 모빌리티를 재현함으로써 섬을 의미 있는 인간적 장소로 생산하는데, 이는 콘텐츠 제작 또는 서사 창작이라는 인간의 실천이 모빌리티와 그 모빌리티의 시공간을 어떻게 유의미하게 생산하는지 보여 주는 대표적인 사례라고 할 수 있다. 오늘날 유튜브 콘텐츠를 비롯한 다양한 스토리텔링 방식들이 모바일 테크놀로지의 발달에 힘입어 등장하고 있음을 고려할 때, 이 글은 모바일 테크놀로지에 의존하는 새로운 서사 형식들이 모빌리티를 매개로 장소 (재)생산에 참여하는 바를 잘 포착하고 있다.

마지막으로 이현영의 〈모빌리티 인프라와 공간의 형성: 에도시대 명소기를 통해 본 스미다강의 '다리'와 '공간'에 관한 고찰〉은 에도시대에 출판된 다양한 명소안내기를 토대로 스미다강에 가설된 다리들(센주오하시千住大橋, 료고쿠바시両国橋, 니혼바시日本橋, 신오하시新大橋, 에타이바시永代橋, 오카와바시大川橋, 아즈마바시吾妻橋, 니혼바시 등)이 에도 공간 형성에 어떻게 기여했는지 논의한다. 구체적으로는 근세 시대, 막부의 수도 에도가 대도시로 성장하는 과정에서 스미다강을 가로지르는 큰 '다리'들이 도시와 외곽 지역을 연결하는 데 수행한 결정적 역할에 주목하여, 모빌리티 인프라가 도시공간뿐 아니라 시민 생활에 어떤 변화를 초래했는지 검토한다.

근세 시대 에도에는 수많은 인공하천과 다리가 설치되었는데, 그 가운데 니혼바시강은 에도성의 해자에서 흘러나온 물줄기가 스미다강과 합쳐져 남쪽 바다로 흘러가는 하천이었다. 이곳에 니혼바시가 설치되자 다리 위는 밤낮없이 왕래하는 사람들로 북적이고, 전국에서 모여드는 사람들에게 이곳은 도착지이자 출발지로 의미화되면서 새로운 공간으로 생산되었다. 이와 같은 사정은 오늘날《게초켄분슈慶長見聞集》(1614?),《에도명소기江戸名所記》(1662),《에도스즈메江戸雀》(1677) 등의 명소안내기를 통해서 확인할 수 있다. 여기에 더해《에도스나고江戸砂子》(1732),《에도명소화력江戸名所花暦》(1827),《에도명소도회江戸名所図会》(1836) 등에는 료고쿠바시, 센주오하시 등이 건설된 이후 에도 시민들의 변화된 생활상 또한 잘 재현되어 있다. 예를 들어, 료고쿠바시는 목재상이나 어시장·도매상 등이 자리 잡아 실용적인 목적으로 사시사철 붐비는 장소이기도 하지만, 특히 여름의 경우 찻집을 비롯한 다양한 거리 공연, 구경거리, 먹거리 등을 즐기며 이동하는 사람들로 북적이는 장소로 새롭게 생산된다. 이때 다리는 단순한 이동을 위한 구조물이 아니라, 사람들의 일상과 환경에 다양한 변화를 초래하고 공간을 새롭게 생산하는 데 결정적 역할을 수행하는 것이다.

이 글은 모빌리티 인프라 건설이 과거 사람들의 생활공간 생산에 어떻게 기여했는지 사료를 통해 구체적으로 검토한다. 이는 모빌리티 연구에 텍스트 기반 방법론이 어떻게 기여할 수 있는지 보여 주는 유의미한 사례이다. 텍스트는 현재의 경험에 기반한 실증적 연구방법론으로는 접근할 수 없는 시간(과거 또는 미래)과 공간에 관한 풍부한 묘사를 포함하고 있기 때문이다.

◆ ◆ ◆

2부 '모빌리티의 초국적 실천과 정치/통치/윤리'는 〈북한 이주민의 모빌리티와 초국적 이주, 그리고 상호문화주의〉, 〈자이니치 모빌리티 서사와 공동체의 윤리:《파친코》를 중심으로〉, 〈난민과 모빌리티 통치: 대한민국의 난민정책과 「난민법」 개정에 대한 비판적 고찰〉로 이루어져 있다. 여기서는 영국 런던 남서쪽 뉴몰든New

Malden 지역에 거주하는 북한 이주민, 소설 《파친코》에 재현된 자이니치 모빌리티, 그리고 대한민국의 「난민법」 개정을 중심으로 이동의 초국적 실천을 둘러싼 정치, 통치, 윤리에 관해 살펴본다.

김태희는 〈북한 이주민의 모빌리티와 초국적 이주, 그리고 상호문화주의〉에서 초국적 이주자의 '이주자본migration capital'이라는 분석틀을 제시한 뒤, 그를 토대로 영국 뉴몰든 지역 거주 북한 이주민에 대한 분석을 진행한다. 구체적으로는 뉴몰든이라는 '접촉지대'에서 북한 이주민들이 수행하는 상호문화적 실천을 초국적이면서도 비판적인 관점에서 논의한다.

이 글은 우선 '이주 열망'과 '이주 능력'이 초국적 이주에서 서로 복잡하게 교직되어 나타난다는 데 주목하여 그 둘을 통합한 개념으로서 '이주자본'을 제시한다. 이때 이주자본이란 모빌리티 자본mobility capital의 하위 형태, 즉 이주 관련 모빌리티 자본으로서 '이주에 의해' 축적된 노동이자 '이주를 위한' 사회적 에너지 전유를 가능하게 하는 축적된 노동으로 개념화된다. 북한 이주민의 경우 유출국과 유입국으로의 일회성 모빌리티가 아닌 다수의 경계를 넘나드는 초국적 모빌리티를 지속적으로 실천하는데, 이는 서로 대면하거나 인접하지 않은 사람들과 사회적 관계를 유지하면서 정서적·실제적 혜택을 서로 주고받는 네트워크 자본 없이는 불가능한 일이다. 이때 네트워크 자본은 북한 이주민의 초국적 이주자본에서 중요한 요소가 된다. 특히 뉴몰든이라는 '접촉지대'에 거주하는 북한 이주민들은 동화주의assimilationism에 도전할 뿐 아니라 상호문화주의interculturalism를 확장하는 방식으로 초국적 이주를 실천한다는 점에서 주목을 요한다. 초국적 이주 실천은 정착국 선주민과의 상호작용이 아니라 다양한 문화들의 상호접촉을 가능하게 하는 상호문화적 환경에서 가능하기 때문이다. 이 점에서 북한 이주민의 초국주의는 동화주의의 전제들(이주 모빌리티의 일회성 가정, 이주민과 선주민의 관계 강조)에 이의를 제기함으로써 이주민의 정착을 선주민 사회에의 적응 문제로 치환해 버리는 동화주의를 극복할 수 있는 통찰을 제공한다. 저자는 이를 '비판적 상호문화주의'로 명명한다.

이 글의 북한 이주민에 대한 주목은 (이주민/선주민 구분에서도 명료하게 드러나듯이) 모빌리티에 내재하는 불평등한 권력관계를 표면화하는 한편 그 해법에 대한 사유를 촉진한다. 특히 북한 이주민의 초국적 이주와 상호문화주의의 실천에 주목함으로써, 모빌리티 실천에 의한 사회적 시공간의 (재)생산 메커니즘에 모빌리티 정치와 윤리가 개입하는 방식을 잘 보여 준다.

양명심·신인섭의 〈자이니치 모빌리티 서사와 공동체의 윤리: 《파친코》를 중심으로〉는 소설 《파친코》를 자이니치 모빌리티를 중심으로 한 다문화소설로 규정하고, 조선인의 이동하는 삶과 조선인의 경제 기반 시설로서 파친코 산업이 맺는 관계, 생존을 위한 자이니치 공동체의 윤리 문제 등에 관해 논의한다.

《파친코》는 부산 영도에서 일본 오사카로의 이주(노아), 동경 유학(노아), 나가노로의 도피(노아), 요코하마 정착(모자수), 미국 유학(솔로몬) 등 선자 가족 구성원들의 지속적 장소 이동으로 이루어져 있다. 이와 같은 공간 이동은 일본 내부에 있으면서도 거기에 뿌리를 내리지 못한 채 끊임없이 새로운 장소를 찾아 이동해야만 하는 존재, 그리고 물리적이고 정신적인 전환을 시도하는 가운데 지속적으로 새로운 정체성 찾기를 실천해야만 하는 존재로서 자이니치의 불안정한 지위를 보여 준다. 일본 오사카 근교에 '이카이노' 같은 조선인 집주 지역이 형성되기도 했지만, 이 장소는 일본 내 조선인에 대한 민족차별 및 조선인 마을에 대한 지역차별을 구체화하는 데 기여할 뿐이었다. 《파친코》는 자이니치 가족과 개인이 좀 더 나은 삶을 위해 이주를 반복하는 동안 이른바 '장소정체성'이 형성·변형·해체·재구축되는 과정을 서사화함으로써 자이니치의 불안정성을 잘 포착한 작품이다. 여기서 '파친코 산업'은 자이니치의 사회적, 경제적 활동의 기반이자 선자 가족의 이동하는 삶을 촉진하는 동기로서 '자이니치'의 정서적 소속감(운명공동체)을 형성하는 중요한 인프라로 등장한다. 이 글은 궁극적으로 조선인 외에 장애인, 성소수자, 주변부 일본인 등 이질적 집단으로 구성된 다양한 형태의 가족공동체들에 주목함으로써 새로운 공동체의 가능성을 탐색한다.

이 글은 자이니치 가족이 계속해서 대안적 장소를 찾아 이동하는 모습을 통해 '장소'를 경험하고 생산하는 다양한 방식을 제시한다. 김태희의 글이 북한 이주민의 초국적 이주와 상호문화주의에 대한 고찰을 통해서 대안적 공동체의 가능성을 비판적으로 탐색했다면,《파친코》연구는 차별 없는 공동체에 대한 추구와 좌절을 재현함으로써 정의로운 시공간 형성에 관해 사유하도록 촉구한다. 장소의 이동적 (재)생산 문제란 지배/피지배의 과거·현재·미래를 복합적으로 고려할 때에만 적절하게 논의될 수 있음을 암시하면서 말이다.

김치정과 임보미가 공동 집필한 〈난민과 모빌리티 통치: 대한민국의 난민정책과 「난민법」 개정에 대한 비판적 고찰〉은 대한민국 법무부가 2023년 12월 13일 '국가안전보장, 질서유지 또는 공공복리를 해쳤거나 해칠 우려'를 난민불인정결정 사유에 추가(안 제19조 제5호)하는 것을 골자로 한 「난민법」 개정안을 입법예고한 데 대한 문제 제기로 시작한다. 저자들은 이와 같은 개정안에 난민을 바라보는 대한민국 정부의 관점이 드러나 있음을 비판적으로 지적한 뒤, 현재 대한민국 정부의 난민정책과 「난민법」 개정 근거를 탄핵하고 현행 「난민법」과 정책의 정상화가 우선해야 함을 주장한다.

대한민국 법무부가 추진하고 있는 「난민법」 개정안은 난민불인정결정의 사유로서 '국가안전보장, 질서유지 또는 공공복리를 해쳤거나 해칠 우려'를 제시한 바 있다. 잠재적 테러리스트의 이동이 시민의 선한 모빌리티를 위협할 것이기 때문에 시민의 안전과 질서를 보장하기 위해서는 난민의 모빌리티를 통제해야 한다는 것이다. 그러므로 「난민법」 개정안은 다른 사유들보다 대한민국 국민과 난민 사이의 대립 구도를 더욱 강조함으로써 국가와 시민권의 경계를 더욱 강화하려는 적극적 통치 전략의 산물로 볼 수 있다. 역사적으로 난민은 대한민국 사회의 가장 소극적인 통합 대상이자 가장 적극적인 배제 대상이었다. 대한민국 정부는 그동안 이주자들을 노동생산성 향상 또는 한국인 재생산을 위한 "도구적 존재"로 바라보는 관점에 의해서 정책을 수립하고 실행했기 때문에, 노동생산성 향상 대신 집중적인 국가 부조만을 요구하는 난민은 체류를 저지하고 배제해야 할 대상으로 간주해 왔다. 이와 같은 문제점 외에, 저자들은 낮은 난민 인정 비율과 난민 심사 체계의 열악함을 지적함으로써 현행 난민정책의 공정성과 난민심사결정의 당위성에도 문제가 심각함을 주장한다. 아울러 법무부에 정상적인 난민 심사가 가능하도록 인력을 충원하고 전문성을 향상시킬 필요가 있음을 제안하는 동시에, 개정안의 즉각적 폐기 후 현재 난민정책의 공정성, 난민에 대한 인도적 지원 등을 보장할 수 있는 세부 정책들에 대한 고민이 긴요함을 강조한다.

인간의 모빌리티와 그를 통한 장소의 생산이 권력관계의 역학 속에서 진행된다고 할 때, 그 권력관계의 구체화와 실질적 위력 발휘는 많은 경우 실정법의 관련 법 조항과 그 집행을 통해서 이루어진다. 그러므로 고-모빌리티 시대 이동의 초국적 실천에 내재하는 수많은 불평등과 부정의 문제를 다루고 개선하기 위해서는 입법 및 사법 관련 논의가 불가피하다. 김치정과 임보미의 글이 갖는 의의는 바로 여기에 있다.

◆ ◆ ◆

3부 '모빌리티와 미래 세계의 현재적 조건: 환경, 기후, 도시'에는
〈전후 일본에서 모빌리티 테크놀로지의 발전과 그 환경 영향: 이
시무레 미치코의《고해정토》를 중심으로〉, 〈'느린 폭력'의 감각적
구체화와 고통의 이동: 루시 커크우드의 〈아이들The Children〉 연
구〉, 〈카를로스 모레노의 '15분 도시'에 대한 고찰〉 등 세 편의 글
이 실려 있다. 이 글들은 각각 모빌리티 테크놀로지의 발전에 따
른 환경문제, 인류가 초래한 재앙으로서의 기후 비상 사태, 그리
고 오늘날 인간의 삶의 장소로서 도시의 재구성 문제 등에 관해
논의함으로써, 모빌리티의 견지에서 미래 세계를 구상하기 위한
현재적 조건들을 탐구한다.

　우연희의 〈전후 일본에서 모빌리티 테크놀로지의 발전과 그
환경 영향: 이시무레 미치코의《고해정토》를 중심으로〉는 공해
의 원점이라고 불리는 미나마타병의 발생을 다룬 소설《고해정
토 나의 미나마타병苦海淨土-わが水尿病》(1969)(이하《고해정토》)을 대
상으로 공해의 문학적 재현 양상을 생태비평의 관점에서 논의한
다. 이 글은 특히 공해를 단순히 인간 세계에만 한정된 문제가 아
니라 동물, 식물, 광물, 대기 등 비-인간non-humans에게까지 영향을
미치는 현상으로서 다룬다.

　《고해정토》는 1950년대 중반 규슈九州 남쪽 해안 지방에서 산
업공해로 인해 발생한 재앙, 미나마타병을 다룬 이시무레 미치코

石牟礼道子의 작품이다. 1부《고해정토 나의 미나마타병》(1969)에 이어 2부《신들의 마을神々の村》(2004)과 3부《하늘 물고기天の魚》(1972)가 집필되었는데, 이 글은 미나마타병의 발생에 관심이 있기 때문에 그 병이 사회·정치적 문제가 되기 전 미나마타병 피해자들의 이야기를 다룬 작품(1부)만을 다룬다. 이 작품에서 미나마타병은 고도성장 및 도시화와 밀접한 관계가 있는 질병으로 제시된다. 1960년대 '고도 경제성장기' 일본에서는 도쿄 같은 대도시를 중심으로 '미국식 생활양식'이 실현되고 있었지만, 지방의 경우는 경제개발이라는 이름 아래 고도성장의 온갖 부정적 결과를 받아들여야만 했다. 신일본질소비료 공장이 세워졌던 미나마타 지역은 그 대표적인 사례였다. 미나마타병 환자들은 가난한 어민·아동·노인·여성이 대부분이었는데, 공장 폐수에 노출되어 오염된 바다에서 영세 어업에 종사하며 수산물로 생계를 이어가야 했던 이들의 희생은 불가피한 일이었다. 더 나아가, 이 글은 메틸수은화합물로 오염된 바다와 이 오염된 물을 먹고 사는 물고기와 조개, 이들을 먹고 사는 새와 고양이 같은 비인간 존재들 또한 미나마타병을 앓는 환자 및 그 가족들과 더불어 주목의 대상이 되어야 함을 강조한다.《고해정토》에는 인간 몸에서 병이 발현되기 전 바다와 동물들이 먼저 보인 이상 징후들이 명료하게 포착되어 있다는 것이다.

우연희의 글은 모빌리티 테크놀로지의 발전이 인간의 이동을 촉진하기도 하지만 산업 시설의 이동과 그에 수반하는 공해의 이동 또한 가속화함을 보여 준다. 2부에 실린 세 편의 논문이 모빌리티의 정치·통치·윤리 등의 문제가 사회적 시공간 (재)생산에 기여하는 바를 다루었다면, 이 글은 그와 같은 사회적 시공간의 (재)생산 문제에 개입하는 비-인간들까지도 논의의 범위에 포함하고 있다.

박해리의 〈'느린 폭력'의 감각적 구체화와 고통의 이동: 루시 커크우드의 〈아이들The Children〉 연구〉는 롭 닉슨Rob Nixon의 '느린 폭력slow violence' 개념을 활용해서 루시 커크우드Lucy Kirkwood의 연극 〈아이들〉에 구체화된 기후변화의 느린 폭력성과 신자유주의 이념의 상관관계를 탐구한다. 또한 그와 동시에 신자유주의의 인간중심주의와 현재주의에 의한 기후변화의 느린 폭력의 가속화를 구현하는 〈아이들〉의 극작술적 방식에도 주목한다. 이때 신자유주의란 끝없는 자본 축적을 위해 현재의 자본 재생산만을 중요하게 고려함으로써 (근)미래 기후위기에 적절하지 대응하지 못하는 체제를 가리킨다. 신자유주의는 기후위기를 부차적인 문제로 치부하는 태도, 또는 기후 문제를 자연 시간이 치유해 주리라거나 미래의 기술 발전이 해결해 주리라는 유예적 태도를 조장하면서 책임을 회피하고 위기를 일상화하는 체제인 것이다.

〈아이들〉은 40년 전 해일로 인해 발생한 원자력발전소 방사능 누출 사고('기후위기'의 은유) 이후 피폭 지역에서 조금 떨어진 영국 동쪽 해안 지역 작은 집에 살고 있는 헤이즐과 로빈 부부의 집에 로즈가 갑작스럽게 방문하는 이야기로 시작된다. 여기서 신자유주의 체제는 미래에 다가올 죽음보다는 '현재'의 '성장'을 최고의 가치로 여기는 헤이즐, 그리고 현재의 위기란 현 세대 사람들 탓이라며 무관심의 태도를 보이는 로빈을 통해서 구체화된다. 그와 동시에 〈아이들〉은 환경재앙의 잔혹함을 직시하고, 그에 대한 책임을 행동으로 옮기려 하는 로즈를 등장시킴으로써 환경위기에 대한 주체들의 대응 방식을 다변화한다. 말하자면, 〈아이들〉은 등장인물들을 통해 40년 전 시작된 환경재앙의 폭력이 눈에 보이지는 않지만 여전히 영향을 끼치고 있음을 보여 주는 것이다. 게다가 유방암으로 인해 가슴을 절제한 로즈와 방사능 피폭으로 인해 피를 토하며 기침을 하는 로빈, 그리고 거리두기 또는 '무감각해지기' 같은 트라우마 후 증상을 겪는 헤이즐의 모습은 관객들이 환경재앙의 느린 폭력성을 인식하고 그에 따른 고통을 간접적으로 체험할 수 있도록 한다. 등장인물들의 정신적·육체적 고통을 가시화하는 것은 자연·생태·환경에 대한 인간중심주의적 사고를 해체하는 데에도 기여하는데, 환경재앙의 느린 폭력으로 손상되어 가는 신체의 재현은 인간이 다른 동물이나 식물을 지배하는 우월한 주체가 아니라, 그와 동일한 유한한 생명체에 불과함을 내포하기 때문이다. 비가시적인 기후변화의 느린 폭력의 위협은 등장인물들뿐만 아니라 다양한 연극적 장치들(무대장치, 소품, 무대 음향 등)을 통해서도 또한 감각적으로 구체화된다.

모빌리티인문학이 텍스트를 매개로 모빌리티 정의의 견지에서 미래 세계를 구상하는 데 기여하는 것을 목표로 한다면, 이 글은 그러한 미래 구상에서 기후위기 또는 기후재앙에 대한 고려가 필수적임을 보여 준다는 데 그 의의가 있다. 기후재앙은 어쩌면 인류의 종말, 즉 모빌리티의 종말이자 그에 따른 공간 (재)생산의 종말로 귀결될지도 모르기 때문에, 기후위기에 대한 논의는 모빌리티의 지속가능성을 사유하기 위한 조건이라고도 말할 수 있다.

앞의 두 글이 환경과 기후라는 거시적 문제를 다루었다면, 이용균의 〈카를로스 모레노의 '15분 도시'에 대한 고찰〉은 카를로스 모레노Carlos Moreno가 2016년 제시한 '15분 도시La Ville du Quart d'Heure' 구상의 핵심 개념과 실천을 비판적으로 검토함으로써, 오늘날 인간의 주요 거주지로 기능하고 있고 미래에도 그럴 것으로 예상되는 도시공간의 재구성 문제를 다룬다. '15분 도시'란 르페브르가 1968년 제시한 '도시에 대한 권리the right to the city' 개념을 21세기 도시 생활권에 맞도록 수정한 것으로서, 도시 삶에 필요한 모든 서비스를 도보와 자전거로 15분 이내에 배치함으로써 이동 시간 단축 및 자동차 이용 감소에 기반한 도시공간의 구조적 변형과 삶의 질 향상을 추구하는 운동을 말한다.

모레노에 따르면 도시는 시공간의 결합체이고, 도시공간은 단순히 물리적 공간과 사회적 공간으로 구분될 수 없는 복합공간이다. 특히 '시간-도시주의'의 관점에서 보면, 도시공간의 밀도와 근접성은 도시적 삶에서 시민의 권리를 충족시키기 위한 선결 조건이고, 시민의 권리는 경제적 · 사회적 · 생태적 지속가능성이 담보될 때 비로소 실현 가능하다. 이때 시간-도시주의는 도시 삶의 질이 교통(특히 자동차)에 투자된 시간에 반비례함을 전제하는 가운데, 불필요한 일에 소요되는 시간의 단축과 필요한 일에 소요되는 시간의 증대를 촉진함으로써 공동체 의식의 복원과 인간다운 삶의 영위를 추구한다. 말하자면 주거, 일, 상업, 건강, 교육, 여가 등 필요 서비스를 도시 생활권이 제공해야 한다는 것이다. 이는 지속가능한 도시의 조건이기도 한데, '15분 도시'에서 비로소 '살기 편한 세계'(생태적인 것과 사회적인 것의 교차점)와 '존속 가능한 세계'(생태적인 것과 경제적인 것의 교차점), 그리고 '공정한 세계'(사회적인 것과 경제적인 것의 교차점)는 성취 가능할 것이기 때문이다. 이 글은 또한 밀도, 근접성, 다양성, 디지털화 등 '15분 도시' 구상의 핵심 개념들을 설명한 뒤, 그 실천 형태로서 생활권, 다중심도시, 복합용도지구와 소셜믹스, 유비쿼터스 도시 등에 관해 기술한다. 그리고 이와 같은 구상이 그 개념과 실천에서 내포하는 몇몇 중요한 한계들을 지적한다. 모레노의 논의는 개념적 모호성과 근접성 증후군proximity syndrome이라는 측면에서, 그리고 물리적 결정론, 기능적 접근의 한계, 소셜믹스의 한계 등의 문제를 내포하고 있다는 것이다.

이용균의 '15분 도시' 논의는 도시의 미래에 관한 중요한 계획들을 포함함으로써 모빌리티를 매개로 한 사회적 시공간의 (재)생산 문제를 논의하는 데 기여한다. 오늘날 사우디아라비아의 미래형 스마트 도시 개발 프로젝트 '네옴시티'라든가, 세종·인천(송도)·부산 등 대한민국 도시들에서 시도되고 있는 스마트 도시

모델은 모두 모빌리티의 재조직을 통한 '지속가능한' 도시의 (재)형성을 도모하고 있지만, 많은 경우 모빌리티 정의의 결여라는 점에서 비판을 받기도 하기 때문이다. 이 점에서 '인간다운 삶'을 위한 도시 모델과 그 한계를 모두 검토하는 작업은 정의로운 미래 모빌리티 사회 구상을 위한 중요한 참조가 될 것이다.

◆ ◆ ◆

이 책은 인문한국플러스(HK⁺)사업을 마무리하면서 건국대학교 모빌리티인문학연구원이 출간하는 마지막 연구서다. 모빌리티인문학연구원은 2018년 5월 설립 이래 한국연구재단 인문한국플러스(HK⁺)사업의 주관연구기관으로서 지난 7년 동안 '인간과 테크놀로지의 공진화에 기초한 모빌리티인문학: 인문-모빌리티 사회의 조망과 구현'을 주제로 연구를 수행해 왔다. 그동안 60여 권이 넘는 단행본(연구서, 번역서, 교양서)을 출간하였고, 국내외 학술지에 수많은 논문을 발표하였으며, 학술지《Mobility Humanities》를 창간하였다. 세계 각지의 학자들이 참여하는 대규모 학술대회 '글로벌 모빌리티인문학 학술대회Global Mobility Humanities Conference'를 매년 조직하였고, 국내·국제 학술대회, 콜로퀴엄, 초청 강연 등도 매년 수차례 개최하였다. 그리고 HK⁺모빌리티 인문교양센터를 두고 다양한 교육 활동을 전개함으로써 연구 성과의 사회적 확산과 공유라는 공헌 활동 또한 게을리하지 않았다. 우리 연구원 구성원들은 이와 같은 다양한 활동이 모빌리티인문학의 학문적 정착과 그를 통한 인문학 연구 일반의 풍요 증진에 기여했다는 데 자부심을 느낀다. 우리의 연구 활동이 정의로운 인문-모빌리티 사회의 조망과 구현에 도움이 되기를 바라는 소망과 함께 말이다.

참고문헌

Adey, Peter, Tim Cresswell, Jane Yeonjae Lee, Anna Nikolaeva, André Nóvoa, and Cristina Temenos, *Moving Towards Transition: Commoning Mobility for a Low-Carbon Future*, Zed Books, 2021.

Cangià, Flavia, and Tania Zittoun. "Editorial: Exploring the Interplay between (Im)mobility and Imagination." *Culture & Psychology* 26(4), 2020.

Kim, Jooyoung, Taehee Kim, Jinhyoung Lee, and Inseop Shin, "Exploring Humanistic Layers of Urban Travel: Representation, Imagination, and Speculation," *Transfers* 9(3), 2019.

López-Galviz, Carlos, Monika Büscher, and Malene Freudendal-Pedersen, "Mobilities and Utopias: A Critical Reorientation," *Mobilities* 15(1), 2020

Sheller, Mimi, *Advanced Introduction to Mobilities*, Cheltenham, UK & Northampton, MA, USA: Edward Elgar Publishing, 2022.

Tzanelli, Rodanthi, *Frictions in Cosmopolitan Mobilities: The Ethics and Social Practices of Movement across Cultures*, Edward Elgar Publishing, 2021

닐 아쳐, 〈길 위의 장르〉, 피터 메리만 · 린 피어스 편, 《모빌리티와 인문학》, 김태희 · 김수철 · 이진형 · 박성수 옮김, 앨피, 2019.

미미 셸러, 《모빌리티 정의》, 최영석 옮김, 앨피, 2019.

셰인 엡팅, 《도시 모빌리티와 도덕성》, 김나현 옮김, 앨피, 2024.

존 어리, 《모빌리티》, 김태한 옮김, 앨피, 2022.

팀 크레스웰, 《온 더 무브》, 최영석 옮김, 앨피, 2021.

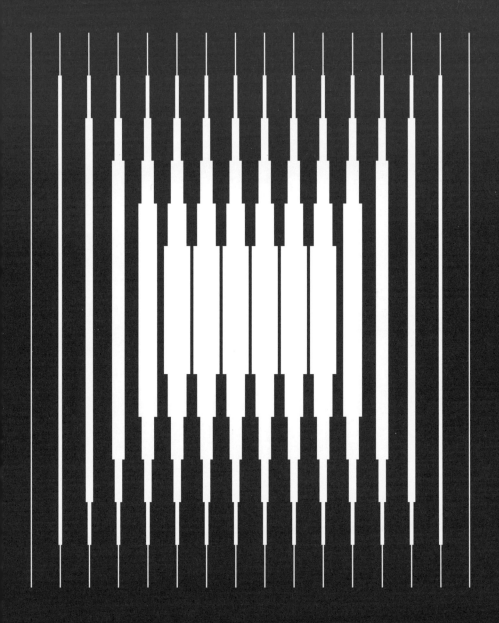

텍스트 너머 작가의 모빌리티

: 일본 근대 작가 아리시마 다케오의 장소

신인섭

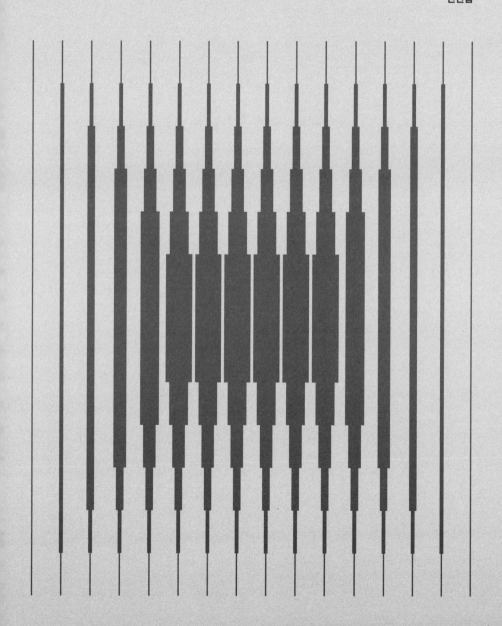

이 글은 《日本語文學》 제95집(2022.12)에 게재된 원고를 수정 및 보완하여 재수록한 것이다.

장소 만들기

작가의 문학 앨범은 사진과 그에 대한 설명을 통해 어느 한 작가의 탄생에서 죽음까지 일생을 서사한다. 1955년 지쿠마서점筑摩書房에서 나온 '일본 문학 앨범' 시리즈 9권《아리시마 다케오有島武郎》는 "도호쿠대학東北大学 교수 시절"의 "33세 초상화"로 시작되는데, 바로 다음 페이지에 작가 아버지의 고향인 가고시마현의 센다이시川內市를 조망하는 사진 한 장과, 어머니의 고향인 이와테현의 모리오카시盛岡市의 사진 한 장을 제시한다. 그다음 장에는 아리시마 다케오(1878~1923)가 생후 3개월일 때 가족사진, 두 살 무렵 아리시마 다케오의 사진, 당시 아리시마 가족이 거주하던 도쿄 사진 두 장이 실려 있다. 이처럼 앨범은 시기별로 작가와 관련된 인물, 장소, 작가 자신의 메모 등을 전 생애에 걸쳐 게시한다.[1]

이와 같은 방식은 작가의 문학 앨범을 구성하는 일반적인 편집 방식일 것이다. 부모의 고향은 일본 전 지역에 걸쳐 있겠지만 문단은 도쿄에 있었기 때문에 작가들의 서사는 도쿄 중심이 될 수밖에 없다. 이렇게 지방과 중심지 도쿄를 구성하는 방식은 도시화와 근대성의 관점에서 근대가 만들어 낸 위계에 의한 사고로서, 이 글은 이 점에 주목하고자 한다. 일본의 근대문학은 그 근대

---

1 亀井勝一郎 · 野田宇太郎, 臼井吉見編,《日本文学アルバム 9 有島武郎》, 筑摩書房. 1955, 65쪽부터 시작하는 세누마 시게키瀬沼茂樹의 해설 이전의 사진 부분은 페이지 없음. 이 글에 게시된 사진은 모두 이 책에 의함.

성의 담론 아래 일정한 사유 패턴을 지니는데, 그 패턴을 그려 봄으로써 아리시마의 경우 거기에서 벗어나 있다는 것을 논증해 보려 한다. 아리시마가 근대의 사유 패턴에서 벗어나 있었다면 근대라고 규정짓는 방식에 대해서 의문을 던질 수 있고, 그러한 담론을 규정하는 장치가 무엇인지 생각할 실마리를 얻을 수 있다.

중심과 주변이나 지방, 로컬과 같은 말을 사용할 때 용어가 문제가 될 수 있다. 지방이라는 말에 담긴 위계를 지우고자 지역이라는 단어로 대체하기도 한다. 또한 다른 방식으로 로컬이나 로컬리티라는 표현도 지금 많이 사용된다. 로컬은 "어떤 특정한 시간을 관통하면서 어떤 곳/장소에 위치하는 현상"[2]으로 사회문화적인 함의를 품고 있다. 이것은 지역적으로 특화된 것을 뜻하지만, 이 글은 전통사회에서 근대로 조직화되고 규범화되는 주변부를 다루기 때문에, 장소로서의 로컬을 행정적이거나 지리적 조건을 넘어 근대성의 위계적 관점, 즉 서열화된 지역성으로 보고자 한다. 동시대 작가들이나 평론가와 연구자들, 그리고 그들에게 영향을 받는 독자들은 아리시마가 로컬을 장소로 한다는 것을 매우 중시하였다. 그러나 이것은 아리시마에 국한되지 않는다. 다니자키 준이치로谷崎潤一郎의 간사이關西도 마찬가지고, 미야자와 겐지宮沢賢治의 이와테岩手도 문학의 가장 중요한 특성으로 여겨져 왔다.

---

2 김석수, 《21세기 사회에서 로컬리티와 인문학, 탈근대 탈중심의 로컬리티》, 혜안, 2010, 35쪽.

이 글은 아리시마 다케오의 장소에 관한 논의들이 이동성mobility[3]의 문제를 고려하지 않고 전개된 점을 보완하며 재검토하고자 한다. 즉, 작가론이 만들어지고 그것이 하나의 서사로 정립되어[4] 독자에게 텍스트로 수용되는 시스템 속에서, 이동하는 작가의 장소가 어떻게 포착되었는가 하는 점에 주안점을 둘 것이다.[5]

작가 서사와 장소

아리시마 다케오의 작가론에서 장소가 어떻게 초점화되었는지 기존의 연구 성과들을 통해서 살펴보기로 한다.[6] 작가론에서 이

---

3 일본 근대문학에 나타난 이동성mobility의 서사에 관한 연구는 다음 글을 참조. 김주영, 〈모빌리티 표현의 일본 근대소설론 서설〉, 이진형 외,《모빌리티 테크놀로지와 텍스트미학》, 앨피, 2020, 221~243쪽. 참고로 지금 모빌리티 이론은 문학의 재현이라는 방법뿐만 아니라 예술 분야의 해석 영역으로 확산되고 있다. 미술 분야에 대한 작업으로 다음 글을 참조. 안진국(Ahn Jinkook), 〈The Multilayeredness of Mobility and the Visual Art Language: The Material Turn, the Inequality in 'Mobility Capital,' the Hierarchy in Mobility, and Art〉, *International Journal of Diaspora & Cultural Criticism*, 12-2, 2022, pp. 6-50.
4 여기서 작가의 서사物語를 텍스트로 인지하는 것은 어떤 상황인지 정리할 필요가 있겠다. 이 글에서의 '작가 서사'는 이야기를 구상하고 계획하여 서술하는 어느 주체가 있어서 하나의 작품이 만들어진 것이 아니라, 연구 공동체가 공통의 서사를 만들어 가는 담론 형성에 가깝다. 작가를 주인공으로 소설 세계의 시간순처럼 보조적인 인물들이 등장한다. 그런데 이 작가 서사를 접하는 사람들은 기억 속에서 작가 이야기를 공유하며 집단적 기억으로서 하나의 정체正體를 갖는다.
5 그 과정에서 중심과 주변이라는 지금은 다소 융통성 없는 용어를 동원할 것이고, 도쿄와 지방, 로컬로서의 삿포로와 같은 말로 동시대의 사고를 복원하려고 할 것이다.
6 이 글은 실증 연구가 아니므로 선행 연구의 면밀한 탐사 연구들에 빚지고 있다. 아리시마의 평전이나 작가론은 매우 많다. 연구서들이 공통적으로 인식하는 논점들

견이 없는 부분들만 정리하면 아리시마 다케오는 다음과 같은 생
애를 살았다고 정리할 수 있다.

　유신을 배경으로 한 탄생 / 요코하마에서의 영어 조기교육 활동 /
가쿠슈인学習院 교육기 / 삿포로농학교 시절 / 유학 및 외유 체험기
/ 홋카이도의 교수 시대 / 도쿄 문단 활동 시기 / 농장 해방과 동반
자살

[그림 1] 동북대학 교수 시절의
아리시마 다케오

위의 키워드를 바탕으로 1878년
부터 1923년까지 45년의 작가의
생을 구체적인 연대를 생략하고 서
사의 최소 단위인 한 문장으로 기
록하면 다음과 같다.

　도쿄에서 태어난 아리시마 다케오
는 유신 이후 관료로 성공한 아버지
의 영향으로 요코하마에 거주하면서

은 다음 서적을 참고하였다.《有島武郎の芸術と生涯》, 日本図書センター.[초출: 伊
藤憲,《有島武郎の芸術と生涯》, 弘文社, 1926]; 福田清人 · 高原二郎,《有島武郎 · 人
と作品》, 清水書院, 1966; 山田昭夫,《有島武郎 · 姿勢と軌跡》, 右文書院, 1976 · 4.; 佐
渡谷重信,《評伝 有島武郎》, 研究社出版, 1978.; 伊藤憲 · 安川定男,《悲劇の知識人 有
島武郎》, 新典社, 1983.; 山田昭夫 · 内田満編,〈年譜〉,《有島武郎有島武郎全集 別巻》,
1988, pp. 93-183.

유교 교육과 영어 조기교육을 받고 성장하여 귀족·고관·고액 납세자의 자제들이 입학하는 <u>가쿠슈인</u>에서 중등교육을 받은 후, <u>홋카이도</u>로 건너가 삿포로농학교에서 수학, 이후 <u>미국의</u> 하버퍼드대학에서 석사 학위를 취득하고 <u>유럽 등지를</u> 여행한 뒤 귀국 후 <u>도호쿠제국대학</u>에 편입된 모교에서 교편을 잡으며《시라카바白樺》의 동인으로 참가하고, 후에 퇴직하여 <u>도쿄</u>와 <u>가마쿠라</u>를 오가며 작가로 전념하였으나, 이후 프롤레타리아에 대한 부채 의식으로 자신에게 주어진 권리를 포기하고 곧이어 유부녀와 동반 자살했다. (밑줄은 필자의 강조)

이러한 기술은 필자의 '자의적'인 글쓰기인데,[7] 장소가 중심축이 된 것을 금방 알 수 있다. 이것에서 장소를 배제하고 다시 글쓰기를 하면 얼마나 건조한 작가상이 되는지 알 수 있다.

아리시마 다케오는 유신 이후 관료로 성공한 아버지의 영향으로 유교 교육과 영어 조기교육을 받고 성장하여 중등교육을 받은 후, 유학하여 석사 학위를 취득하고 대학교수 생활을 하면서《시라카바白樺》의 동인으로 참가하고, 후에 퇴직하여 작가로 전념하였으나 이후 프롤레타리아에 대한 부채 의식으로 자신에게 주어진 권리를 포기하고 곧이어 유부녀와 동반 자살했다.

---

7 이 작가 서사는 장소와 이동성 분석을 염두에 둔 것으로 충분히 다른 글쓰기도 가능하다.

장소에 대한 정보가 없으면 작가의 서사가 아니라 매우 건조한 문장의 나열일 수밖에 없음을 우리는 실천적으로 알 수 있다. 장소가 배제됨으로써 삶이 일어나는 서사가 시작되지 않는다.

한 문장의 범위를 벗어나지 않기 위해 가장 최소 단위의 기술을 한다면, 그가 기독교의 세례를 받았다든가, 어떤 인물을 만나고 누구와 영향 관계에 놓여 있었다든가, 부인이 언제 사망했다든가 하는 항목들을 삽입하기 어렵다. 이 장소의 축에 시간순대로 어떤 일이 벌어지는지 살을 붙여 가면서 작가에 대한 글쓰기가 진행되는 것이다. 각 생애 주기별 영향을 주고받은 사람들이 등장하고, 사건·사고가 개입되고, 종교·사상의 감화 문제가 더해지면서 작가의 상이 만들어진다. 거기에 가족이나 스승 등 밀접한 관계의 사람들과의 에피소드를 더하고, 주변인들의 평가를 동원하여 이미지가 완성된다. 그 요소들을 다음과 같이 정리해 보자.

ⓐ 아버지

작가론에서 보면 아리시마는 유신을 배경으로 출세한 아버지의 엄격한 교육을 받아 성장하는데, 아버지의 무사도식 교육과 서양식 교육을 융합한 장남 교육이 중요한 요소로 작용한다.

ⓑ 중등 시절

가쿠슈인에서는 황태자의 급우로 선정되었을 정도로 모범생이었다거나, 공부를 잘하고 문학에 깊은 관심을 보였다는 내용이 주를 이룬다. 그런데 이 가쿠슈인 교육기는 극적인 소재가 없어서인지 평범하게 다루어진다.

ⓒ 삿포로농학교와 기독교

아리시마는 아버지로부터 탈출하여 홋카이도로 향했고, 니토베 이나조新渡戶稲造, 우치무라 간조內村鑑三의 영향을 받아 기독교 신앙인으로 거듭난다. 모리모토 고키치森本厚吉와의 격렬한 우정도 기독교 환경 속에서 이루어진다.[8] 그리고 작가의 빈곤층에 대한 봉사와 애정이라는 요소도 그의 인성을 부각시킨다.

ⓓ 미국, 유럽, 사상

이어지는 작가의 유학 및 외유 체험기는 당시 소수만이 가질 수 있는 이동 능력을 제대로 평가하지 못한다. 다만 서구의 어떤 사상에 감화되었고 무정부주의·사회주의 등의 조류에 대한 작가의 관심이 증폭되었다는 내용들이 서사로 기능한다. 미국에서는 정신병원에서 간호부로 일하기도 하였고 농장 일을 하는 등, 요즘 말하는 아르바이트를 통해 실생활을 접하기도 했다. 귀국길에는 이탈리아의 나폴리부터 유럽 각지를 돌며 파리, 런던에 도착하여 크로포트킨을 방문하고 귀국한다.

---

8 아리시마 서사가 중심인 탓에 모리모토에 대한 기술은 냉담한 평가들이 있어, 주연과 조연의 차이처럼 읽히기도 한다.

귀국 후 교수 시절에는 기독교와 멀어지고 가정을 꾸리면서 문단에 등단하여 《시라카바白樺》의 주력 작가로 활약한다. 1915년 대학을 사직하고 이듬해 부인의 죽음에 이어 연달아 아버지가 죽자, 도쿄에서 본격적인 문단 활동을 한다. 본격적인 작가 활동에 돌입한 아리시마는 《카인의 후예カインの末裔》(1917)에서 홋카이도의 황량한 자연을 무대로 야만적인 주인공을 그려 문단의 호평을 받는다. 그후 인기 작가로서 소세키에 버금가는 독자층을 확보하고, 패전 이후에 평가받게 되는 대표작 《어떤 여자或る女》(1919)를 완성하여 발표한다. 그런데 자신의 특권적 위치에 대해 양심적으로 괴로워하던 아리시마는 〈선언 하나宣言一つ〉(1922)를 통해 자기개혁의 취지를 발표한 뒤, 소유 농장의 토지를 소작농에게 환원하는 실천 끝에 1923년 돌연 유부녀인 신문기자와 가루이자와軽井沢에서 자살로 생을 마감한다.

도쿄와 로컬

위에서 작가 서사의 원형을 추출해 보았는데 거기서 등장하는 장소들은 어떤 것이었을까? 근대의 작가 서사는 기본적으로 아버지의 가계를 중시한다. 야스카와 사다오安川定男의 《비극의 지식인 아리시마 다케오》는 목차에 이어 아리시마의 가계도를 그려서 보여 주고 있다.[9] 가계도로 본 혈통주의는 근대성에 기반한 근대문학 역시 혈통의 전근대성에서 벗어나지 못함을 여실히 보여 준다.[10] 근대성의 관점에서는 혈통이나 아버지의 권위에 도전하고 자립하는 아들의 모습이 나와야 했는데,[11] 일본 근대문학에서 이는 그렇게 쉬운 과정은 아니었다.[12]

아리시마 연구자들이 매우 주목하는 테마는 메이지유신을 배경으로 출세한 아버지가 "무사적 유교적 스파르타교육과 외국인 학교에서의 서양풍 교육이라는 기묘한 공존"[13]을 시도했다는 점이다. 그러나 아리시마는 부친에게 반항하는 아들이 아니었다.[14] 하지만 연구자들은 아버지와 아들의 갈등, 내지는 아들이 아버지

---

9 安川定男, 《悲劇の知識人 有島武郎》, 新典社, 1983, p. 9.
10 비교를 위해서 모리 오가이森鴎外(1862~1922)의 《신초 일본 문학 앨범 1 모리 오가이新潮日本文学アルバム 1 森鴎外》(竹盛天雄編, 新潮社, 1987)를 살펴보면, 작가의 대표 사진 바로 뒷장에 출생지인 시마네현島根県의 쓰와노번津和野藩 전경이 펼쳐지고, 특이하지만 부모의 사진보다 최후의 번주 가메이 고레미亀井玆監의 사진을 먼저 게재하고 있다. 이것은 쓰와노번의 전의典医로서 모리 가문의 홍망이 오가이의 삶에 영향을 주었다는 메시지일 것이다. 이어서 특징적인 것은 독일 유학 시절을 담은 사진과 군인으로서의 사진들이 많은 수 게재되어 강조되고, 문단의 인물들과의 교류와 자필 원고들이 배치된다. 작가 모리 오가이의 특징은 독일과 전장의 장소를 이동하는 독특함으로 나타나는데, 아리시마가 서양과 홋카이도라는 장소성이 부각되는 것과 그 방식이 크게 다르지 않다.
11 西垣勤, 《有島武郎論》, 有精堂, 1978, p. 26.
12 나쓰메 소세키夏目漱石의 《그리고 난 뒤それから》(1910)에서 아버지가 편의를 제공하는 집에서 쫓겨난 다이스케代助가 갈 곳을 잃고 방황하는 모습을 어떻게 평가할 것인가. 그래도 다이스케는 아버지의 뜻과 달리 자신의 의지를 관철하려는 중이다. 시가 나오야志賀直哉의 《화해和解》(1917)에서 화해의 눈물을 흘리는 유명한 장면은 부자 관계의 근대성에서 보면 애매한 아버지 극복 방식이다.
13 安川定男, 《悲劇の知識人 有島武郎》, p. 17.
14 부자간의 갈등이라는 측면에서 보면, 시가 나오야가 아버지와 대립한 담론이 문학사에서 강조되는 것이 그 대표적인 사례다.

로부터 독립할 수 있는가 하는 근대성의 문제를 작가 서사에 개입시킨다. 아리시마가 아버지에게 기가 눌려 작가 생활도 소극적으로 했다가 1916년 아버지의 사망 이후 작가로서 본격적으로 활약했다는 내용이 강조된다.[15] 아버지와 관련하여 서술된 작가 서사는 실상 아리시마의 텍스트 분석에 크게 유용하지는 않다. 그러나 이 소재는 주체의 정립을 지향하는 근대의 명제 속에서 그 자체로 새로운 텍스트로 기능한다. 작가의 서사가 일본의 근대성을 판단하는 분석 대상이 되기 때문이다.

그래서 아리시마 서사는 아버지의 장소와 아들의 장소를 대립시키면서 극적인 서사를 형성한다. 다시 아리시마 앨범으로 돌아가 보자. 아리시마의 앨범은 남부 지방(아버지)과 북부 지방(어머니)의 부모 사진을 게시한 후, 작가가 탄생한 도쿄의 사진으로 이동한다. 이것은 의식적이든 무의식적이든 일본 근대문학의 담론 환경 속에서 도쿄로 통합되던 일본의 근대를 표상한 것이다. 굳이 설명할 필요도 없겠지만, 도쿄로의 통합은 로컬의 배제라는 근대적인 이항 대립에 기반한다. 지방에서 상경한 아버지의 장소가 된 도쿄[16]와, 로컬로 이동하는 아들의 장소가 비대칭을 이루며 작가의 서사에 무의식적으로 내장되어 있다. 비대칭이라는 것은

---

15 山田昭夫,〈有島武郎の人と作品〉, 山田昭夫編《鑑賞日本現代文学10 有島武郎》, 角川書店, 1983, p. 24.
16 아리시마의 아버지가 요코하마 세관장으로 근무한 기간이 제법 된다는 점은 감안하자.

48 _ 모빌리티 인문학 미래세계

[그림 2] 아버지 고향(薩摩)　　　　　　[그림 3] 어머니의 고향(盛岡)

도쿄(아버지의 권력)와 로컬(순종하는 아들)이라는, 병렬적으로 비
교할 수 없는 위계를 말하는 것이다.[17]

그런데 이 작가 서사에서 장소들은 그 속에서 과연 아리시마의
삶이 일어나는 곳이었을까? 장소는 "인간적 체험, 행위, 의미를
시간적·공간적으로 모으는 모든 환경적 현장"[18]으로 그곳에서
삶이 일어난다. 장소를 이런 개념으로 볼 때 공간은 위 정의에서
보듯이 체험, 행위, 의미가 여백으로 있는 상태이다.[19] 이 정의에
따르면 작가 서사에서 다루는 장소는 '삶이 일어나는 장소'로 보
기도 어렵고, 위도와 경도를 따지는 공간으로 보기도 어렵다. 왜

17　이 지적은 일반화할 수는 없다. 유신 이후 성공한 아버지가 상경하여 동거할 경우,
　　아버지와 불화를 빚으면서도 승리하지 못하는 아들은 나중에 시간이 지나 아버지
　　의 위치에서 자신이 꿈꿔 왔던 것을 이룰 수도 있을 것이다. 또는 도쿄에서 자랐지
　　만, 아버지의 영향력이 크지 않아 스스로 근대적 삶을 살아야 하기도 했을 것이고,
　　시골의 부모님을 떠나 상경해서 일가를 이룰 수도 있을 것이다. 중요한 것은 아리
　　시마의 작가 서사는 유독 도쿄의 아버지상이 부각된다는 것이다.
18　데이비드 시먼, 《삶은 장소에서 일어난다》, 최일만 옮김, 앨피, 2020, 20쪽.
19　또 다른 예를 들어 보자. 팀 크레스웰은 "장소라는 단어는 이론적으로 설명을 할 때
　　든 일상생활에서든 온갖 맥락에서 쓰인다. 지리학적인 이론과 철학에서 장소는 공
　　간의 의미 있는 부분, 즉 의미와 권력이 스며들어 있는 위치를 뜻하게 되었다. 장소
　　는 우리가 경험하는 의미의 중심이다"(팀 크레스웰, 《온 더 무브》, 최영석 옮김, 앨
　　피, 2021, 20쪽)라고 정의한다. 따라서 장소는 경험의 현상이 일어나는 공간이라고
　　구분하여 사용하는 이 글의 맥락과 다르지 않다.

냐하면 장소를 부감하고 재단하는 시점으로 서술하기 때문이다. 물론 작가는 일기, 서간, 엽서, 스케치, 잡지 인터뷰, 강연, 다른 사람과 나눈 대화의 증언 등 다양한 매체를 활용해서 자신의 장소에 대해 이야기하거나 기록으로 남기고 있다.[20]

그런데 작가가 발화하는 장소들이 '텍스트가 되면' 연구자(독자)에게는 개별적인 경험이 존재하지 않는 텅 빈 공간이 된다. 그런데 그 공간에 작가 서사를 써야 하는 '연구자로서의 독자'는 상상력과 추체험을 동원하여 작가가 마치 그 장소에 있었던 것처럼, 공간을 장소로 바꾸는 과정을 거쳐야 한다. 즉, 연구자들은 공동체가 공유하는 집단적 기억과 연구자 스스로의 체험에 기반한 상상력으로 작가를 서술하게 되는 것이다.[21] 즉, 앞에서 지적한 아버지와 아들의 비대칭적 장소도 삶이 일어나는 그것이 아니라, 텍스트의 쓰기와 읽기의 프로세스에서 생성되었다고 할 수 있다.

---

20 작가에게 있어 그 자체도 회상된 기억의 소환인 경우도 있고 감정적인 기복이 있을 수 있지만, 이 점은 작가가 장소에 갖는 애착 관계 정도 등을 알 수 있는 장소감으로 해석할 수 있을 것이다.
21 우치다 미쓰루内田満가 아리시마 다케오의 "원체험"이라고 상정한《한 송이 포도一房の葡萄》(1920)를 통해 작가에 대해 서술하면서 "고베에서 태어나 시모노세키에서 소년 시대를 보낸 나도 항구나 배를 멀리서 보고 자랐지만, 항구는 언제나 남쪽에 있어서 대개 역광이었다. 언제였던가, 요코하마의 야마노테山の手를 걸었을 때에 양광陽光을 뒤로 하고 항구를 바라보며 소년 아리시마가 '눈이 아플 정도로 아름답다'고 한 정경을 엿본 느낌이 들었다"(内田満,〈有島武郎の場所—その足跡と作品による素描〉, 内田満・栗田広美編,《有島武郎の場所》, 右文書院, 1996, p. 11)고 서술한 부분은 좋은 예다. 아리시마 작가론들이 전혀 거리낌 없이 발표된 작품 내용과 작가의 실생활을 등가로 두는 것도 이상하지만, 연구자의 체험과 작가의 체험을 등가로 환원하고 '동일한 장소성'을 부여하는 것은 기억, 상상력을 동원한 추체험이 아닐 수 없다.

아리시마의 앨범은 작가가 도쿄에서 태어나 다양한 장소들로 이동한 그 로컬 풍경들을 수록했다. 그렇다면 그 로컬들은 도쿄의 중심과 유기적으로 상호 영향을 주고받는 관계로 긍정적으로 볼 것인가, 아니면 도쿄의 중심 권력에 식민화된 관계인가 하는 평가가 필요하다. 이 글의 논조가 도쿄와 로컬의 이분법을 비판하는 내용임을 쉽게 알 수 있겠지만, 단순히 과거에 일어난 일을 비판만 한다고 해서 바뀔 것은 크게 없을 것이다. 여기서는 장소를 부감하고 재단하는 과정에서 놓친 것은 없는지, 그리고 그것이 지금의 우리와 어떤 연결 고리를 갖는지를 알고 싶은 것이다.

흥미로운 것은, 아버지의 규슈에서 도쿄로 수렴되는 생애에 엇박자를 놓듯 아리시마가 로컬과 외국으로 튕겨 나간 점이다. 가쿠슈인에서 기숙사 생활을 하며 평범하게 보낸 아리시마는, 시가 나오야志賀直哉가 부친과 대립하여 방탕한 생활을 보냈다든가 하는 식의 극적인 면모는 부각되지 않았다. 그의 청소년기에 도쿄는 장소성이 강조될 여지가 없었다. 오히려 작가 서사의 핵심은 삿포로 농학교 시절이다. '아버지의 억압으로부터 도피'라는 식의 갈등이 삽입되어 삿포로농학교 시절은 출발부터 극적 요소가 장치되어 있다. 작가론에서는 장남으로서 받는 억압으로 인해 아버지의 그늘인 "도쿄 이

[그림 4] 아리시마 다케오의 부모

탈"²²이라는 항목을 정설로 취급한다. 이로써 장소를 둘러싼 부자 간의 서사가 정리되고, 아리시마가 기독교에 입신한 것에도 아버지의 유교 교육에 대한 반항이라는 갈등 서사가 첨부된다.

이렇게 보면 아리시마의 삿포로행은 도쿄 탈출이 되면서 도쿄의 중심, 권위로부터 이탈하는 이미지가 생성된다. 교회와 야학을 통한 장소를 만들고, 대학 교수들과의 학문적인 장도 형성된다. 작가 서사로서는 중심에 대한 이탈과 자유라는 소재도 성립된다. 작가론이 유행하던 1970, 80년대에 작가 서사를 쓰는 사람들은 이항 대립의 관점에서 중심과 주변을 나누기는 했지만, 그것들의 위계가 갖는 폐해를 극복하지는 못했다.²³ 그렇다면 본인의 의사와는 무관하게 위계의 장소성이 부여된 아리시마는 정작 어땠을까?

모빌리티, 부유하는 장소들

작가 서사에서는 미국 유학과 관련하여 아리시마가 다닌 대학, 봉사 활동을 했다는 정신병원, 그리고 그가 노동한 농장에 주목

22　山田昭夫,《有島武郎の世界》, 北海道新聞社, 1978, pp. 52-53.
23　이러한 위계를 지적하고 해체를 꿈꾸던 포스트모던이나 탈근대의 방법론에서는 작가론 자체에 대한 부정적인 기류가 강했기 때문에 작가론의 성과를 텍스트에 대입시키는 것을 인정하지 않았다. 이것은 작가론이 작가 서사로서 파생적인 텍스트로 독자에게 읽히게 되었다는 말도 된다.

한다. 서구의 영향을 받던 시기이니만큼 작가의 정보 취득 역량이 강화되었다는 내용은 필수 사항이다. 미국, 유럽의 장소성을 바탕으로 서적을 통해 입수한 작가 휘트먼이나 크로포트킨과 같이 아리시마의 사상에 큰 영향을 준 작가를 연결한다. 하버퍼드 대학에서 만난 사회주의자 가네코 기이치金子喜一도 있다.

삿포로(홋카이도)라는 장소가 아버지의 장소와 비대칭적으로 얽혀 서사되는 것처럼, 미국은 사상가들과 매칭되는 장소성을 얻는다. 즉, 삿포로는 아버지로부터 탈출한 곳이고, 미국은 사상을 쌓는 장소였다. 그런 점에서 미국은 도쿄의 관점에서 삿포로처럼 로컬의 성격이 유지된다. 이것은 아리시마의 작가 서사가 작가의 이동성을 고려하지 않았다는 점과 관계된다. 이동성에 주목한다는 것은 "이동 그 자체를 넘어 그와 관련된 다양한 관계들의 의미와 실천을 모두 포함하여 파악"[24]하는 것이다.

그것은 앞에서 정리한 작가 서사를 장소 단위로 평면적으로 이어서 제시한 것과 관련되는 문제이다. 그러한 장소 중심의 기술은 고정적이고 정주적인 근대적 관점을 담고 있다. 이동성의 문제를 보기 전에 장소와 공간에 대한 근대적 구분에 대해서 살펴보자. 아리시마의 생애를 장소로 볼 때 강조되는 것은 홋카이도와 미국, 유럽이다. 그가 45년 생애의 약 절반을 도쿄에서 거주했으므로, 체험한 장소로는 도쿄가 압도적임에도 말이다. 그 강력

---

24 신인섭, 〈모빌리티 소설로 읽는 「어떤 여자」 전편 – 아리시마 다케오 문학 재론〉, 《日本語文學》 84, 2020, 213쪽.

[그림 5] 삿포로농학교

[그림 5] 삿포로농학교

한 이미지는 홋카이도와 미국·유럽의 장소가 '일본'의 외부이기 때문에 증강되는데, 동시대에 에구치 간江口渙이 다음과 같이 아리시마를 평가하는 것은 그런 시각을 잘 보여 준다.

　1901년에 삿포로농학교를 졸업한 아리시마 씨는 1903년 8월 미국으로 넘어갔다. 그리고 1904년에는 어느새 하버퍼드 대학에서 석사 학위를 받았다. 그 뒤 미국에 있을 때는 정신병원의 간호부看護夫가 되어 2개월간의 힘든 근로에 임하고, 때로는 농가 주방에서 일하면서 접시를 닦았다. 그런 와중에도 근대 사상, 특히 톨스토이, 크로포트킨 등의 사상에 강렬한 감화를 받아 상당한 내부 생활의 동요와 혁명적 체험을 한다. 동시에 아리시마 씨는 생애를 농민이 될까, 예술가가 될까, 교육자가 될까 하는 세 가지 중에서 무엇에 투신해야만 하는가에 대하여 몇 번이고 깊이 그 선택에 대해 고뇌하였다.

하나 당시에 깊숙이 파고든 독서에 의한 감화는 오늘날 씨에게, 드디어 예술가로서 특히 이상주의의 작가로서 우뚝 서게 하기에 이르렀다. 1906년 여름 미국을 떠난 아리시마 씨는 반년간의 격렬한 여행을 구주歐州에서 시도한 뒤, 1907년 봄 다시 일본으로 돌아왔다. 돌아오고 곧이어 삿포로농과대학 예과의 교사가 되었다. (…)[25]

에구치가 작가의 장소인 "삿포로농학교", "하버퍼드대학", "미국", "구주", "일본"을 어떻게 서술하고 있는지 분석해 보자. 에구치의 글에서 아리시마는 삿포로농학교 출신으로 미국 유학 후 다시 모교로 부임한 작가였다. 에구치의 작가 서사에서는 아리시마의 장소가 공간으로 환원된다. 윗글에서 "삿포로농학교", "하버퍼드대학", "미국", "구주", "일본"은 공간적 좌표에 불과하다. 아리시마가 살면서 애착 관계를 형성했을 그 장소들은 작가에게는 장소감으로 남겠지만, 그것이 문학적 소재로 텍스트가 되어 독자가 읽을 때는 장소가 아닌 텍스트 공간이고, 이때 독자는 그 여백의 공간에 상상력을 동원하여 작중인물들이 장소와 맺는 장소성을 부여해야 한다. 이 글에서 작가론을 '작가 서사'의 일종으로 파악하는 것도 여기서 기인한다. 이때 텍스트의 장소는 온전히 독자가 기억하고 있고 상상할 수 있는 새로운 영역이다. 에구치가 "근대 사상, 특히 톨스토이, 크로포트킨"이라고 언급하거나, "선택에

---

25 江口渙(1912), 〈有島武郎論〉, 《文章世界》, 1918 · 4. 《有島武郎全集別卷》, 筑摩書房, 1988 · 6, p. 478. 이 글의 일본어 원문에 대한 한국어문은 모두 필자의 졸역임.

대해 고뇌"했다든가, "당시에 깊숙이 파고든 독서에 의한 감화"라는 말로 당시 작가를 서술할 수밖에 없었던 것은, 그 장소를 공유하지 못하기 때문이다. 장소에서의 이동을 "넘어갔다", "시도"했다, "돌아왔다"라고 매듭짓듯이 언급함으로써 장소의 이동은 사라지고 단면으로 변환된다.

그런데 아리시마는 어느 곳에 정주하기보다 "넘어갔다", "시도"했다, "돌아왔다"라는 이동을 수행한 작가이다. 거주의 경험보다 이동하면서 포착한 문화 변동의 체험과 감성이 그의 문학을 더 규정했을지도 모른다. 이것은 작가가 일반적인 사고의 틀이었던 정주형 인간이 아니라, 이동성에 기반한 삶을 토대로 삼았다는 점을 시사한다. 많은 작가론의 서사가 아리시마의 장소에 관해 서술했지만, 정작 작가 자신은 한 장소에 뿌리내리기보다 이동하는 유목적 삶을 선망했다고 필자는 생각한다.

따라서 작가의 장소라는 고정적인 시점에서 도쿄를 중심으로 부감하는 로컬에 대해서 의문을 제기하는 것이다. 아리시마는 자신이 도쿄에 사는 특정 작가라는 장소감이 없을뿐더러, 조금 후에 보겠지만, 홋카이도에 살았다는 정주 의식도 없었다. 어린 시절부터 도쿄와 요코하마, 기숙사, 본가를 오가며 삿포로를 거쳐 미국에 유학하고 다시 삿포로로 돌아갔다가 도쿄로 돌아온 아리시마에게 정주자의 의식이 있었다고 보는 것 자체가 무리가 아닐까?

당시 홋카이도는 개척사開拓史에 의한 식민과 일본화 정책이 진행되던 시기라 '내지'의 관점에서 보면 홋카이도는 '외지'의 식민성을 지닌 로컬이었다. 대도시 도쿄의 관점에서 삿포로를 보면 서양풍의 미니 신도시가 부감되는 위치였다.[26] 이제 실제 삿포로에서 장소와 관계 맺기를 했던 아리시마는 어떻게 느꼈는지 알아보자.

나는 앞뒤로 모두 약 12년 홋카이도에서 살았다. 그뿐만 아니라 나의 생활로서는 무엇보다 중요하다고도 할 시기를, 처음에는 열아홉 살부터 스물세 살까지, 두 번째는 서른 살에서 서른일곱 살까지 있었다. 그렇기에 나의 생활은 홋카이도의 자연이나 생활로부터 많은 영향을 받았을 것이라 생각한다. 그러나 여태까지 별다르게 홋카이도에서 받은 영향이라 자각할 만한 것은 지니고 있지 않다. (…) 우선 12년이나 홋카이도에 살면서 변변한 여행도 하지 않으며 그곳 생활과 깊이 교류하지 않고 지냈던 것이 그 원인일지도 모른다.[27]

이 글은 아리시마의 장소를 서사하는 방식과는 매우 동떨어진 작가의 실감이다. 이 내용의 진위는 크게 중요하지 않다. 이것은 삿포로를 떠나고 한참 지나서 서술한 것이고 큰 틀에서 말한 것이지만, 홋카이도에서 받은 영향을 느끼지 못한다는 것, 그곳 생

---

26 신인섭, 〈모빌리티 소설로 읽는 「어떤 여자」 전편 – 아리시마 다케오 문학 재론〉, 213쪽.
27 有島武郎(1921), 〈北海道についての印象〉, 《解放》, 《有島武郎全集 第八卷》, 筑摩書房, 1980, p. 297.

활과 교류하지 않았다는 것을 해석하는 독법이 더 큰 문제이다. 작가는 "그곳에 있을 때는 이상한 곳いやな所이라고 생각할 때가 종종 있었지만, 떨어져서 보니 괜시리 그리움이 느껴지는 곳"[28]이라고 장소를 서술한다. 이어서 아리시마는 홋카이도의 눈에 파묻힌 겨울의 삶과 만추의 아침 체험을 이야기하고, 학생 시절 과수원의 추억을 말하는데,[29] 그것은 분명 그에게 삶이 일어나는 장소였다. 아리시마는 홋카이도에 "유럽 문명에서의 스칸디나비아와 같은, 북미 문명에 대한 뉴잉글랜드와 같은 역할"[30]을 기대했다고까지 말한다. 아리시마는 스칸디나비아의 북극권 기후에 맞추어 홋카이도의 문명을 생각하고, 청교도풍의 뉴잉글랜드에 빗대어 뉴웨이브의 홋카이도를 상상한 것이다.

이런 점을 통해서 보면, 앞의 인용문은 자신의 과거 삶을 부정하는 태도라기보다, 도쿄를 부감하는 관점에서 홋카이도의 이것저것을 서술하고 싶지 않았기 때문에 나온 발언이라고 보는 것이 타당하다. "나의 생활"과 "그곳 생활"이라는 대립은 도쿄와 로컬의 대립이 아니라, 유동적인 삶을 산 '나의 생활'과 이동해서 거주하던 '그곳 생활'의 관계 맺기 방식이다. 이때 작가 서사의 전형이 보여 주는 도쿄라는 중심과 로컬이라는 주변부로 나누는 이

28 有島武郎(1921), 〈北海道についての印象〉, p. 278.
29 有島武郎(1921), 〈北海道についての印象〉, p. 298.
30 有島武郎(1921), 〈北海道についての印象〉, p. 299.

항 대립을 아리시마가 허물고 있다는 점은 주목할 만하다.[31]

장소, 위계

이상 서술한 바와 같이 아리시마 다케오의 서사는 문학 앨범이 다루는 방식과 크게 다를 바가 없다. 이것은 '전형'이고 이 필터를 통해서 우리는 일본의 근대 작가들을 이미지할 수 있다. 과연 생애의 기록을 모아 타인의 내면을 훔쳐보는 것이 가능할까? 명분은 독자나 연구자들이 사진을 보며 작가의 세계관을 파악하는 수단이 되기에 참고한다고 하면서도 말이다.[32] 그 사진의 필터를

---

31 정해진 틀로 사고한다는 것은 시대의 담론 공간에 지배받기 때문이다. 관련해서, 우리는 아리시마의 작가 서사에서 왜 평론가들은 아버지를 강조하고 부인이나 자녀들에 대해서는 그다지 언급하지 않는 것일까 하는 합리적인 의심을 해 볼 수도 있다. 일반적으로 근대 작가를 서사할 때 가정생활은 '원만했다', '갈등이 있었다'라는 식으로 규정적으로 처리하고 넘어간다. 가정 내부라는 사적 공간에 대한 배려라고 한다면, 작가의 연애와 실연을 정신 형성의 중요한 요소로 강조하고(西垣勤,《有島武郎論》, 有精堂, 1978, pp. 2-8) 작가의 내면의 갈등을 서사하는 것은 어떻게 설명할 수 있는가? 이것은 그 작가가 살던 시대가 '이에家'와 가정 사이의 위계가 여전히 남아 있는 근대라는 것을 보여 준다. 아내와 아버지를 같은 해에 잃은 아리시마는 '작가론에서는' 아버지의 족쇄에서 벗어나 마음껏 창작 역량을 펼칠 수 있게 되었다고 하지만, 아내의 위치는 없다. 질병으로 대학에 사직서를 내게 함으로써 작가의 길에 돌입할 수 있게 한 간접적인 영향만이 보인다.

32 작가의 분신으로 보이는 "자전적 인물"이 텍스트 공간에서 큰 곤란을 겪으면서도 "현실적인 감각으로 치환되는 모습을 보이지" 않는, 즉 초월적 주인공의 전지적 시점이 되는 미야모토 유리코 문학은 작가의 체험이 얼마나 텍스트 세계와 유리되어 있는 지 보여 준다. 김주영, 〈이동성과 부동성의 서사 – 미야모토 유리코의《반슈 평야(播州平野)》론〉,《日本語文學》, 2020, 131쪽.

구성하는 몇 장면을 보자.

지방에서 도쿄로 이동하는 산시로三四郞가 도쿄에 와서 대도시에 압도당하는 장면을 소세키漱石가 강조하는 것에서 보듯이, 일본의 근대는 도쿄에 집중한 시기였다. 소세키는 도쿄 출신임에도 로컬과 도쿄의 차이를 《산시로》(1908)에서 보여 주며 일본 근대문학에서 도쿄라는 장소가 어떤 곳인지 묘파한다.

산시로가 도쿄에서 놀란 것은 매우 많다. 첫째 전차가 찌리링 하고 소리를 내는 것에 놀랐다. 그리고 찌리링 울리는 동안에 매우 많은 인간이 전차에 타고 내리는 데에 놀랐다. (…) 가장 놀란 것은 아무리 걸어도 여전히 도쿄라는 것이었다. 게다가 아무 곳이나 마냥 걸어도 목재가 널려 있고, 돌이 쌓여 공사를 하고 있다. (…) 그리고 모든 것이 동시에 건설되고 있는 것처럼 보인다. 대단한 움직임이다.[33]

당시 인구 2백 만에 육박하던 대도시 도쿄는 다른 도시들과 대비될 수 없는 비대칭의 정점에 있었다. 일본의 근대문학이 도쿄를 기반으로 근대성을 표현한 것도 대도시 문명이야말로 근대 그 자체였기 때문이다. 소세키의 《마음こころ》(1914)이나 오가이의 《청년青年》(1910), 다니자키 준이치로谷崎潤一郞의 《치인의 사랑痴人の愛》(1925)과 같은 상경 서사들은 공통적으로 도쿄야말로 일본이

---

33 夏目漱石,《三四郞》, 新潮社, 1986, pp. 21-22.

60 _ 모빌리티 인문학 미래세계

라는 것을 문학 텍스트에 각인시켰다.

　이 근대 서사는 작가들의 이야기에도 아날로지로 작동되어 도쿄 이외의 로컬 작가들이 문학성이 뛰어날 때 그 작가가 거주하는 지역성이 강조된다. 그런데 이것은 도쿄를 중심으로 주변부를 부감하는 시선이었다. 이와테岩手의 미야자와 겐지宮沢賢治를 설명할 때 '향토'라는 말을 통해 로컬이 강조된다. 간사이關西의 다니자키를 말할 때[34] 역시, 그가 도쿄의 장소를 그리던 작가라는 장소의 대비가 전제되어 간사이 이주의 의미를 만든다.

　도쿄 문화와 완전히 다른 텍스트 공간은 비대칭적인 공간에 대한 호기심으로 독자에게 장소의 상상력을 동원하게 한다. 이러한 근대의 독법에서 동시대인이 자유로울 수는 없을 것이다. 그런데 미국을 배경으로 아리시마의 체험을 담은 소설로 알려진 《미로迷路》(1918)[35]의 주인공 'A'는 '나'의 일상을 정신병원 환자, 무정부주의자, 여성과 접하며 자신이 대처하는 모습을 독백을 섞어 가며 서술한다. 그때 미국 아가씨에게 사랑을 고백하는데, 동양인이라는 이유로 거절당했을 때 주인공은 자신이 "어느 틈엔가 국적 없

34　예를 들어 다니자키의 간사이關西 이주는 작가의 장소성을 도쿄와 간사이로 양분시킨다. 간사이의 풍토를 다루어야 하는 논리는 이럴 것이다. '다니자키가 《세설細雪》(1943~1949)과 같은 지방색이 강한 대작을 남겼고, 그것은 당시 다니자키의 간사이 이주를 통해서 성립된 것이다.' 이 말은 어느 정도 타당하다. 《세설》의 첫 문장을 "우리 막내 좀 도와줘―(こいさん、頼むわ。―)"(谷崎潤一郎, 《세설細雪》, 1983, 中公文庫, p. 7)라는 간사이 식 말船場言葉로 시작하는 파격적인 실험도 작가가 '한신간阪神間'에서 거주하며 그 장소성을 텍스트 공간에 담았기 때문에 가능하다.

35　〈首途〉(《白樺》, 1916·3), 〈迷路〉(《中央公論》, 1917·11), 〈曉闇〉(《新小説》, 1918·1)을 개고하여 有島武郎著作集第五輯《迷路》(新潮社, 1918·6) 수록.

는 부랑자"[36]처럼 되었다고 자각한다. 동양인 또는 일본인이라고 규정된 주인공은 백인도 될 수 없고 흑인도 될 수 없지만, 자신의 이동성을 통해 어느 한 장소에 귀속되지 않는다는 감성을 지니는 것이다. 그렇기 때문에 주인공은 "국적이 없는 부랑자일뿐 아니라 어느 계급에도 속하지 않는 적나라한 인간"이라고 스스로 규정하고 "유산계급도 아니"고 "생활 그 자체"[37]라는 깨달음을 얻을 수 있었다. 앞에서 본 것처럼 홋카이도의 '그곳 생활'과 '나의 생활'의 관계처럼 말이다.

---

36 有島武郎(1917), 〈迷路〉,《有島武郎全集 第3卷》, 筑摩書房, 1980, p. 326.
37 有島武郎(1917), 〈迷路〉, p. 327.

참고문헌

김석수, 《21세기 사회에서 로컬리티와 인문학, 탈근대 탈중심의 로컬리티》, 혜안, 2010.

김주영, 〈모빌리티 표현의 일본 근대소설론 서설〉, 이진형 외, 《모빌리니 테크놀로지와 텍스트미학》, 앨피, 2020.

김주영, 〈이동성과 부동성의 서사-미야모토 유리코의 《반슈 평야播州平野》론〉, 《日本語文學》85집. 2020, 129~145쪽.

데이비드 시먼, 《삶은 장소에서 일어난다》, 최일만 옮김, 앨피, 2020.

신인섭, 〈모빌리티 소설로 읽는 「어떤 여자」 전편-아리시마 다케오 문학 재론〉, 《日本語文學》 84, 2020, 211~228쪽.

신인섭, 〈'통합'과 '배제'의 문학사-홋카이도 문학의 형성과 전개 양상을 중심으로〉, 《비교문학》43, 2007, 279~317쪽.

안진국(Ahn Jinkook), "The Multilayeredness of Mobility and the Visual Art Language: The Material Turn, the Inequality in 'Mobility Capital', the Hierarchy in Mobility, and Art," *International Journal of Diaspora & Cultural Criticism*, 12-2, 2022, pp. 6-50.

팀 크레스웰, 《온 더 무브》, 최영석 옮김, 앨피, 2021.

有島武郎(1921), 〈北海道についての印象〉, 《解放》, 《有島武郎全集 第八卷》, 筑摩書房, 1980.

伊藤憲, 《有島武郎の芸術と生涯》, 日本図書センター, 1983. [초출. 伊藤憲, 《有島武郎の芸術と生涯》, 弘文社, 1926]

内田満, 〈有島武郎の場所ーその足跡と作品による素描〉, 内田満・栗田広美編, 《有島武郎の場所》, 右文書院, 1996.

江口渙(1912), 〈有島武郎論〉, 《文章世界》, 1918・4. 《有島武郎全集別卷》, 筑摩書房, 1988・6.

佐渡谷重信, 《評伝 有島武郎》, 研究社出版, 1978.

竹盛天雄編, 《新潮日本文学アルバム 1 森鴎外》, 新潮社, 1987.

谷崎潤一郎, 《細雪》, 中公文庫, 1983.

夏目漱石,《三四郎》, 新潮社, 1986.

西垣勤,《有島武郎論》, 有精堂, 1978.

福田清人·高原二郎,《有島武郎 人と作品》, 清水書院, 1966.

安川定男,《悲劇の知識人 有島武郎》, 新典社, 1983.

山田昭夫,《有島武郎·姿勢と軌跡》, 右文書院, 1976.

山田昭夫,《有島武郎の世界》, 北海道新聞社, 1978.

山田昭夫, 〈有島武郎の人と作品〉, 山田昭夫編《鑑賞日本現代文学10 有島武郎》,
　　角川書店, 1983.

山田昭夫·内田満編, 〈年譜〉,《有島武郎有島武郎全集 別巻》, 1988.

고-모빌리티 시대
무인도 유튜브 디지털 스토리텔링

김주영

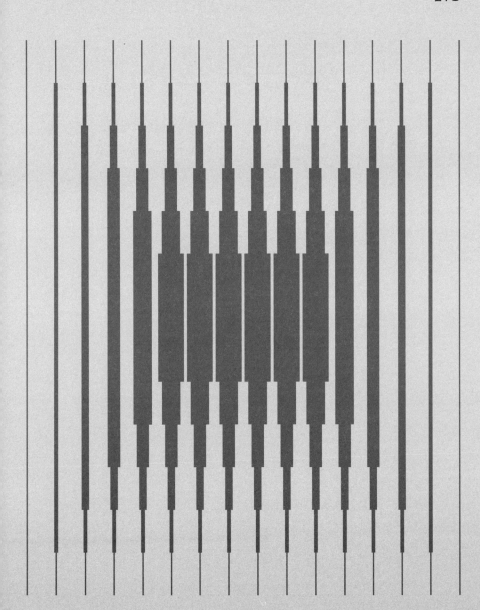

이 글은 《Kritika Kultura》 제44집(2024.07)에 게재된 원고를 수정 및 보완하여 재수록한 것이다.

무인도 유튜브 스토리텔링

고도 모빌리티 시대는 사람이나 사물이 IT와 결합된 이동 수단을 사용한다는 특징이 있다. 사람들은 걸을 때조차 스마트폰의 이동통신을 사용함으로써 예전의 기억이나 시선, 지도를 매개로 한 보행과는 다른 정동affection을 지니게 된다. 이동하거나 멈추거나 하면서 사람들은 자신이 찍은 사진이나 영상을 SNS로 전파하고, 이렇게 연결된 공간은 새로운 공간적 이미지를 생성하고 연결한다. 이러한 모바일 기술은 무인도까지 사람을 찾게 하고, 무인도 공간에도 장소 이미지를 부여한다.

광활한 해안선과 제주도, 울릉도, 독도를 포함해 수많은 섬을 가진 한국에는 무인도도 많다. 한국의 콘텍스트에서 보면 무인도는 상주하는 사람이 없는 섬을 말한다. 이 섬들은 기반 시설이 제한적이거나 전혀 없고, 최소한의 인간만 존재한다는 특징이 있다. 한국에서 무인도는 목가적인 정겨움을 떠올리게 하지만, 실제로는 원주민이 살기 어려워 떠나 버린 배제당한 공간이기도 하다. 이 단순한 무인도에 대한 견해는 서구 미디어의 영향으로 좀 복잡해졌다. 예를 들면 서구의 무인도 탈출에 관한 소설이나 영화들의 영향으로 무인도는 실재하는 존재에서 미지의 '그 어떤 곳'으로 왜곡되어 버렸다. 물론 무인도가 정서적, 미디어적으로만 존재하는 것은 아니다. 섬 지역들은 엄연히 국가의 영토자원으로서 관리되고 늘 주목되어 왔다.[1] 이처럼 무인도는 노스탤지어나 영토로 긍정적인 대상이 되는 동시에, 척박함과 왜곡으로 배제되기도 한다.

그런데 최근에 유튜브 디지털 스토리텔링에서 무인도에 대한 주목할 만한 현상이 포착되고 있다. 이 디지털 스토리텔링들은 생태환경의 중요성이 높아지는 시대의 흐름에 맞춰 무인도의 의미를 시청자와 공유한다. 유튜브의 무인도 디지털 스토리텔링은 인물, 배경, 사건에 대해서 어떤 방향성을 가지고 영상 · 사진 · 내레이션 · 썸네일 · 댓글의 독자 반응과 응답 등의 표현 행위를 한다. 이것은 우리가 시나 소설, 영화, 연극, 뮤지컬에서 서사를 정의하는 방식, 즉 실제든 허구든 연속적인 사건들이 담론의 주제를 형성하거나, 사건들이 연결되고 반복되는 여러 관계를 서술하여 독자의 미의식에 도달하는 과정보다 단순하다. 디지털 스토리텔링은 여러 기법들을 사용하여 일정한 방향의 메시지를 형성하고 시청자의 공감대를 끌어낸다. 시청자들은 이 스토리텔링을 소비자로서 소비하지만, 유의미한 콘텐츠들에 대한 분석은 필요하다.

한국 무인도 유튜브 내러티브를 연구하게 된 배경과 근거는 무인도가 지닌 독특한 맥락과 더불어, 콘텐츠 제작과 스토리텔링의 플랫폼으로서 유튜브의 영향력이 커지고 있기 때문이다. 유튜브 내러티브가 구성되고 수용되는 방식을 이해하면, 유튜브가 현대

---

[1] 특히 일본과 영토 마찰을 겪는 독도의 경우 한국의 실질적 점유를 주장하기 위해 현재 4명이 주민등록을 하고 거주하고 있다. 그 밖에 경비대원과 등대관리원 등 47명이 거주한다. 이는 국가가 무인도를 유인도로 삼기 위해 관리하는 예시가 될 것이다.

디지털 문화와 사회에 미치는 영향에 대한 귀중한 통찰력을 얻을 수 있다. 유튜브는 전 세계적으로 헤아릴 수 없이 많은 사용자를 확보하고 있으며 자기표현, 엔터테인먼트 및 정보 공유가 이루어지는 지배적 플랫폼이 되었기 때문이다. 이것은 개인과 커뮤니티가 자신의 내러티브, 경험 및 관점을 만들고 전 세계 청중과 공유할 수 있는 기회를 제공한다.

이 글은 한국 무인도의 유튜브 스토리텔링을 연구하여 다음과 같은 질문에 답하고자 한다. 무인도는 어떻게 이해되어 왔는가? 여기서 샘플로 제시되는 무인도 스토리텔링에는 어떤 주제, 모티프 및 스토리텔링 기법이 사용되었는가? 시청자는 이러한 디지털 스토리텔링에 어떻게 참여하고 반응하는가? 이러한 스토리텔링이 한국의 무인도에 대한 문화적 표상, 정체성 구축, 인식에 시사하는 바는 무엇인가? 이 질문들에 답함으로써 디지털 스토리텔링, 문화적 표현, 디지털 미디어와 장소 기반 모빌리티의 교차점에 대한 폭넓은 이해에 기여하고자 한다.

무인도는 어떻게 이해되어 왔는가?

목가적이면서 배제되는 무인도

무인도는 일반적으로 한국인에게 거칠고 황량한 것으로 인식된다. 1970년대 한국에서 유행했던 가요 〈무인도〉에서는 무인도를 의인화해서 희망을 심어 주고 어두운 밤에 요란하게 몰아치는 파도를 견디게 한다. 외로움, 적막, 슬픔은 한국인의 마음속에서 무인도를 나타내는 형용사였다. 노래 속 섬처럼 유인도와 무인도에 모두 적용될 수 있는 섬의 서정성을 침울한 시적 표현으로 표현하기도 한다. 섬에 사는 사람들의 서정을 그린 동요 〈섬 집 아기〉에도 슬픔이 담겨 있다.

한국인이 섬을 감상적으로 바라보는 것은 한반도의 육지 중심 특성 때문인지도 모른다. 육지와 해안 지역은 특히 인프라가 크게 다르다. '제주도에는 말을 보내고, 서울에는 사람을 보내라'라는 한국 속담이 있다. 이 말은 땅 중심의 정서를 대변하는 민족공동체의 상상이다. 이런 현상은 베네딕트 엔더슨Benedict Anderson의 상상의 공동체Imagined Communities로 설명할 수 있을 것이다. 즉, 상상의 공동체로서의 한국은 섬이 배제되는 이데올로기이다. 상상의 공동체를 한국인으로 대체하면, 그들이 경직되고 중앙집권화된 정치체제에 속해 있음을 알 수 있다. 상상의 공동체라는 환영을 통해 사람들은 자신의 삶을 가능한 한 중심에 가깝게 두려고 하고, 중심에서 멀어질수록 배제의 체계가 작동한다. 대륙의 해안가에 사는 사람들은 섬보다 중심에 가까운 위치감을, 섬 사람들은 무인도보다 중심에 가까운 위치감을 느낄 것이다. 이는 중앙집권적 정치체제의 역사 속에서 한국인들이 가져 온 정서로서, 이를 뒷받침할 증거는 많다. 한국인 대부분이 수도인 서울에서 살고 싶어하고, 서울에 위치한 대학에 진학하기를 열망하는 것은 설명할 필요도 없는 현상이다.[2] 육지와 바다라는 이분법적 사고에서 바다에 부속되는 섬이 육지중심주의에 의해 불평등한 관계에 놓인 것은 한국만의 일은 아니다. 섬을 육지에 종속된 존재로 보는 시각은 단순한 관점의 문제가 아니라 오랜 역사적 경험으로 축적된 결과이기도 하다.

그럼에도 불구하고 그런 삶을 추구하는 것이 정당한가? 모빌리티 개발은 도시화를 촉진하고 이미 중심지향적인 한국인을 대도시로 내몰고 있다. 그러나 도시화의 복잡성은 사건, 사고 및 스트레스를 유발한다. 아이러니하게도 모빌리티 기술은 도시화를 촉진하지만 거기에 질식하고 싶은 욕구를 충족시킬 수 있다. SNS에서 일어나는 파편화된 자기서사는 다양한 개인의 서사를 만들어 낸다. 여행지에서 찍은 사진, 넘쳐나는 음식 사진, 스스로 입는 옷, 독학하는 사진, 시골에 집을 짓는 사진, 무모한 모험을 하는 사진 등, 이것이 중심의 상상적 공동체에서 벗어나는 행위라는 사실에 반대할 수 있을까? 물론 이렇게 파편화된 개인의 서사가 집중되어 다시 유행하는 경우도 있다. 하지만 개인의 기록이 모두 트렌드가 되는 것은 아니다. 개인적인 경험을 올려 주인공이 되고 싶은 욕망은 개인화가 확장된 것이기 때문이다.

그중 무인도에 대한 개인의 서사는 탈중앙화를 지향하며 '국가'를 기반으로 종착점을 향한다. 무인도에 대한 설명은 프랑스

---

2 수도권 집중 현상이 한국만의 특징은 아니지만, 극단적인 것으로 지적된다. 한국 상위 12개 대학이 모두 서울에 있다는 사실만 봐도 알 수 있다.

몽생미셸 수도원의 프라이빗 투어와 다르다. 예를 들어 누군가 몽생미셸 여행기를 내러티브로 보냈다고 가정하면 몽생미셸과 관련된 개인의 기록을 갖고 있는 많은 사람들, 혹은 그곳을 여행한 대중들과 연대가 형성될 수도 있을 것이다. 하지만 사람들이 가는 곳이 아닌 무인도에서의 서사가 있다면, 아마도 강력하게 탈중앙화된 개인 서사의 송수신을 가능하게 하는 미디어로서의 모빌리티 기술과 만나는 독특한 세계일 것이다.

탈출해야만 하는 '그 어떤 곳' 무인도

무인도에 대한 이미지는 대륙과 국가마다 다르며 서로 영향을 미친다. 예를 들어, 한국에는 섬에 대한 전통적인 사고방식만 있는 것은 아니다. 서양의 서사가 한국인의 무인도 이미지에 영향을 미쳤다. 예컨대 '로빈슨 크루소'와 같은 재난과 생존의 서사는 고립된 무인도에서의 생존을 기록하고 신화적 인물을 부각시킨다. 여기서 무인도의 시적 서정성은 배제된다. 야생으로서의 섬은 오로지 인간에게 고난을 주는 배타적 지역일 뿐이다. 탈출해야 한다는 명제가 서사를 지배하는 것이다. 이런 식의 로빈슨 크루소형 서사에서 보이는 도심(중앙)에서 무인도(야생)를 바라보는 태도가 번역되고 소개되어, 한국인의 무인도 이미지 형성에 영향을 미쳤다.

이 영향이 잠재되어 단적으로 나타나는 예를 살펴보자. 한국에서 가장 인기 있던 예능프로그램 MBC 〈무한도전〉에서 '무인도

2015'를 기획하였다. 이 프로그램의 스토리텔링은 무인도의 공포 요소를 웃음으로 바꾸는 비대칭성을 활용하는 전략으로 효과를 극대화하고 있다. 갑자기 무인도로 이동된 양복 입은 출연자들은 배고픔을 겪으며, 섬에 갇혀 있는 공포를 느낀다. 물론 이 공포는 연출된 가공의 것이다. 시청자들은 그들이 구조된다는 전제를 알고 있어 안심하고 즐길 수 있으며, 가공의 공포 느낌과 비례해서 웃음의 극대화를 경험한다. 여기서 양복을 입고 섬에 갇힌다는 설정은 모빌리티 인프라스트럭처와 임모빌리티의 긴장감에 관한 중요한 인식을 제공한다.

먼저 무인도에 갇힌 캐릭터들이 양복을 입고 있다는 것은 그들이 조금 전까지 도회지에서 일상생활을 영위하고 있었음을 시사한다. 이에 더해 양복과 대비되는 무인도의 야생성이 강조된다. 이는 모빌리티 인프라가 잘 정비되어 양복을 입고 편리하고 깨끗한 이동이 가능한 도시의 상실을 모티프로 출발하는 것이다.

게다가 여기서 무인도는 갇혀서 밖으로 이동할 수 없는 곳이다. 그리고 그곳으로 가게 된 것도 자유의지에 의한 것이 아니다. 우리는 무인도 조난 영화들의 기본 구도가 비행기나 배 사고로 임모빌리티 상태에 놓이는 식이라는 것을 알고 있다. 이 전형적인 패턴은 예능 미디어 '무인도 2015'에서 그대로 답습된다. 물론 독자들은 실재가 아니라 조작된 임모빌리티 상태라는 정보를 알고 있어서, 조난 서사에서 느끼는 공포감 없이 웃을 수 있다.

그렇지만 무인도 스토리텔링은 웃음 소재에서조차도 열악한 인프라와 임모빌리티의 성격을 강조한다.[3] 코미디 프로그램이 아닌 경우 그 특징은 더욱 강조된다. 무인도 스토리텔링의 특징은 등장인물이 고난 끝에 도시로 회기, 모빌리티 인프라를 회복할 수 있는지에 대한 서스펜스에 있다. 영화 〈캐스트 어웨이Cast Away〉(2000)에서 주인공 톰 행크스가 구조되어 이미 결혼해 버린 약혼자를 찾아갔을 때, 둘이 함께 타고 다니던 자동차를 다시 찾게 되는 장면을 떠올려 보자. 무인도에서의 조난과 탈출은 사랑하는 사람과 이별하는 인생의 큰 시련을 주었지만, 모빌리티의 자유를 회복함으로써 그가 다시 인생을 시작할 수 있다는 암시를 준다. 주인공은 택배회사 직원으로 택배 운송 중 수송 비행기가 추락하였고, 도시로 돌아와서도 여전히 모빌리티 시스템 속에서 업무를 본다. 더구나 이 영화는 자신에게 희망을 준 소포를 끝까지 간직한 채 무인도에서 탈출하여 원래 주인에게 돌려주러 가다가 맞은편 도로를 달리던 그 택배의 주인을 우연히 만나면서 대단원의 막을 내린다.

이렇게 보면 〈캐스트 어웨이〉의 이야기가 모빌리티와 얼마나 긴밀하게 연결되어 있는지 알 수 있다. 모빌리티 역량을 회복하

---

3 도심과 무인도의 이항 대립 서사에서 무인도를 대체할 수 있는 공간으로는 어떤 곳이 있을까. 광활한 사막에서 물도 없이 홀로 길을 잃거나, 등산하다가 조난을 당하여 설산에 혼자 고립되거나, 망망대해에서 난파선의 나무판자에 매달려 떠다니는 이야기들이 있을 것이다. 그런데 이런 조난 지역은 야생의 이미지보다 인간의 생명 vs 험난한 자연이 강조된다. 무인도 조난 서사가 특별한 것은 도시/야생의 이분법적 사고로 구성된다는 것이다.

는 서사들은 무인도를 고단하고 결핍된 곳이고 탈출해야만 하는 '그 어떤 곳'으로 상정한다. 여기서 말하는 '그 어떤 곳'은 장소도 공간도 아니다. '그 어떤 곳'은 관객에게 시각적으로 무인도를 상상하게 하는 이미지이다. 공간적 좌표라면 사람들은 조난 등의 사고나 영토 수호의 필요성, 자원 개발 탐사와 같은 특수 목적을 달성하기 위해서 무인도에 들어갈 것이다. 장소라면 그곳에서 삶이 생성되어야 한다. 〈캐스트 어웨이〉가 잘 묘사하는 것처럼 그곳은 탈출을 위해 하루를 무한 반복하는 시간과 장소가 텅 빈 '그 어떤 곳'이다. 가상의 대화 상대인 배구공 "Wilson"을 탈출하다가 놓쳐서 잃어버리는 장면은 무인도가 추억이나 역사적 시간을 가질 수 없는 곳이라고 잔혹하게 선고하는 것과 마찬가지다.

무인도, 야생의 땅에서 생태계의 보고로

앞에서 언급한 대로 모빌리티 상실을 조건으로 도회지에서 격리되는 무인도 이미지는 서구 스토리텔링의 강한 자장 아래 형성되었다. 이를 기반으로 앞으로 분석할 무인도에 대한 정서적이고 낭만적인 서사도 생겨났다. 즉, 한국의 무인도 인식은 특유의 목가적이고 애절한 서정이 투사된 곳이자, 고립된 공포가 공존하는 대상이었다.

그러나 한국에서는 최근 무인도를 미개한 것으로 취급하는 담론에 맞서 섬 자체의 생태계와 자연환경에 대한 찬사가 이어지고 있다. 한국적 맥락에서 무인도는 문화적, 역사적, 생태적 의미를 지닌다. 그들은 종종 민속, 전설 및 전통 관습과 관련된 풍부한 문화유산을 가지고 있다. 이 섬들은 역사적 사건과 관련이 있거나, 지역의 과거에 대한 통찰력을 제공하는 고고학 유적지를 품고 있을 수 있다. 또한 무인도는 다양한 식물과 동물들의 서식지 역할을 하면서 생물다양성을 보존하고 취약한 생태계를 보호하는 데 중요한 역할을 한다.

관광 및 레크리에이션 측면에서 무인도는 자연 탐험, 하이킹, 조류 관찰, 낚시 및 기타 야외 활동의 기회를 제공한다. 그들은 도시 지역의 번잡함에서 벗어나 고요하고 한적한 환경을 제공하여 자연애호가, 사진가 및 고독을 찾는 사람들을 매료시킨다.

한국 정부와 지방자치단체는 무인도의 보전과 지속가능한 관리를 강조한다. 보존 노력은 자연 생태계 유지, 책임 있는 관광 관행 촉진, 문화유산 보호에 중점을 둔다. 「무인도서법」에서는 무인도를 출입이 허가되지 않는 '절대보전', 허가를 받고 사람이 출입은 할 수 있으나 훼손을 금지하는 '준보전', 자연의 형상을 변경하지 않는 범위에서 출입·이용을 허용하는 '이용 가능', 일정한 개발을 허용하는 '이용 가능'으로 분리하여 관리한다. 이러한 이니셔티브는 레크리에이션 및 교육 목적으로 섬에 대한 접근을 촉진하는 동시에 장기 보존을 보장하는 것 사이의 균형을 맞추는 것을 목표로 한다.

이상에서 살펴본 것처럼 무인도는 다양한 층위에서 이해되어 왔다. 그럼 지금 무인도에 대한 새로운 이해를 탐구하기 위해 어떤 관점이 강조되어야 할까? 여기서는 무인도를 이해하는 접근들이 기본적으로 야생과 문명의 대립이라는 이분법적 사고에 매몰되어 있음을 지적하고자 한다. 사람들이 무인도를 낭만적으로 바라보는 것도 비문명의 고립감에서 촉발되는 정서이고, 탈출해야 하는 공포감으로 받아들이는 경우도 마찬가지이다. 이는 사람이 살지 않거나 살 수 없는 상태를 문명과 대척점에 있다고 상상하기 때문이다.

그러나 무인도는 땅 중심주의 사고에서 배제되었기 때문에 도리어 훼손되지 않고 보존된 생태환경으로 오늘날 재발견된다. 무인도 스토리텔링이 활발하게 시도되는 것이 그 증거가 된다. 그렇다면 유튜브에서 무인도 스토리텔링이 일어나는 것을 어떻게 이해해야 하는가? 우리는 공공기관이나 환경보호자, 연구자들이 무인도를 탐사하고 기록한 다큐멘터리들을 흔히 접해 왔다. 지식 증진이나 교육적 메시지를 목적으로 한 다큐멘터리 이외에도, 일반인 차원에서 일시적인 생태 체험 여행을 보여 주는 경우도 있다. 이 무인도 디지털 스토리텔링들은 인물, 배경, 사건을 스토리로 구성한 유튜브 동영상으로 확산되고 있다. 사람들의 무인도 경험을 매개로 하는 서사들은 주로 '그 어떤 곳'이었던 무인도에서 벌어지는 일상적인 사건을 시청자가 직관적으로 추체험re-enactment하게 한다는 스토리텔링 전략을 고수한다. 그 스토리텔링들을 분석하면 다음과 같은 단서를 얻을 수 있다.

첫째, 무인도 스토리텔링 전략에 대해 알 수 있다. 무인도에 들

어간 사람들은 서술하는 주체와 섬의 자연에 대해 스토리텔링한
다. 이때 스토리텔링 전략은 어떻게 이루어지는지, 그리고 그 효
과는 어떤 것인지 알 수 있다.

둘째, 무인도라는 임모빌리티 '공간'의 '장소화'이다. 무인도는
사람의 이동이 없는 곳으로 지도상의 좌표로 표시되는 공간이다.
무인도 서사는 유튜브라는 플랫폼을 통해서 삶이 일어나는 장소
가 되는데, 이를 가능하게 하는 고모빌리티 시대가 우리의 삶을
어떻게 바꾸고 있는가에 대해 통찰할 수 있다.

셋째, 한국 무인도의 유튜브 내러티브가 문화적 정체성 구축에
어떻게 기여하는지, 이 내러티브가 전통과 현대 사이의 긴장을
어떻게 협상하고 문화적 규범과 가치를 반영하고 도전하는지 알
수 있다. 이 발견은 문화적 정체성을 형성하고 표현하는 디지털
미디어의 역할을 이해하는 데 기여할 것이다.

지금까지의 내용을 종합해 보면, 이 연구는 원론적으로는 사람
이 살지 않는 곳에서의 삶을 스토리텔링함으로써 무인도가 어떤
방식으로 인식의 변화를 초래하는가에 대해 답하는 것이다.

무인도의 임모빌리티immobility 스토리텔링

생태교육의 장, 무인도

다음으로 무인도를 교육의 장으로서 활용하는 시도를 살펴보

자. 여기서 주목할 것은 '무인도 테마교육사업 활동'이다. 물론 섬의 자연환경에 대한 동경은 스펙트럼이 넓고 개인의 성향도 다양하기 때문에 단순화할 수 없음을 전제로 한다. 무인도를 주제로 한 인터넷 홈페이지 '무인도 테마연구소'를 살펴보면, 운영자는 "소외되고 버려진 무인도를 재발견하는 곳"이라고 소개하며 다음과 같이 브랜드 정체성을 정의한다.

브랜드 에센스 새로운 경험
브랜드 비전 무인도에서 다양한 생태환경을 만나고 배우는 교육기업
브랜드 미션 낯선 곳에서의 경험과 의미 있는 경험을 통해 참여자가
    스스로 '활동가'가 될 수 있도록 함
브랜드 개성 활동성, 유연함, 자발적

무인도를 주제로 한 사회공헌 프로젝트는 유연하고 능동적인 삶과 자발적인 삶을 융합한다. 무인도는 유연하고 능동적인 삶이 자생하는 곳이기 때문이다. 이 무인도 교육의 기본 전략은 디지털 스토리텔링을 통하여 무인도에 대한 인식 개선을 시도하는 것이다. 이것은 "경험"이라는 활동을 통해서 자발적으로 유연한 태도로 무인도에 다가갈 수 있도록 하는 데에 효과적이다. 새로운 생태환경은 낯선 장소에서 의미 있는 경험에 대한 개인적인 이야기를 만들어 낸다.

'무인도 테마연구소'는 구독자 1만 명을 보유한 유튜브 채널

'무인도사'[4]를 통해 무인도를 탐험하고 지키는 사람들의 활동을 소개한다. 이 채널은 국내외 무인도의 개요 및 정보(법령, 정책, 레저, 가는 방법 등), 무인도 체험 및 탐사와 같은 디지털 영상콘텐츠를 게시하고 있다. 유튜브의 디지털콘텐츠들은 홈페이지의 무인도 교육 담론을 뒷받침하듯이, 사람들이 흥미를 느낄 만한 소재로 무인도를 낯설게 하는 전략을 취한다. 이와 같은 전략은 낯선 경험을 사람들에게 선사하는 데에 초점을 맞춘다. 텍스트 읽기에서 발생하는 낯설게 하기 효과처럼 사람들은 무인도의 낯선 텍스트를 경험하고 받아들인다. 이러한 스토리텔링 전략은 콘텐츠들이 낯선 무인도를 '어떤 그곳'에서 미래 대안이 있는 장소로 전환하고자 하는 주제 의식을 전달한다. 이를 위해 '무인도 경험' 프로그램은 아래와 같은 내용으로 구성되어 있다.

- 무인도에서 주운 해조류 등으로 양초 만들기, 생태환경 전문가의 생태 해설, 캠프파이어, 생존 팔찌 만들기
- 무인도 해양쓰레기 업사이클링, 해양쓰레기 수거 봉사(봉사시간 부여), 자급자족 먹을 것 구하기, 불 피우기
- 지도 보고 목표물 찾기, 베이스캠프 구축, 스노클링, 낚시, 무인도 트레킹, 아무것도 안 하기
- 나에 대해 알아보는 시간, 무인도 보드게임, 질문 카드, 성향 분석 등

---

4 'Muindosa'. https://www.youtube.com/@tmdcjf2388.

프로그램은 생태 전문 교육의 일환으로 무인도를 경험하고, 그 과정에서 해양쓰레기를 수거하는 사회공헌 활동과 레크리에이션을 즐긴 후, 자기성찰을 하는 것으로 구성된다. 이 사회공헌 프로젝트 참가자들은 무인도가 '어떤 그곳'이 아니라 낭만과 힐링이 있는 생태계의 보고라는 것을 경험하고, 이들의 활동은 디지털 스토리텔링을 통해 전파된다. 이 유튜브 채널의 썸네일도 '어떤 그곳'이었던 두려운 무인도가 사실은 생태의 보물창고였다는 것으로 전환을 꾀하는 내용이 두드러진다. 스토리텔링 영상 '무인도 탐험대'를 예로 들어보자.

'무인도 탐험대'의 디지털 영상 썸네일 문구는 "무인도 생존 체험 영상"으로, 표현만 보면 꽤 자극적이다. 여기서 반어법적 기법으로 기존의 무인도 탈출기의 이미지를 비틀어 유쾌한 낯선 경험을 시청자에게 제시한다. 영상들은 배를 타고 무인도로 들어가는 모습, 바다에서의 채집 활동, 불을 피우는 등의 생존 체험, 그리고 자연에서 채취한 식자재로 요리를 하는 모습, 해양쓰레기 청소, 레크리에이션, 석양이 지는 풍경, 돌아오는 장면 순으로 영상 스토리를 보여 준다. 참가자들은 달라도 내용은 거의 비슷하다. 즉, 체험형 프로그램의 디지털 스토리텔링 전략은 기존의 어두운 무인도의 이미지를 걷어 버림으로써, 시공간이 텅빈 '어떤 그곳'에서 유쾌함이 있는 미래의 대안으로 인식 전환을 이루어 내는 데에 초점을 맞춘다.

이 무인도의 낯선 텍스트는 생태적 환경에 의해 뒷받침된다.

쓰레기로 인해 환경이 훼손된 무인도의 상황은 전 지구적 환경위기에 대한 교훈을 제시한다. 무인도를 주제로 한 교육기업인 '섬 자원 봉사연합'은 회원 800명, 45개 팀, 정기후원자 100명으로 구성된 NGO로 발전했다.

이들 무인도 관련 교육기업의 활동은 국내 다수 언론에 소개되어 화제를 모으고 있다. 생태학적, 교육적 방식으로 무인도를 탐험하는 것은 인간과 섬의 상호작용에 대한 기록을 만들어 낸다. 무인도는 약탈된 자원이나 국경과 같은 정치적 의미를 담고 있지 않다. 대신 무인도는 인간과 소통하는 자연일 뿐이다.

힐링과 동경의 무인도 디지털 스토리텔링

무인도는 사람이 살지 않는 섬이다. 그러나 오늘날 한국의 일부 무인도에는 사람들이 살고 있으며, 그중에는 스스로 고립된 무인도에 살고 있다는 것을 유튜브를 통해 보여 주는 이들이 있다. 왜 그들은 자신의 무인도 생활을 보여 주고 싶어 하는가? 물론 이 글에서는 유튜브 제작자들의 개인 사정보다는 이야기 자체에 관심을 둔다. 그들의 삶의 이야기는 주인공으로서 섬에서 혼자 사는 자신을 서사화한다. 그런데 그들이 서술하는 것이 무인도의 존재를 세간의 관심사로 끌어내어 알린다는 점에서 중요하다. 사람이 살지 않는 곳에서 자발적으로 혼자 산다는 것은, 존재하지 않는 무엇(섬)을 존재하는 것으로 만들어 버린다. 무인도에 사람이 존재하면서 그곳의 일상적인 정보가 외부로 이동되고, 이로써 사람들에게 부재했던 무인도를 사회가 인식하도록 한다는 의미도 있다. 유튜브의 디지털 스토리텔링은 바다의 경계를 뛰어넘어 정보의 모빌리티를 가능하게 한다. 이러한 부재와 존재의 관계는 광활한 황무지나 얼어붙은 땅과는 다르다. 지상 어딘가에 사람과 접촉하는 영역이 있을 수밖에 없는 곳들과 달리, 무인도는 위도와 경도가 단절된 바다 위의 특수한 공간이다. 그리고 무인도의 서사는 그곳에 사람이 살면서 시작되기 때문에 무인도만이 가질 수 있는 부재와 존재의 서사 양식이 뒤섞여 묘한 긴장감을 자아낸다.

무인도에서 홀로 고군분투하는 한 남자의 삶을 기록하는 유튜브 채널 '황도이장'은 구독자가 11만 3천 명(2023년 6월 12일 기준)이다. 황도는 한반도 중서부에서 배로 2시간 거리인 서해 끝자락에 위치한 무인도다. 2015년부터 이곳에서 생활하기 시작한 이용오 씨는 6년 동안 유튜브에 영상을 올렸다. 부두도, 전기도, 수도 시설도 없는 이 무인도는 엄밀히 말하면 그가 사는 동안 사람이 사는 섬이 되었다. 그는 어린 강아지와 함께 섬에 와서 처음에는 텐트에서 살았고, 그 후 전동 공구의 도움 없이 섬에 표류한 쓰레기를 모아 집을 지었다. 그 집은 사다리와 못도 없이 허술하게 지어졌지만, 강한 바닷바람으로부터 그를 보호해 주었다. 이용오 씨는 생수를 찾아 식수를 해결하고 태양광 충전기를 이용해 최소한의 주거 인프라를 구축했다.

56만 제곱미터의 섬에서 그는 개(처음에는 한 마리, 나중에는 두

마리)와 알을 낳는 닭을 키우고 채소를 길렀으며, 장작불로 요리를 했다. 텐트, 쌀, 김치 등의 생필품을 구하기 위해 어선을 타고 육지로 나가기도 하지만 그의 서사는 섬에서의 삶에 집중된다. 여기서 중요한 것은, 그가 섬에 살더라도 새로운 인프라를 구축하지 않는다는 점이다. 이 유튜브 채널의 스토리텔링 기본 전략은 무인도의 황량함과 비문명이 보전되는 모습을 보이는 것이다. 그는 자신의 소소한 일상을 세련되지 않은 평면적인 어조로 이야기한다. 일상을 이야기하는 소재로는 정착 과정, 자연에서 채취한 식사, 거주 시설 개선, 애완견과 함께 거니는 대자연, 해양쓰레기, 태풍 등 자연의 위력, 유튜브 구독자들의 방문이 주를 이룬다. 이러한 무인도는 결국 공간에서 장소로 탈바꿈한다. 삶은 집에서 일어나고 무인도 지역은 유튜브 시청자들에게 장소로 전달된다. 무인도의 정체성을 유지하려는 노력과 함께 이제는 더 이상 무인도가 아니라는 긴장감이 공존한다.

이 유튜브 채널은 무인도의 성격을 바탕에 두고 밀려오는 해양쓰레기와 생태계의 문제를 제기한다. 그리고 이 해양쓰레기를 힘겹게 재활용하는 스토리텔링은 무인도와 공존한다는 의미를 부여한다. 예컨대 "혼자 사는 황도에서 한 끼 밥을 하기 위해서는"이라는 제목의 콘텐츠의 경우 썸네일만 보면 식사를 해결하기 위해 고단한 노동을 하는 내용 같다. 그런데 영상에는 이를 위해 유튜버가 쓰레기가 쌓여 있는 바닷가에 힘겹게 내려가서 파도에 휩쓸려 온 나무판자들을 지게에 싣고 가져와 땔감으로 사용하여 밥을 하는 모습이 담겨 있다. 이 채널에는 해양쓰레기를 썸네일의 주제로 삼은 디지털콘텐츠도 많지만, 한편으로 일상에서 쓰레기를 활용하는 내용이 강조되는 것들도 많다. 재생에너지가 기후위기의 대안으로 떠오르고 있는 시대적 요청에 부합하는 스토리텔링 전략이다. 이 전략은 인류세의 문제 해결 방안으로 섬의 복원력이 주목되는 지금은 더욱더 현실성을 띤다.

위에 언급한 콘텐츠에 대해, 구독자 '금오도 사랑'은 "쓰레기가 밀려오는 게 장난 아니네요. 고생하십니다. 어촌계도 고기만 잡는 게 아니라 본인들의 망·단지 등 수거에 노력해야 하는디~. 재활용하신 수고 감사하네요"라고 하며 환경문제에 공감한다. 닉네임 'Myungok Körner'도 "도대체 누가? 아니면 태풍에 휩쓸려 떠내려왔나요? 플라스틱, 스티로폼, 나이론 줄 등등… 뱃사람들이 필요한 자재들인데… 환경오염의 대가는 무서운 줄 알아야 합니다. 힘차게, 꿈을 위해 건강하게 지내시길요.(담당구역 구청? 시에서 환경 오물 처리해 주시길 부탁드립니다)"라며 공공기관이 문제의식을 공유해야 한다는 의견을 냈다. 총 115개의 댓글[5] 중에서 해양쓰레기에 대한 문제의식을 공유하는 의견이 15건, 유튜버가 설거지하면서 세제를 사용하는 것에 대한 비판이 4건 있었다. 약 17퍼센트가 일상의 식사 준비 영상을 보고 환경문제의 심각성에 반응한 것이다.

---

[5] 답글 제외. 2023년 6월 11일 최종 확인.

댓글 중 10퍼센트 미만의 야유하는 내용도 있었는데, 주로 유튜버가 수익을 창출하는 데에 대한 의미 없는 의견들이었다. 황도를 수익 창출의 도구로 사용한다는 악플러의 비판에 대해서 채널 운영자를 옹호하는 재반박이 40건 붙어 있다. 닉네임 'david chung'이 "너도 참 한심하다 황도 그만 팔고 다른 길 찾어!"라고 쓴 글을 채널 운영자 이용오 씨는 삭제하지 않고 고정 댓글로 두었다. 이에 대해 악플러를 비판하는 댓글이 이어졌고 닉네임 '은가비'는 "더 드릴 말은 없지만 저는 지금도 아무도 없는 그런 곳으로 그 어느 것도 구속받지 않으며 내 자신에게 자유를 선사해 주고 싶기도 한데, 이런 영상을 보며 위안도 삼고 대리만족도 하곤 합니다"라는 지지 의견을 달았다. 전체 댓글 중 환경문제 관련 반응과 부정 평가 외에 70퍼센트 이상은 힐링의 경험과 무인도 생활에 대한 동경을 나타내며, 이 유튜브 채널의 디지털 스토리텔링 전략에 반응을 보이고 있다.

이 무인도 서사는 많은 반향을 불러일으켰으며, 공영방송인 KBS 프로그램 〈인간극장〉에서 5부작으로 방송되고 속편도 제작됐다. 유튜브 댓글에서 보듯 그에 대한 평가는 아름다운 자연, 무인도 생활에 대한 남자들의 로망, 섬으로 밀려드는 쓰레기에 대한 인식 등으로 분류할 수 있다. 물론 악성 댓글도 있다. 하지만 대부분의 메시지는 이용오 씨를 지지하는 내용으로 긍정적 반응이 압도적이다. 무인도가 인간에게 매우 친숙하고 가고 싶고 보존하고 싶은, 실생활처럼 느껴지는 장소가 된 것이다.

임모빌리티 '공간' 무인도의 '장소화'

이 글은 청정한 섬의 목가적인 서사가 인터넷, 모바일 기술의 발달로 가능하게 되었다는 점에 주목한다. 즉, 유튜브를 통해 무인도 서사를 실시간으로 접하면서 섬에 대한 이미지를 받아들인다. 시청각 영상이 방 안에 들어와 추체험되는 모바일 기술의 발달은 사람들에게 무인도에 대한 통찰력을 제공하고, 무인도를 더 가깝게 느끼도록 해 준다. 이는 무인도에서의 삶에 대한 서사를 클릭하는 개인이 무인도에 있는 자신을 연상하고 상상할 수 있기 때문이다. 아무리 무인도에서의 삶이 비현실적이라 해도, 시청자는 무인도에 공감하기 때문에 서사의 전개를 받아들일 수 있다. 이는 오늘날 우리가 사용하는 높은 이동성 기술을 통해 확장되고 강화된다.

디지털 스토리텔링과 유튜브 문화는 디지털 시대에 내러티브가 생성, 공유 및 소비되는 방식을 혁신적으로 변화시킨 상호 연결된 현상이다. 지배적인 동영상 공유 플랫폼인 유튜브는 다양한 방식으로 현대 디지털 스토리텔링 관행을 형성하고 영향을 미쳤다. 유튜브는 누구나 이야기를 만들고 공유할 수 있는 접근 가능한 플랫폼을 제공하여 스토리텔링을 민주화했다. 개인과 커뮤니티가 콘텐츠 제작자가 됨으로써 다양한 목소리와 관점을 들을 수 있게 되었고, 이는 좀 더 포용적이고 참여적인 스토리텔링 문화로 이어졌다.

유튜브는 시각, 오디오 및 기타 멀티미디어 요소를 통합하여 스토리텔링 경험을 향상시키고, 콘텐츠 제작자는 비디오 편집 도구, 특수효과, 음악 및 내레이션을 활용하여 매력적이고 몰입감 있는 내러티브를 만들어 낸다. 유튜브 문화의 이러한 멀티미디어적 측면은 디지털 스토리텔링의 창의적 가능성을 확장했다. 또한 유튜브의 글로벌한 도달 범위는 내러티브가 지리적 경계를 초월하여 광범위한 잠재 고객들에게 전달될 가능성을 높인다. 콘텐츠 제작자는 댓글, 좋아요, 공유 및 구독을 통해 시청자와 소통하며 공동체 의식과 상호작용을 촉진할 수 있다. 유튜브 문화는 적극적인 시청자 참여, 피드백, 특정 콘텐츠 제작자 또는 장르에 대한 팬 커뮤니티 형성을 장려한다.

모빌리티 기술은 섬, 심지어 무인도의 공간을 장소로 변화시킨다. 즉, 단순한 공간이었던 무인도는 그것을 유튜브를 공유한 사람들에 의해 장소성을 부여받는다. 그들이 무인도에 자신을 투영한 것이다. 앞서 살펴본 유튜버(황도이장)의 디지털 스토리텔링 전략의 대부분은 실제 무인도에서 벌어지는 사건들을 체험하며 그 현장을 전달하는 것이다. 삶의 흔적이 없던 곳에 불을 피우고, 동물들과 지내며 닭이 달걀을 낳으면 기뻐한다. 이처럼 별도의 플롯 없이 일상생활을 서사하기 때문에 자연스러운 장소가 된다. 시청자들은 자신의 안방에 무인도가 들어와 있는 것처럼 느끼게 되고, 그 장소가 초래하는 난관의 요소들에 공감한다. 유튜버들은 소설처럼 플롯을 따로 구상할 필요가 없다. 무인도를 서사하는 유튜버들에게 관건은 소박하고 꾸밈없는 모습을 얼마나 효과적으로 시청자에게 전달할 수 있는가이다. 시청자가 무인도에 기대하는 것은 편리한 삶이 아니기 때문이다. 여기서 플롯을 대신할 수 있는 것은 모빌리티, 고난 서사를 통해 구현하는 장소화, 유튜브 플랫폼을 통한 시청자와의 커뮤니케이션이다.

무인도는 이동성 측면에서 가장 취약한 곳이다. 배를 빌려 갈 수 있긴 하지만, 정기적으로 페리가 다니는 유인도와 달리 임모빌리티의 공간이다. 이 임모빌리티의 공간을 항공사진으로 찍거나 비디오로 찍으면, 섬을 둘러싼 바다 풍경과 함께 바위·풀·나무만이 가시화된다. 그러나 임모빌리티의 공간에 이동하거나 그곳에서 이동의 모티프가 있다면? 여기에서 이 임모빌리티 현상을 문학적 의미로 읽으면 이동성의 억압을 극복하는 카타르시스를 상상할 수 있다. 이동성을 지배하려는 인간의 욕망은 여러 가지 이유로 억압되거나 억제되지만, 그 욕망이 극복되고 실현되는 것을 볼 때 독자와 관객은 카타르시스를 얻는다. 즉, 무인도에서 줄거리 없이 단순해 보이는 일상을 보여 줌에도 불구하고 시청자들에게 긴장감을 주는 것은 모빌리티 요소가 전제되기 때문이다. 유튜버는 이동하기 힘든 무인도에서, 무척 힘든 삶을 꾸려 나가는 모습을 꾸밈없이 보여 주며 무인도를 자신만의 장소로 만드는 이야기를 하면 된다.

무인도에서의 삶을 원치 않는 사람들이 그 안에 머무르며 서사를 전개하는 무인도 재난영화와 달리, 유튜브의 무인도 서사는 자발적으로 로맨스를 찾아 그곳에서 살아가는 내용이다. 그러나 그들도 또한 고난의 서사를 구성한다. 서투른 섬 적응을 보이기 때문이다. 이 점은 무인도 서사를 구성하는 가장 강력한 법칙이다. 예를 들어 무인도에 입성한 사람들이 외부 세계의 인프라를 도입하여 그곳에서 편리함을 얻는다고 상상해 보자. 이 경우 무인도는 더 이상 무인도 서사가 이루어질 수 없는 곳이다. 무인도의 장소화는 고난을 겪지만, 그로부터 탈출을 꾀하기보다는 섬에 순응하면서 이야기들이 생성된다.

이 임모빌리티의 공간은 모바일 기술의 발달로 인해 장소로 기록되고 묘사되어 쉽게 접근할 수 있는 이미지로 대중에게 전달된다. 그들의 삶이 유튜브에 내레이션되지 않았다면 외딴섬에서 어떤 고립된 삶을 살고 있는지 아무도 몰랐을 것이고 동기를 찾기가 어려울 수도 있다. 모바일 기술은 내러티브를 전송하는 유튜브의 기능을 통해 사람들이 도달할 수 없다고 생각했던 장소와 시청자를 연결시켜 준다.

이런 유튜브의 디지털 스토리텔링은 한국의 무인도에 새로운 생태라는 정체성을 부여한다. 단순한 오락으로 무인도 체험을 보여 주는 채널도 있고, 12마리의 강아지와 무인도에서 고독하게 사는 콘셉트의 채널도 있다. 그러나 기본적으로 유튜브의 무인도 스토리텔링은 순수한 자연 그 자체를 존중하는 데에서 출발한다.

위에서 예시로 든 무인도 생태교육 스토리텔링과 황도이장의 무인도 살기는 특히 환경문제를 주제 의식으로 담고 있다. 이는 무인도의 문화적 정체성이 생태를 기반에 두고 새롭게 구축되고 있음을 시사한다.

참고문헌

김상규, 〈시대별 동요로 살펴본 사회경제적 함의〉, 《경제교육연구》 25(1), 2018, 31~64쪽.

김시원, 〈생존 페르스와 로빈슨 크루소의 귀환: 신화의 몰락 혹은 새로운 신화〉, 《프랑스어문교육》 64, 2019, 205~229쪽.

김태용, 〈텔레프레즌스: 개념정의와 연구의의를 중심으로〉, 《커뮤니케이션硏究》 15, 2000, 21~41쪽.

남정호 · 강대석, 〈무인도서의 지속가능한 관리를 위한 기본 정책방향〉, 《한국해양환경 · 에너지학회지》 8(4), 2005, 227~235쪽.

박기수, 〈문화콘텐츠 스토리텔링의 창의성 구현 전략 시론〉, 《디지털스토리텔링연구》 4, 2009, 36~58쪽.

백영경, 〈'섬'의 시각에서 본 인류세: 새로운 복원력 개념을 통한 대안의 모색〉, 《인간 · 환경 · 미래》, 28, 93~118쪽.

베네딕트 앤더슨, 〈번역자의 해설〉, 《상상의 공동체》, 윤형숙 옮김, 나남출판사, 2002.

서종철 · 신영호, 〈무인도서의 정의와 분류에 관한 소고: 태안해안국립공원을 사례로〉, 《한국지역지리학회지》 21(2), 2015, 342~354쪽.

이보미 외, 〈유튜브 이용자의 구독 채널 수와 구독 만족도에 영향을 미치는 요인에 대한 연구〉, 《한국콘텐츠학회논문지》 21(11), 2021, 100~111쪽.

이웅규 · 박수옥, 〈무인도서 개발을 위한 법적 근거 및 정책방향 연구〉, 《韓國島嶼研究》 31(2), 2019, 19~43쪽.

장현미, 〈섬집 아기〉, 《한국민족문화대백과사전》 (https://encykorea.aks.ac.kr/Article/E0072406)(2024년 2월 20일 접속)

Inseop Shin, "Islands in Korean Movies: On the Mobility/Immobility of Isolation," *European Journal of Korean Studies* 20(2), 2021, pp. 159-175.

Inseop Shin and Jinhyoung Lee, "Introduction: The Humanities in the Age of High Mobility," *Mobility Humanities* 1(1), 2022, pp. 1-5.

Iser Wolfgang, *Der Akt des Lesens, Osamu Kutsuwada*, Iwanami Shoten, 1982.

Taehee Kim, "Introduction: Mobility Justice and the Era of (Post-)pandemic,"

Mobility Humanities 1(1), 2022, pp. 100-06.

@davidchung9538, "혼자 사는 황도에서 한끼 밥을 하기 위해서는..", YouTube 황도이장, 2022년 7월 1일. (https://youtu.be/K-mr-G6L_qw?si=lp_rp3y RssDFzNLq)(2024년 2월 20일 접속)

@user-hs3ri1uu9c, "혼자 사는 황도에서 한끼 밥을 하기 위해서는..", YouTube 황도이장, 2022년 7월 1일. (https://youtu.be/K-mr-G6L_qw?si=lp_rp3y RssDFzNLq)(2024년 2월 20일 접속)

@user-qv9if9fn2f, "혼자 사는 황도에서 한끼 밥을 하기 위해서는..", YouTube 황도이장, 2022년 7월 1일. (https://youtu.be/K-mr-G6L_qw?si=lp_rp3y RssDFzNLq)(2024년 2월 20일 접속)

'10주년 무인도 1편', 〈무한도전〉 시즌 4, 에피소드 425, MBC TV, 2015년 4월 25일. YouTube 올끌(MBClassic), 2020년 5월 1일. (https://www.youtube. com/watch?v=EXN45HLMhaI)(2024년 2월 20일 접속)

'10주년 무인도 2편', 〈무한도전〉 시즌 4, 에피소드 426, MBC TV, 2015년 5월 2일. YouTube 올끌(MBClassic), 2020년 5월 3일. (https://www.youtube. com/watch?v=eozoKjhJxJk)(2024년 2월 20일 접속)

〈극지를 여행하며 글을 쓰다…무인도 탐험가 윤승철〉, KTV 국민방송, 2018 년 4월 30일. (https://www.ktv.go.kr/content/view?content_id=553235) (2024년 2월 20일 접속)

〈독도일반현황〉, 대한민국외교부. (https://dokdo.mofa.go.kr/kor/introduce/ residence.jsp)(2024년 2월 20일 접속)

"무인도 생존 체험 영상(1기)_살아돌아와~~", YouTube 무인도사(Muindosa), 2020년 9월 12일. (https://www.youtube.com/watch?v=naeCUeMx3Vc) (2024년 2월 20일 접속)

〈무인도의 도로명주소는?〉, EBS, YouTube EBS다큐멘터리, 2022년 11월 15일. (https://www.youtube.com/watch?v=h2Dl8qgGS7M)(2024년 2월 20일 접속)

'보물섬 무인도', 〈다큐 ON〉 KBS 1TV, 2022년 5월 27일. YouTube, KBS 다큐, 2022년 6월 3일. (https://www.youtube.com/watch?v=Ky__UhNs3LQ)

(2024년 2월 20일 접속)

"보트 혼자, 무인도 탐사 중 가까스로 목숨을 건짐 1편", YouTube KAKTUBE_칵튜브, 2022년 8월 28일. (https://www.youtube.com/watch?v=pcB4rapY11I) (2024년 2월 20일 접속)

"브랜드 아이덴티티", 무인도섬테마연구소. (https://www.islandlab.co.kr/home) (2024년 2월 20일 접속)

"해바라기섬 황도의 바쁜 아침시간", YouTube 황도이장, 2017년 8월 8일. (https://www.youtube.com/watch?v=UjJjZqQPaIQ)(2024년 2월 20일 접속)

'황도로 간 사나이 1부', KBS 〈인간극장〉, 2016년 8월 22일, YouTube, KBS 대전(CULTURE&DOCUMENTARY), 2020년 9월 29일. (https://www.youtube.com/watch?v=14GC4WOm2kc)(2024년 2월 20일 접속)

'황도로 간 사나이 2부', KBS 〈인간극장〉, 2016년 8월 23일, YouTube, KBS 대전(CULTURE&DOCUMENTARY), 2020년 10월 5일. (https://www.youtube.com/watch?v=uL1cywvDQNs)(2024년 2월 20일 접속)

'황도로 간 사나이 3부', KBS 〈인간극장〉, 2016년 8월 24일, YouTube, KBS 대전(CULTURE&DOCUMENTARY), 2020년 10월 6일. (https://www.youtube.com/watch?v=k8oYrwqc0x4&t=9s)(2024년 2월 20일 접속)

'황도로 간 사나이 4부', KBS 〈인간극장〉, 2016년 8월 25일, YouTube, KBS대전(CULTURE&DOCUMENTARY), 2020년 10월 12일. (https://www.youtube.com/watch?v=jl2oJn70XKA&t=29s)(2024년 2월 20일 접속)

'황도로 간 사나이 5부', KBS 〈인간극장〉, 2016년 8월 26일, YouTube, KBS대전(CULTURE&DOCUMENTARY), 2020년 10월 13일. (https://www.youtube.com/watch?v=RbXTHm5cPsQ&t=30s)(2024년 2월 20일 접속)

모빌리티 인프라와 공간의 형성

: 에도시대 명소기를 통해 본 스미다강의 '다리'와 '공간'에 관한 고찰

이현영

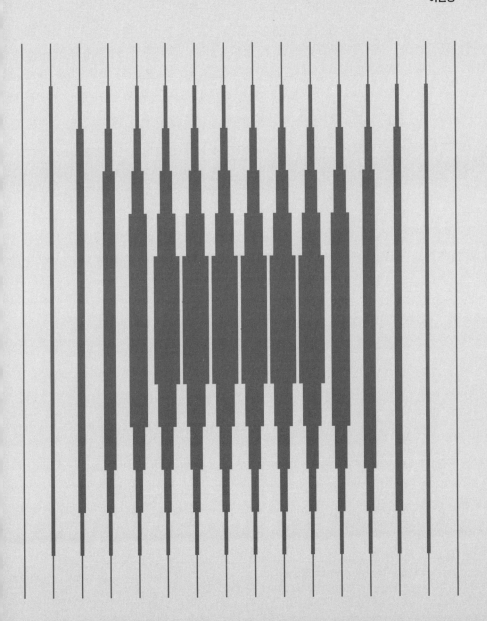

이 글은 《일본연구》 제99호(2024.03)에 게재된 원고를 수정 및 보완하여 재수록한 것이다.

근세 시대, 막부의 수도인 에도가 대도시로 성장하는 과정에서 도시와 외곽 지역을 연결하는 데 큰 역할을 했던 것은 다름 아닌 스미다강을 가로지르는 몇 개의 큰 '다리'였다. 하지만 1603년 에도 막부가 설립될 당시, 스미다강에 설치된 다리는 1594년 스미다강 상류에 가교된 센주오하시千住大橋뿐이었다. 막부에서 1659년 스미다강 하류에 료고쿠바시両国橋(1659 또는 1661)를 설치할 때까지, 강 양안의 왕래는 20여 곳의 나루터를 통해서만 가능했다. 이처럼 스미다강 동서안에 다리를 설치하지 않은 배경에는 무엇보다도 에도 시내로 침입해 오는 적의 경로를 차단하기 위한 방위적 목적이 컸다. 한편, 1609년 스페인 출신의 필리핀 총독 돈 로드리고(1556~1636)가 에도 시내를 구경하고, "에도의 인구는 약 15만 명, 수로가 정비되어 물자를 수송하는 데 편리하고 길은 모두 폭이 일정했으며 청결하였다. 마을마다 문이 있었는데, 해 질 녘에는 폐쇄하고, 밤낮으로 파수꾼이 있었다"[1]라고 남긴 기록을 통해서 수로가 발달한 '에도 시내'의 모습을 짐작할 수 있다.

　1615년 5월 오사카전투大坂夏の陣에서 도쿠가와 씨가 승리하면서 막부는 전국의 다이묘를 불러 모아 에도성의 토목공사를 실시하였고, 이로써 에도는 전국 통치의 거점으로서 그 규모와 위용을 갖추게 된다. 하지만 막부 성립 50여 년 후인 1657년 1월 18,

---

1　大石学, 〈徳川家康の江戸選択首都化〉,《隅田川－江戸時代の都市風景》, 서울역사박물관, 2022, pp. 223-224. (ロドリゴ・デ・ビベロ著,《日本見聞記 : 1609年》, 大垣喜志郎 監訳, たばこと塩の博物館, 1993)

19일에 에도 시내에 대화재가 발생하여 에도성 천수각을 비롯한 시내 대부분이 불에 타 버렸다. 이 화재로 인해 한겨울에 10만 명 이상의 사상자가 발생하고, 수많은 저택·상가·사원·불각 등이 불타게 된다. 이것이 메이레키 대화재明曆の大火[2]이다. 스미다강에 다리가 있었다면, 맞은편 혼조本所, 후카가와深川 지역으로 대피할 수 있었을 것이다. 이를 계기로 막부는 다이묘와 하타모토의 택지를 새로이 정리하고, 다수의 절과 신사를 에도 외곽으로 옮기는 등의 정비를 실행한다. 또한, 1659년에는 다테카와竪川와 요코가와横川로 불리는 운하를 개척하고, 상인 거주지의 경우 방화防火와 피난을 고려해 길을 넓히고広小路, 곳곳에 화재를 피할 수 있는 공터火除け地를 설치하는 등 대대적인 도시 재건 공사를 단행한다. 더불어 스미다강 건너 피난길을 확보하기 위해서 무사시 지방武蔵国 요시카와초吉川町와 시모우사 지방下総国 우시지마牛島를 연결하는 목조 다리 료고쿠바시를 설치한다. 1594년 센주오하시가 가설된 이래 처음으로 료고쿠바시가 가교됨으로써, 혼조 지역과 니혼바시日本橋 지역이 연결되고 강의 동서안에 선착장과 물류를 저장하는 다양한 창고가 만들어진다. 이처럼 료고쿠바시를 시작으로 1693년 신오하시新大橋, 1698년 에타이바시永代橋, 그리고 1774

---

2 혼고 마루야마초本郷 丸山町 혼묘지本妙寺에서 발생한 불은 강풍을 타고 혼고, 유시마湯島, 스루가다이駿河台로 번졌고, 유시마텐진湯島天神, 간다묘진神田明神, 히가시혼간지東本願寺 등을 태운 후, 간다神田와 니혼바시日本橋 방면으로 번지면서 상업 지역을 초토화시켰다.

년 오카와바시大川橋(아즈마바시吾妻橋)가 가설되어 사람과 다양한 물자가 스미다강을 사이에 두고 동서로 오가게 되고, 이로 인해 신도시 에도는 스미다강 건너편 동쪽으로 혼조와 후카가와까지 확대된다.

본고에서는 이들 스미다강과 그 주변에 설치된 새로운 구조물인 '다리'가 갖는 역할과 의미를 살펴보고, 다리 설치에 따른 주변 공간의 변화와 시민의 생활 변화에 대해서 당시 출판된 다양한 명소안내기를 통해서 검토해 보고자 한다.

근세 시대 신도시 에도의 명소와 명소안내기에 관한 선행 연구는 다양한 분야에서 진행되고 있는데, 대표적인 연구로 이마이 긴고今井金吾의 《江戸の旅風俗》,[3] 스즈키 쇼세이鈴木章生의 《江戸名所と都市文化》,[4] 지바 마사키千葉正樹의 《江戸名所図会の世界》,[5] 가와타 히사시川田寿의 《東都歳事記を読む》[6] 등을 꼽을 수 있다. 이들 연구는 에도 여행의 역사를 비롯해, 에도 명소의 지역적 특징과

---

3 에도 여행의 역사를 검증하고, 초기 여행 가이드북이라고 할 수 있는 도중기道中記의 종류와 발달 과정을 고찰한 연구로 에도 명소 및 지리지에 관한 기초 자료를 제공하고 있다(今井金吾, 《江戸の旅風俗》, 大空社, 1997, pp. 1-235).

4 에도시대의 명소 안내 및 지리지에 대한 분석을 비롯해, 에도 명소의 형성, 융성, 전개 과정과 지역적 특징, 에도인의 생활과 행동 측면에서의 문화적 장소를 도시 문화적으로 고찰한 연구이다(鈴木章生, 《江戸名所と都市文化》, 吉川弘文館, 2001, pp. 1-283).

5 에도의 생활상과 사회 전반을 설명한 명소안내기 《에도명소도회》를 구조적으로 분석하고, 첨부된 삽화를 연구 대상으로 삼아 제작자의 의도와 에도의 실상을 밝혀낸 연구이다(千葉正樹, 《江戸名所図会の世界》, 吉川弘文館, 2001, pp. 1-326).

6 사사사철의 세시풍속을 기록하고 삽화로 그린 《동도세사기》를 세밀히 분석하여 당시 에도 시민의 다양한 연중행사를 통해 생활상을 밝혀낸 연구이다. (川田寿, 《東都歳事記を読む》, 東京堂出版, 1993, pp. 1-193)

행동하는 도시문화의 특징을 검토하고, 다양한 에도 명소기의 구조적 분석과 에도 서민의 세시풍속 검증 등 서지적 측면과 내용적 측면에서 에도의 지리지와 명소를 자세히 고찰하고 있다. 한편, 본고의 주제와 관련하여, 2022년 9월 서울역사박물관에서 에도도쿄박물관과 국제교류전의 일환으로 '에도시대, 스미다강의 도시풍경'이라는 전시회를 개최하여 에도 스미다강을 배경으로 한 다양한 서화와 고문헌이 전시되었고, 관련 자료가 서적[7]으로 발행되었다. 본고에서는 이들 선행 연구와 국내 전시 자료를 기반으로, 스미다강과 주변에 설치된 '다리'와 새로운 '공간' 형성에 관해서 검토하고자 한다.

에도 초기 명소기 속의 다리

에도시대 후기에 사이토 겟신斎藤月岑이 편찬한《부강연표武江年表》[8] 1594년(분로쿠 3) 9월에는 다음과 같은 기록이 있다.

---

7 서울역사박물관,《에도시대, 스미다 강의 도시풍경》, 2022, 1~273쪽.
8 《부강연표》는 에도의 여러 사정을 편년체로 기록한 서적. 사이토겟신斎藤月岑 저. 정편 8권은 1848년에 성고. 1850년 간행. 속편 4권은 1878년 완성. 내용은 에도 지리지의 연역부터 풍속의 변화, 연극과 가이초開帳 등의 흥행기록, 화재, 지진, 홍수 등의 재해기록, 시정의 소문과 여러 사건 등 에도를 중심으로 일어난 다양한 사정을 기록하였다. (国史大辞典編纂委員会,《国史大辞典》12, 吉川弘文館, 1991, p.120)

9월, 센주오하시千住大橋를 처음 가교했다. (이 지역의 수호신인 구마노권현의 별당 엔조인의 기록에 의하면, 이나 비젠 수령이 이 다리를 봉행했다. 중류 물살이 급해서 교각을 떠받치기 쉽지 않아 교각이 무너져서 배를 덮쳐 배 안의 사람들이 물 위에 표류하게 되었다. 이나 공이 구마노권현에게 빌어서 완성할 수 있었다고 한다.)[9]

위 설명에 의하면, 에도 스미다강에 처음으로 설치된 센주오하시는 비젠 지방의 수령 이나 다다쓰구伊奈忠次(1550~1610)에 의해 봉행되었고, 가교 당시 급한 물살 때문에 설치하는 데 어려움을 겪었음을 확인할 수 있다.

이어서 《부강연표》 1603년(게이초 8) 2월에는 "2월 12일(음력 3월 24일), 이에야스家康 정이대장군에 임명되어 에도막부를 열다"라는 설명과 더불어 니혼바시日本橋에 관해서 다음과 같은 기록이 있다.

이 시기에 니혼바시日本橋를 처음으로 가교했다. 《겐분슈見聞集》에 '큰 강이어서 강 중간에서 양쪽으로 돌담을 쌓아 건설했다. 발판 위 37간[10] 4척 5촌, 넓이 4간 2척 5촌이다. 또한, 이 다리는 일본 전국에서 사람들이 모여 설치했다. 일찍이 다리의 이름은 인간이 함부로 붙이지 못했는데, 하늘에서 내려온 것일까, 땅에서 솟아난 것일까,

---

9 今井金吾校訂, 《武江年表》上, ちくま書房, 2003, p.40.
10 간間은 길이의 단위로 1간은 181.8센티미터이다.

모든 사람이 한결같이 니혼바시라고 부르게 된 것은 희대 신기한 일'이라고 운운.[11]

위 기록을 통해서, 스미다강 하류의 지류인 니혼바시강에 니혼바시가 건설된 과정, 규모, 그리고 명칭에 대한 연혁을 확인할 수 있다. 위 문장에서 인용한 《겐분슈》는 미우라 조신三浦淨心이 저술한 《게초켄분슈慶長見聞集》(1614?)(10권 10책)를 가리킨다. 이 책은 근세 초기의 신흥도시 에도를 둘러보고 기록한 수필집으로, 에도의 도시 형성, 주민의 생활과 풍속, 설화 및 교훈 등이 담겨 있어 풍속 사료로서 가치가 있다. 그중 니혼바시에 관한 '이치리즈카 설치에 관한 일一里塚築き給ふこと'과 '니혼바시 시장을 이룬 일日本橋市を為す事'이라는 항목도 있어 좀 더 인용해 보기로 한다.

에도성 니혼바시를 이치리즈카一里塚[12]의 출발점으로 정하고, 36정을 1리一里로 계산해서, 여기부터 동쪽 끝, 서쪽 끝, 일본 전국五畿七道, 빠짐없이 이치리즈카를 설치하게 했다. … 큰길 양 옆에 소나무와 삼나무를 심고, 작은 하천에는 다리를 놓고, 큰 강은 배로 길을

---

11 今井金吾校訂,《武江年表》上, p. 75
12 이치리즈카는 1리(약 3,927킬로미터)마다 도로 양측에 해놓는 표시로서 나무를 심어 쌓아 올린 둔덕이다. 도쿠가와이에야스德川家康는 2대 장군 히데타다秀忠에게 명하여 1604년 에도 니혼바시를 기점으로 동해도東海道, 동산도東山道, 북육도北陸道에 이치리즈카를 만들어 전국적으로 보급시켰다(国史大辞典編纂委員会,《国史大辞典》1, p. 662).

연결해서, 일본 전국이 민간 왕래에 편리하도록 조치한 것이 게이초 9년慶長九年(1604)이다. 〈一里塚築き給ふこと〉卷二[13]

위 기록으로 볼 때, 니혼바시가 가교되면서 이곳은 일본 전국 각지로 통하는 도로의 기준점이 되었고, 여기부터 1리마다 "이치 리즈카"가 설치되어 각 지역으로 통하는 가도街道가 정비되는 데 중요한 역할을 했음을 알 수 있다.

에도 시내, 동서남북에 땅을 파내 만든 인공하천堀川이 있고, 다리 도 많다. 그 수는 알 수 없다. 그런데, 에도성, 커다란 해자堀에서 흘 러나오는 큰 한 줄기 강이 있다. 이 강, 시내를 흘러서 남쪽 바다로 내려간다. 이 강에 단 하나의 다리 니혼바시가 설치되었다. 이 다리 는 왕복할 수 있는 다리다. 시내를 왕래하는 사람, 이 다리에 모두 모여 왕래한다. … 니혼바시를 둘러보니, 밤낮없이 사람들이 쭉 늘 어서 있는 모습이 그저 시장과 같다. 하지만 다리를 건너는 사람, 돌 아가는 사람도 헤어져서, 아는 사람도 모르는 사람도 만나게 되는 다리 위에 멈추지 않고 군중 속을 스쳐 지나고. 〈日本橋市を為す事〉卷伍[14]

당시 에도 시내에는 수많은 인공하천과 다리가 설치되었는데, 원래 니혼바시강은 에도성의 해자에서 흘러나온 물줄기가 스미

13 　三浦淨心著, 珍袖名著文庫卷25《慶長見聞集》, 冨士房, 1906, pp. 42-43.
14 　三浦淨心著, 珍袖名著文庫卷25《慶長見聞集》, pp. 97-98.

다강과 합쳐져 남쪽 바다로 흘러가는 하천이었다. 이곳에 니혼바시가 설치되면서 에도의 중심지로서 주변의 모습도 크게 변화하게 되었다. 다리 위는 밤낮없이 왕래하는 사람들로 북적여 시장을 방불케 하였고, 이곳은 전국에서 모여드는 사람들의 도착지이자 출발지가 되었다.

그렇다면, 근세 초기에 출판된 에도를 소개한 '명소기'에 센주 오하시와 니혼바시는 어떻게 소개되어 있는지 살펴보기로 한다.

《에도명소기》의 '니혼바시'

앞서 설명한 메이레키 대화재가 일어난 1657년 이후, 막부는 화재로 초토화된 에도성과 에도 시내의 구조 및 경관을 재정비하기 위해서 대대적인 도시 재건 사업을 시작한다. 에도시대 초기까지 문화와 경제의 중심지였던 교토와 오사카의 사람들은 새로이 생겨난 막부의 수도 에도에 대한 정보와 메이레키 대화재 이후의 도시 변화에 큰 관심을 갖게 된다. 당시 교토에서 활약하던 작가 아사이 료이浅井了意(1612?~1691)는 출판업자인 가와노 도세河野道清의 부탁을 받고, 에도를 직접 방문해서 《에도명소기江戸名所記》(1662)를 저술한다. 이 서적은 총 7권으로 구성되어 있고, 에도 명소 81곳을 선정하여 설명하고 삽화를 첨부하였다. 료이는 서문에서 "따뜻한 봄 날씨에 이끌려서 외출에 나섰는데, 우연히 친구를 만나 둘이서 에도의 명소를 둘러보고 이야깃거리로 삼고자 찻집에서 명소 순례의 순서를 정했다"[15]고 기록하고 있다. 에도 최고最古의 명소안내기인《에도명소기》에는 센주오하시에 대한 기록은 보이지 않는다. 하지만, '니혼바시'에 관해서 다음과 같이 소개하고 있다.

① 다리 길이는 100여 간, 남북으로 설치된 ② 다리 아래에는 어선, 나룻배 수백 척 모여서 매일 장사진을 이루고, 다리 위에서 보면, 사방이 확 트여서 경치가 좋다. 북쪽에는 아사쿠사, 도에잔이 보이고, 남쪽으로는 후지산이 높이 솟아, 산 정상은 구름 사이로 숨어서 사슴 털처럼 듬성듬성 쌓인 눈까지 빈틈없이 보인다. 서쪽은 에도성이다. 동쪽에는 바다가 가깝고, 오가는 배도 또렷이 보이는데, 다리 위에 귀천상하 각지로 내려가는 사람, 올라오는 사람, 가는 사람, 돌아오는 사람, 가마를 탄 귀인이 오가는 모습은 개미들의 행렬과 같다. 아침부터 저녁까지 다리 양측 일면을 가득 채우고, 서로 몸을 부딪치며 빽빽하게 들어서 잠시도 발길을 멈출 수 없고, 붕 떠 있는 자가 밟히거나 차이거나 하고, 혹은 오비帶〔허리춤의 옷을 묶는 끈 장식〕가 잘리고, 허리에 찬 칼을 잃어버리고, 혹은 돈주머니를 소매치기 당하고, 손에 들고 있던 물건을 빼앗기고, 겨우 발견해서 그게 내 것이라 말하려 하면 사람들 속으로 숨어들어 자취를 감춰 버린다. 모든 서쪽 지방에서 동쪽 끝까지 각 지방에서 올라온 사람들이 왕래하는 니혼바시이기에 발 디딜 틈 없이 붐비는 것도 당연하다.

---

15 浅井了意(1662), 〈江戸名所記〉, 《江戸叢書卷の二》, 日本図書センター, 1964, p. 1.

③ 다리 아래 어시장의 외침, 다리 위 사람들 소리, 무슨 소리인지 알아들을 수도 없고, 왁자지껄 떠들썩할 뿐이다.[16]

앞선《부강연표》에 의하면, 1603년에 설치된 니혼바시의 길이는 약 37간인데, 위 료이의 기록에서는 밑줄 친 ①처럼 "다리 길이는 100여 간"이라 하여 큰 차이를 보인다. 이처럼 다리 길이에 대해서는 세밀한 조사가 필요하지만, 니혼바시 역시 메이레키 대화재로 인해 소실되어 재건했음을 확인할 수 있다.[17] 료이가 에도를 방문했던 1660년대 초반, 재건된 니혼바시에는 전국 각지에서 모인 사람들로 인산인해를 이루고, 다리 아래는 물자와 생선을 실어 나르는 수많은 배가 모여 있어 그야말로 에도 물류의 집산지였음을 알 수 있다. 그렇기에 니혼바시에는 [그림 1] 니혼바시의 아랫

[그림 1] 니혼바시

---

16 浅井了意, 〈江戸名所記〉, pp. 5-6.
17 《부강연표》 1658년에는 "금년 니혼바시 재건설 시작하다"라는 기술이, 1659년에는 "니혼바시를 다시 가교했다"는 기록이 수록되어 있다. 하지만 다리의 길이는 니혼바시강의 폭을 감안해도 100여 간이라 확정할 근거는 없다(今井金吾校訂, 《武江年表》上, ちくま書房, p. 152, p. 155).

부분에 그려진 고사쓰바高札場[18]와 그 맞은편에 보이는 사라시바
晒し場[19]가 있었고, 다리를 경비·수리하는 초소도 존재했다. [그림
1] 상단에는 갓 잡은 생선을 거래하는 어부와 상인들의 분주한
모습, 다리 위에서 말을 타고 이동하는 무사 일행과 짐꾼의 모습,
교각 아래로 작은 배를 타고 이동하는 사람과 물건을 실어 나르
는 배가 보인다. [그림 1]과 밑줄 친 ② ③의 기록을 통해서, 이전
기록에는 없었던 어시장의 존재도 처음으로 확인할 수 있다.

《에도스즈메》의 '니혼바시'와 '료고쿠바시'

그렇다면 1677년 긴교 엔쓰近行遠通와 출판업자인 쓰루야 기우
에몬鶴屋喜右衛門이 에도에서 출판한《에도스즈메江戸雀》에는 어떠
한 다리가 소개되어 있는지 살펴보겠다. 이 명소기는 전 12권 12
책으로 구성되어 있고, 우키요에浮世絵 창시자로 불리는 히시카와
모로노부菱川師宣(1618~1694)가 그린 삽화가 첨부되어 에도 전기의
풍속 자료로서 높이 평가된다. 저자는 서문에 "지방에서 올라오
는 사람들을 위해서 명소, 유적, 사원 등을 안내하는 실용서로서
저술했다"[20]고 밝힌 바와 같이, 신도시 에도를 찾는 타 지역 사람
들을 위해서 시내를 방위별로 구획하여 각 지역에 이르기까지의

---

18 에도시대 법도·금령, 범죄인의 죄장罪状 등을 기록해서 일반에 알리기 위해서 거
    리, 광장, 다리 등의 게시한 장소(国史大辞典編纂委員会,《国史大辞典》5, p. 353).
19 에도시대 죄인을 응징하기 위해 죄목과 함께 대중의 환시에 처하는 형벌의 일종으
    로 그 형벌이 행해지는 장소(国史大辞典編纂委員会,《国史大辞典》6, p. 474).
20 近行遠通(1677),〈江戸雀〉,《日本随筆大成第二期第10巻》, 吉川広文館, 1994, p.48.

경로를 자세히 기록하였다. 다음의 《에도스즈메》 3권에는 '니혼바시'에 이르는 다양한 경로가 소개되어 있다.

一, 오른쪽 길, 시나가와거리 뒷길, 기타가시를 동쪽으로 지나 아마가사키 상가, 옆길은 <u>니혼바시 가는 길</u>, 이곳을 아마가사키 상가라고 부르는 것은 셋쓰 지방 아마가사키에서 상인들이 올라와 이곳에서 장사를 했기 때문에 아마가사키 상가라고 부르게 되었다.

一, <u>니혼바시에서 스지카이바시까지 12정</u>, 남쪽에서 북쪽으로 갈 때, 무로마치 1정, 2정으로 가는 바로 앞, 우측 동쪽에 길이 있는데, 우키요쇼지라고 하는 상가가 있다.[21]

위 인용문에는 각 지역에서 니혼바시 방면으로 가는 경로뿐 아니라, 니혼바시에서 다른 지역으로 가는 경로를 순차적으로 기록하고 있다. 서문에서 언급한 지방에서 찾아온 사람을 위한 길 안내서임을 확인할 수 있다. [그림 2]에서는 니혼바시를 오가는 무사와 그 일행, 교각 아래로 배를 타고 이동하는 사람들, 그리고 강가에 배를 댄 채 갓 잡은 싱싱한 생선을 옮기는 어부와 상인들의 모습 등, 니혼바시강 북측 연안에 형성된 우오가시魚河岸 어시장의 분주한 정경을 엿볼 수 있다.

---

21 近行遠通, 〈江戸雀〉, pp. 93-94.

이렇게 니혼바시가 설치되자 다리를 중심으로 많은 사람이 모이고, 어시장이 들어섰다. 다리를 이용해서 손쉽게 이동하게 됨으로써 주변 지역에서 운반된 생선은 에도 시내에 속속 유통되었을 것이다. 한편《에도

[그림 2] 니혼바시

스즈메》11권에서는 앞서 살펴본《에도명소기》에는 소개되지 않은 료고쿠바시에 대해서도 소개하고 있다.

○ **료고쿠바시에서 기타혼조北本所 구간**

一, 료고쿠바시를 무사시와 시모우사 지방의 경계에 흐르는 강에 설치했다고 하여, 료고쿠(양쪽 지방) 다리라고 칭하게 되었다고 한다. 오하시大橋 길이는 94간, 동서를 연결하였다. 각 지방에서 들어오는 큰 배, 특히 외국배唐船가 이 강을 지난다. ① 더할 나위 없이 좋은 납량納涼의 장소로, 뱃놀이하는 배에서는 파도 소리, 바람 소리, 갈댓잎으로 만든 풀피리를 불면서 춤추고 노래하며 떠들썩하다. 불꽃놀이 횃불, 다리 위에서 내려다보니 하늘의 별이 아닌가 싶다. 주변의 경치 또한 더할 나위 없이 훌륭한 장소다. … ② 거기서 2정 정도 더 가면 좌측에 길이 있

고, 스미다강이다. 맞은편에는 나루터가 있다.[22]

위 기록에는 료고쿠바시의 명칭의 유래, 규모, 그리고 왕래하는 배들과 밑줄 친 ①의 여름날 다리 아래 "납량"의 정경을 소개하고 있다. 《日本国語大事典》에 의하면, 납량納涼은 "더위를 피해 시원함을 즐기는 풍속"[23]으로, 무더운 여름에 더위를 피하고 식히는 것을 의미한다. 일본에서는 고대부터 나무 아래나 물가에서 휴식을 취하는 경우가 많았는데, 저녁 납량夕涼뿐 아니라, 아침 납량朝涼도 있었다[24]고 하는 것으로 보아, 오래전부터 무더운 여름을 시원하게 보내기 위해 고민해 왔고, 에도시대에 들어와서 그 방법의 하나로 료고쿠바시 아래 뱃놀이가 행해졌음을 알 수 있다.

이어서 료고쿠바시 좌우 사방의 경로를 소개하고 있고, 밑줄 친 ②는 료고쿠바시를 서쪽에서 동쪽으로 건넌 다음의 경로로, 그 길을 따라가면 스미다강과 모쿠보지木母寺라고 하는 고전문학 작품에 등장하는 전설의 명소에 이르게 된다. 이처럼 위 서적은 에도 곳곳에 위치한 명소를 짚어 가며 경로를 소개하는 점이 특징이다. 그런데 여기서 주목할 점은 오하시大橋라고 불렸던 료고쿠바시가 설치되자, 여름밤의 무더위를 식히기 위해 불꽃놀이를 하며 뱃놀이를 즐기는 최적의 장소로 처음 소개하고 있다는 것이

---

22 近行遠通, 〈江戸雀〉, p. 249.
23 日本国語大辞典編集委員会, 《日本国語大辞典》第10巻, 小学館, 2001, p. 780.
24 日本風俗史学会編, 《日本風俗史事典》, 弘文堂, 1979, p. 498.

다. 단순히 편의에 따라 사람과 물류가 다리 위아래로 이동하는 것에 그치지 않고, 여름날 더위를 식히기 위한 행락의 장소로 사람들의 관심을 모으게 된 것이다. [그림 3]은 료고쿠바시 위를 지나는 사람들과 다리 아래에서 불꽃놀이를 하며 뱃놀이를 즐기는 장면을 담고 있다. 지붕 있는 배屋形船를 탄 사람들은 뱃머리에서 반짝

[그림 3] 료고쿠바시

이는 불꽃을 바라다보고 있다. 그 옆 작은 배에서도 사람들이 무언가를 올려다보고 있고, 뒤편 교각 아래로는 나룻배가 빠져나간다. 이처럼 다리가 만들어짐으로써 사람들은 다리를 중심으로 모여들고, 그곳은 이동을 위한 장소일 뿐 아니라 행락을 즐기는 장소로 자리 잡아가고 있음을 확인할 수 있다.

다음으로《에도스즈메》(1677)와 비슷한 시기에 에도와 근교의 명소, 유적을 기록한 가인 도다 모스이戸田茂睡(1629~1706)의 지리지《무라사키노히토모토紫の一本》(1682) 속의 료고쿠바시에 관해서 살펴보자.

両国橋 이 다리는 1657년 에도 대화재 시, 시타마치下町에 사는 사

람들이 부는 바람을 피하려고 아사쿠사 쪽에 있는 성문으로 수레·궤짝에 가재도구를 실어 옮기려다가 길이 막혀서 다수의 사상자를 낸 것을 불쌍히 여겨, 다시는 이러한 화재가 일어나더라도 죽는 사람이 없도록 에도 아사쿠사에서 시모우사 지방 혼조까지 100여 간이나 되는 다리를 가설하게 하였다. 무사시 지방과 시모우사 양 지역에 설치된 다리이기에 료고쿠바시라고 이름 붙였다. 다리 위에서의 조망은 말로 다 표현할 수 없을 정도다.[25]

저자인 도다는 다리를 설치하게 된 경위, 다리의 길이, 명칭, 그리고 다리 위 경관의 훌륭함을 강조하고 있다. 하지만 뱃놀이와 불꽃놀이와 같은 행락에 관한 기술은 보이지 않는다. 한편,《부강연표》에서도 1660년을 시작으로 1681년, 1742년에 료고쿠바시에 관한 기록을 찾아볼 수 있다.

万治三年(1660) ○ 료고쿠바시両国橋 처음 설치되다. (폭 4간, 길이 약 96간. 처음에는 오하시大橋라고 불렀다. 후에 료고쿠바시라고 바꿔 불렀다고 한다. 어떤 서적에는 1660년에 공사가 시작되어, 1661년에 완성했다고 한다.《광공広貢》이라는 문헌에는, 지금의 료고쿠바시가 예전에는 약간 강 상류에 설치되어, 종종 홍수로 무

---

25 戸田茂睡著(1682),〈紫の一本〉,《新編日本古典文学全集近世随筆集》, 小学館, 2003, p. 157.

너져서 어려움이 많았는데, 가와무라 즈이켄川村隨見이 진언하여, 현재 위치로 다시 설치하여, 유실의 우려가 줄었다고 한다.)²⁶

天和元年(1681) ○ 이 해, 료고쿠바시 다시 설치했다. 야노쿠라矢の 倉 남측에서 혼조本所 1정으로 건너는 임시 다리를 설치했다. 현재 여기를 본래의 료고쿠元両国라고 부른다. 15년 뒤인 1696년에 현 장소로 옮겼다.²⁷

寛保二年(1742) ○ 7월 28일부터 비가 계속 내렸다. … 료고쿠바시는 공사 중이었는데 교각이 떠내려가고, 에타이바시永代橋, 신오하시新大橋는 손상을 입고, 스미다 강둑이 무너져서 가사이葛西로 물이 넘치고, 센주 둑이 끊어졌다. ○ 료고쿠바시, 이 해 4월부터 공사 중이어서 왕래할 때 배로 건너야 했고, 3년 걸려서 1744년 5월, 원래대로 공사가 끝났다.²⁸

위 기록을 통해서 료고쿠바시가 처음 설치된 이후, 몇 차례의 홍수로 인한 파손과 재건 공사가 반복되었음을 알 수 있다. 재해에도 불구하고 료고쿠바시는 그 자리를 지키고 있다.

26　今井金吾校訂,《武江年表》上, p. 159.
27　今井金吾校訂,《武江年表》上, p. 192.
28　今井金吾校訂,《武江年表》上, p. 322.

에도 중후기 명소기 속의 다리

《속 에도스나고》의 '납량'과 '뱃놀이'

다음으로 1732년 기쿠오카 센료菊岡沾涼가 편찬한《에도스나고
江戸砂子》는 에도의 지명·사원·명소 등을 해설하고, 20여 곳의 에
도 지도를 첨부한 6권의 지리지이다. 기쿠오카는 이 서적이 성공
하자 저술을 보강하여 1735년《속 에도스나고續江戸砂子》5권을
선보인다. 에도의 사원, 명소 유적, 명산, 그리고 약품 및 사계절
유람四時遊覧을 추가한 것이다. 여기서 주목할 부분은 '사계절 유
람' 속의 여름 항목이다.

○ **납량納涼**   ① 료고쿠바시 동서 양안에 놓인 수많은 자리는 눈
앞의 거문고 거치대와 같고, 기름 등불을 달아 놓아 백주와 같
다. 맛있는 술과 안주 그리고 맛난 과일이 산더미처럼 쌓여 있
다. 시원한 강바람, 찌는 더위의 고통을 잊는다.

○ **뱃놀이船遊山**   아사쿠사강. 훈풍 남쪽에서 불어오고, 여름 없는
올해라며 야카타부네樓船로 옮겨 가고, 모밀잣밤나무 그늘을
떠나 노를 저어 어디로, … ② 저녁 해가 후지산 봉우리에서 빛
날 무렵에 저마다 배를 준비해 나와 료고쿠바시 아래쪽에 하
나 되어 모두 모여 실로 큰 강 수면을 순식간에 뒤덮어 마을町
을 이룬다. 술, 춤, 어슬렁배うろうろ舟, 불꽃, 원숭이 재주꾼, 우
현 좌현 경쟁하며 배 사이를 빠져나가는 배, 거문고, 삼현은 허

공에 울려 퍼지고, 발장단에 맞춰 춤추는 소리는 물속으로 가라앉는다.[29]

위 지리지에서도 여름 더위를 식히기 위한 납량의 장소로 밑줄 친 ①의 료고쿠바시를 꼽는다. 다리 양안에 즐비한 임시 가게의 정경과 시원한 강바람으로 무더위를 견뎌 내는 사람들의 모습이 그려진다. 뿐만 아니라, 저녁 무렵 스미다강 료고쿠바시 아래는 모여든 배들로 강물은 보이지 않고 순식간에 번화가로 바뀐다. 이처럼 1677년 《에도스즈메》 이후, 한층 경제적으로 여유로워진 무사와 부유한 상인들은 손수 배를 빌려서 료고쿠바시 아래에서 떠들썩하게 유흥을 즐기며 뱃놀이를 하였다.

《에도명소화력》의 '납량'

그렇다면 이후의 명소기에서 료고쿠바시는 어떠한 모습인지 살펴보자. 1827년에 오카 산초岡山鳥가 저술하고, 하세가와 셋탄長谷川雪旦이 삽화를 그린 《에도명소화력江戶名所花暦》은 4권으로 구성된 에도의 대표적인 명소안내기이다. 봄은 꾀꼬리·매화·벚꽃, 여름은 등나무꽃·철쭉·반딧불·납량·연꽃, 가을은 싸리꽃·달·벌레, 겨울은 수선화·소나무·마른 들판·눈 구경 등 사시사철의 화조풍월을 43개 항목으로 분류하고, 각각을 감상할 수 있는 장

29 菊岡沾涼(1735), 〈續江戶砂子〉, 《江戶名所花暦》, 八坂書房, 1994, pp. 191-192.

소, 명목名木에 대한 해설과 유래, 그리고 대표적인 장소에 이르는 경로를 자세히 소개하여, 에도 서민들 사이에서 널리 유행한 서적이다. 그런데, 권2 여름부에는 철쭉, 모란, 붓꽃, 빈도리꽃, 귤꽃 외에도 뜸부기, 두견새, 그리고 '납량'이라는 항목이 포함되어 있다. 특히 '납량'에 관한 기록은 에도시대 납량의 역사를 확인할 수 있는 내용이어서 지면이 허락하는 한 많은 내용을 인용한다.

○ 납량

료고쿠바시 납량 피서지, 여기저기 있지만, 여기 료고쿠강을 에도 제일로 꼽는다. 강폭은 약 130간, 물이 맑고 흐름이 잔잔하다. 동쪽에 쓰쿠바(산) 푸르게 솟아 있고, 서쪽에 후지(산) 하얗게 서 있다. 우측은 에이타이, 시나가와로 이어지고, 좌측은 마쓰치산, 스다 제방도 멀리 보이고, 다리의 동서를 모토마치元町, 히로코지広小路라고 부르고, ① 5월 28일부터는 밤 가게도 한층 붐비고, 유람선도 이때부터 점차 많아진다. 그런데 무더위를 식히려는 이들은 이 강의 상류와 하류에 배를 띄우고, 혹은 다리 아래서 햇빛을 피하기 위해 배를 묶어 놓고 저마다 유흥을 즐긴다. 샤미센, 유행가는 두말할 필요 없다. 지붕 없은 배에서는 춤을 추고, 다마야玉屋·가기야鍵屋의 불꽃은 하늘을 태워 버릴 듯 정말 장관이다. 술 파는 배, 안주 파는 배, 과일 파는 배는 술과 안주가 떨어진 듯한 배를 찾아다니고, 풍류를 아는 손님은 스미다강 상류로 배를 저어 올라가서 퉁소, 피리 등을 불며 즐기기도 한다. 혹은 바둑·장기로 시간을 보내는 사람도 있다. ② 분세이 4, 5년文政(1821~22) 무렵부터 지붕이 있는 배에서 여러 가지 악기를 연주하고, 연극 흉내를 내기도 했다. … 또, ③ 안에이安永年間(1772~81), 덴메이天明年間(1781~89) 무렵에는 오하시 넘어 나카스中洲에서의 납량을 가장 멋진 것으로 꼽았는데, 배도 지금보다는 무척 커서 다카미마루高尾丸, 가와이치마루川一丸, 요시노마루吉野丸, 간다마루神田丸라고 부르는 대형 지붕 달린 배大楼船가 있어서 매우 북적였다고 한다. 옛날 ④ 게초(1596~1615) 무렵, 여름날 무더위가 고통스러워, 많은 사람이 납량을 위해서 배에 지붕을 얹고, 이것을 빌려서 아사쿠사 강에서 타고 다녔다. 이것이 뱃놀이의 시작이라고《무카시무카시모노가타리昔々物語》(1732)에 보인다. 같은 서적에 ⑤ '1657년 대화재 이후 3, 4년 동안 뱃놀이가 끊겼다. 만지 시기万治年間(1658~61)에 이르러서 납량선을 다시 만들고, 사람들이 이것을 빌려서 여름 더위를 견디고, 또한 대화재 이후의 어려움을 잊었다. 따라서 더더욱 유행하게 되고, 모두들 배가 작은 것을 불만스럽게 생각해서 배도 점차 커져 7, 8간의 누각이 달린 배를 만들고, 배의 이름을 가와이치마루川一丸, 간토마루関東丸, 야마이치마루山一丸, 오제키마루大関丸, 이치마루市丸라고 붙이고, 야마이치마루는 8·9간, 구마이치마루熊一丸는 10간이나 되고, 이치마루는 11간, 여기에 주인과 시종 10여 명이 타서, 도시락과 다양한 음식을 즐겼다'는 등. 그런데 ⑥ 게초 무렵 납량 배가 시작되었는데 소박했음을 알아야 한다.

1677년 간행된 《에도스즈메》에 "파도 소리, 바람 소리, 풀피리를 불면서 춤추고 노래하며"라고 하여 소박한 뱃놀이 장소로 소개된 이래, 150여 년 뒤에 편찬된 《에도명소화력》에서 료고쿠바시는 이미 여름철 더위를 식히는 "에도 제일"의 명소로 자리 잡는다. 5월 28일 가와비라키川開き[30]를 시작으로 다리 아래에서는 배를 띄워 유흥을 즐기고, 그 틈에 장사하는 배도 합세하여 그야말로 강은 빈틈이 없다. 1800년 초반 당시의 뱃놀이 광경은 밑줄 친 ①을 통해서 생생하게 확인할 수 있다. 《에도스즈메》 시절의 불꽃놀이는 뱃머리에서 횃불 모양의 도구를 높이 들어 올려 불꽃을 즐겼던 데 반해, 불꽃 전문 가게인 다마야와 가기야가 등장하고 불꽃놀이 자체도 화약을 하늘 높이 쏘아 올려 불꽃을 즐기는 방법으로 바뀌게 된다. [그림 4]는 료고쿠바시 아래에 엄청난 수의 배들이 모여 있는 장면이다. 좌측 제일 앞 화려한 지붕을 얹은 배의 뱃머리에서는 기녀가 춤을 추고, 그 옆으로 샤미센과 북을 든 사람을 태운 배가 분위기를 살피며 다가간다. 거대한 교각 아래는 배를 묶어 놓고 뱃놀이를 즐기는 사람들로 가득하다. 밑줄 친 ④의 게이초慶長(1596~1615) 무렵 소박한 납량으로 시작한 뱃놀이

---

30 가와비라키川開き는 일정 기간 동안 하천에서의 어업, 납량, 수영 등을 금지했던 것을 공개하여 이용할 수 있도록 하는 첫날을 가리킨다. … 가장 유명한 스미다강의 가와비라키는 엔포 연간(1673~81) 무렵부터 성행하고, 음력 5월 28일부터 8월 28일까지를 료고쿠의 저녁 납량 기간으로 정하고, 그 사이에 밤에 가설 가게 등을 허가하고, 밤마다 불꽃놀이가 행해져서 사람들이 군집하고, 다리 위에는 사람으로 가득했다(国史大辞典編纂委員会,《国史大辞典》3, p. 742).

가 ⑤의 1657년 메이레키 대화
재로 일시 중단되기도 했지만,
이후 그 규모를 확장해 가면서
배 안에서 음식뿐 아니라 다양
한 유흥과 오락을 즐기는 방식
으로 변모해 가는 사정을 ③의
안에이 연간, ②의 덴메이 연

[그림 4] 료고쿠바시 납량

간 · 분세이 연간에 대한 기록을 통해서 확인할 수 있다. 한편, 각
시기마다 납량 행사가 열리는 최적의 장소는 스미다강에서도 조
금씩 바뀌었지만, 료고쿠바시가 설치된 이후 료고쿠강 주변은 당
시 사람들의 왕래나 물류 이동의 중심지였을 뿐 아니라, 여름날
더위를 피해 유흥과 오락을 즐길 수 있는 "에도 제일"의 명소였
다. 이렇게 화려함을 더해 가는 료고쿠바시의 납량에 대해서 저
자가 ⑥의 "게초 무렵 납량 배가 시작되었는데 소박했음을 알아
야 한다"고 경고하는 것으로 보아, 사치가 극에 달한 '납량 배'에
대한 저자의 입장을 미루어 짐작할 수 있다.

에도 후기 명소기 속의 다리

《에도명소도회》와 《동도세사기》의 다리

앞서 살펴본 바와 같이, 센주오하시와 료고쿠바시는 스미다강 북쪽과 남쪽에 가설된 다리이고, 니혼바시는 스미다강의 남쪽 지류에 놓인 다리이다. 그렇다면,《에도명소화력》이후 1836년 사이토 겟신斎藤月岑(1804~78)이 편찬한《에도명소도회江戸名所図会》[31]는 이들 다리에 관해서 어떻게 기록하고 있는지 살펴보자.

센주오하시千住大橋

먼저 스미다강 북측의 센주오하시에 관해서 살펴보기로 한다.

> **센주오하시** 아라카와荒川 줄기에 설치했다. 오슈가도奥州街道의 중요한 출발지이다. 다리 위에는 사람과 말이 끊임없이 오간다. 다리 북쪽 1, 2정을 지나면 역참駅舎이 있다. 이 다리는 그 시작이 1594년 9월, 이나 비젠 수령伊奈 備前守이 설치하여 지금에 이르고 있다.

센주는 오슈가도奥州街道와 닛코가도日光街道의 첫 번째 숙박지로, 당시 에도에 설치된 4개의 숙박지 중 하나였다. 아라카와의

---

31 《에도명소도회》는 사이토 겟신斎藤月岑의 조부인 사이토 유키오斎藤幸雄가 집필을 완성한 후, 기타오시게마사北尾重正가 삽화를 넣어서 1800년(寛政 12)에 8冊으로 출판을 예정하고 있었다. 그러나 1799년(寛政 11) 사이토가 세상을 떠나 그의 아들 유키타카幸孝가 부친의 뜻을 받들어 수록 범위를 에도 주변부까지 확대하고 訂正·증보하여 하세가와 셋탄長谷川雪旦의 삽화로 출판하고자 하였다. 하지만 유키타카 또한 도중에 사망하여, 유키타카의 아들인 겟신이 그 뜻을 이어받게 된다. 그리하여 겟신이 7卷 20冊으로, 전반의 10권은 1834년(天保 5)에, 후반의 10권은 1836년(天保 7)에 출판하게 된다(이현영,《에도명소도회》에 관한 小考,《日語日文学研究》73, 2010, 138쪽).

하류이자 스미다강 상류에 위치한 센주오하시는 1594년에 만들어진 길이 66간, 폭 4간인 거대한 목조 다리이다. [그림 5]를 보면, 센주오하시가 중앙에 위치하고, 남단과 북단의 다리 끝에 목재상이 자리 잡고 있

[그림 5] 센주강과 센주오하시

다. 다리 북단의 좌측에 있는 이나리신사稲荷社 앞에서는 뗏목으로 운반해 온 목재를 육지로 끌어올리고 있다. 목재를 취급하는 도매상이 다리 남단 좌측에 있는 구마노신사熊野社 앞에도 모여 있는 것을 볼 때, 이 다리는 신도시 에도 건설을 위한 목재가 아라카와를 따라서 이동하여 모이는 요충지였음을 확인할 수 있다. 이어서 1838년에 간행된 《동도세사기》[32]는 6월 9일 항목에 '센주오하시 줄다리기 풍속'을 소개하고 있다.

千住大橋綱曳 (현재는 행하지 않는다. 고즈카하라천왕小柄原天王의

---

[32] 《동도세사기》는 《에도명소도회》를 완성한 사이토 겟신이 편찬하고 하세가와 셋단長谷川雪旦 그의 아들 셋테이雪堤가 삽화를 완성했다. 겟신은 《동도세사기》, 〈제요提要〉에서 편찬 목적과 범위에 관해 "이 서적은 매년 에도에 온갖 신사의 제사, 불각의 법회, 귀천의 세시풍속에 이르기까지, 계절의 순서에 따라서 이것을 모아 기록하고, 원방타경遠邦他境의 사람들로 하여금, 동도(東都＝에도) 세시풍속의 다채로운 개략을 알리고자 한다"라고 기술하고 있다. 에도의 신사나 사찰에서 행해지는 제례를 비롯해 세시풍속을 기록하여 다른 지방 사람들에게 에도 풍속의 다채로움을 알리고, 설월화조 등의 경물로 유명한 지역을 소개하여 유람에 도움이 되고자 편찬한 것이다 (이현영, 《東都歲事記》에 관한 小考, 《日語日文学研究》 81, 2012, 104~105쪽).

제례가 있는 날, 다리 남북에서 큰 밧줄을 서로 끌어 그해의 길흉을 점치는 것인데, 종종 싸움으로 번졌기 때문에 두 마을이 서로 합의하여 이것을 중지했다고 한다. 또한 이날, 가마神輿가 오카와를 건너는 행사가 있었는데, 이 행사도 끊겼다.)[33]

위 인용문처럼, 예로부터 줄다리기 승부를 통해 그해의 길흉, 화복, 풍흉을 점치는 행사는 각지에 존재했다. 정월·단오·오본お盆·중추 등에 주로 실시하였고, 그 외에도 신사나 절의 제례 시에 행해지기도 했다.[34] 이 행사가 1594년 다리 가설 이후 언제 시작되었는지는 알 수 없지만, 신사의 제례가 있던 6월 9일, 66간이나 되는 센주오하시에서 줄다리기가 행해졌다고 하니 밧줄의 길이도 엄청났음을 가늠할 수 있다. [그림 6]은 다리 끝에서 힘차게 밧줄을 끌어당기는 장정들의 모습과 그 광경을 신기한 듯 바라보는 구경꾼들이 그려져 있다. 다리 우측 스미다강에는 짐을 실어 나르는 범선과 나룻배들이 한가로이 지나고 있다. 센주오하시에서 행해지던 줄다리기는《에도명소도회》까지의 어느 기록에서도 확인할 수 없지만,《동도세사기》의 기록과 삽화를 통해서 다리와

---

33 市古夏生·鈴木健一校訂,《東都歲事記》上, 筑摩書房, 2001, p. 236.
34 《日本風俗史事典》에 의하면 "민속 사회에서 줄다리기는 마을 전체의 신앙행사로, 두 마을·두 마을 내의 2개의 팀·남자 팀과 여자 팀과 같은 대항전으로 이루어진다. 승부의 결과는 모두 그해를 점치는 것으로, 이긴 쪽에 신이 깃들게 되고 그 은혜를 받을 수 있다는 신앙에 기반하고 있다. 점술의 내용은 풍작과 어획의 풍흉 여부, 작물 생육에 대한 것이 많다"라고 한다(日本風俗史学会編,《日本風俗史事典》, 弘文堂, 1979, p. 429).

관련된 연중행사로서 그 내력을 확인할 수 있다. 나아가 스미다강을 오가는 뗏목과 물가에 목재를 차곡차곡 쌓아 놓은 목재상의 정경도 확인할 수 있다는 점에서, 《동도세사기》는 센주오하시의 역사와 관련해 의미 있는 자료이다.

[그림 6] 6월 9일 세주오하시 줄다리기

니혼바시

앞서 살펴본 바와 같이, 1603년 가교된 니혼바시는 스미다강 양안에 놓인 다리는 아니지만, 구 히라가와^{平川}를 파내서 스미다강과 에도성을 거의 직선으로 연결한 운하의 동맥으로, 이후 에도 시정의 번창과 더불어 수화물과 사람의 이동이 끊이지 않았고, 연안 지역에 어시장과 다양한 도매상의 창고가 자리 잡게 되는 한편, 이 다리로 이어지는 대로^{大路}에 유명 상점이 들어서게 된다. 에도 초기의 니혼바시 주변 모습은 《에도명소기》의 기록처럼 대표적인 명소이기는 하지만 소박한 편이었던 데 반해, 메이레키 대화재로 불에 타 1659년 니혼바시가 다시 가교되고, 다음 《부강연표》의 밑줄 친 ①에 의하면 높은 난간에 파꽃 모양의 장식^{擬宝珠}을 설치해 다리의 격이 한층 높아진다.

元和四年(1618) ○니혼바시 재가교.

万治元年(1658) 12월 윤달 ○1월 10일, 혼고 3정목에서 출화, 계속해서 에도 시내 대부분을 태움. 니혼바시, 나카바시, 교바시, 신바시 연소. ○이 해, 니혼바시 수리가 시작되었다.

万治二年(1659) ○ ① 니혼바시를 다시 가교하다(어떤 문헌에 옛날 소박한 다리였지만, 이때 비로소 높은 난간, 파꽃 모양 장식 등이 만들어졌다고 하는데 어떨지. 간에이 시기寬永時期(1624~44) 《아즈마메구리》의 그림에도 파꽃 모양 장식이 있다.

元禄十一年(1698) ○12월 10일, 혼고쿠초本石町 2정목에서 출화, 니혼바시, 레이간지마, 핫초보리, 뎃포즈, 쓰쿠다지마까지 태웠다. 니혼바시 불타서 무너지고, 인명 많이 죽었다.

위 인용문처럼 니혼바시는 스미다강의 다리와 달리 수해로 인한 피해보다는 화재로 인해 재건되는 일이 종종 있었음을 알 수 있다. 그렇다면, 《에도명소도회》의 니혼바시는 어떠한 모습인지 살펴보자.

니혼바시 남북으로 가설하다. 길이 약 28간, 다리 남단 서쪽 편에 고사쓰高札가 세워졌다. ① 난간 파꽃 모양 장식葱宝珠에 〈만지 원년 무술万治元年戊戌(1658) 9월 조영〉이라 새겨졌다. 이 다리를 니혼바시라 부르는 것은 아침 해가 동해로 떠오르는 것을 가까이 볼 수 있기 때문이라고 한다. … ② 이 지역은 에도의 중앙으

로 각 지역으로의 경로도 이곳에서부터 정했다. 다리 위의 왕래
는 귀천 상관없이 끊임이 없다. 또한, 교각 아래를 오가는 어선
은 아침부터 저녁까지 떠들썩하게 북적인다. (북단을 무로마치
1정목室町 1丁目이라고 한다. 이 마을의 남동쪽을 아마다나尼店라
고 부르는 것은 아마자키야 마타에몬尼崎屋又右衛門 소유의 상가인
연유로, 줄여서 그렇게 부르게 되었다. 이곳은 칠기 종류, 모든 여
행용 도구, 짐 나르는 말 장식을 파는 가게가 많다. 그 서쪽 옆 골
목을 시나가와초 우라가시品川町 裏河岸라고 부른다. 철물점이 많
아서 철물 거리라고 한다. 또 동쪽 물가를 후나초船町라고 부른다.
어시장이 있어서 날마다 장이 선다.)

어시장 후나초, 오다와라초, 안진초 등은 각각 ③ 신선한 생선
의 진열장. 방방곡곡에서 바다 육지 가리지 않고, 신선한 생선
을 이곳으로 운송해 오고 밤낮없이 장이 서기에 매우 북적인다.

위 밑줄 친 ①에서 니혼바시 난간 장식의 설치 시기가 명확하지
않은 것처럼, 다리 길이 또한《게초켄분슈》,《에도명소기》,《에도명
소도회》에서 각각 약 37간, 100여 간, 약 28간으로 상이하다.[35]

앞서 《게초켄분슈》,《에도명소기》,《에도스즈메》에 소개되었던
니혼바시는《에도명소도회》에 이르러서는 에도뿐 아니라 전국 각
지에서 모여드는 사람들과 함께 어시장을 비롯하여 다리 주변 남

---

[35] 주17) 참조.《에도명소기》를 저술한 료이가, 당시 메이레키 대화재 이후 건설된 료
   고쿠바시의 길이(100여 간)와 니혼바시의 길이를 혼동했을 수도 있다.

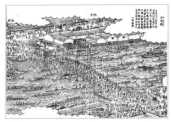

[그림 7] 니혼바시　　　　　　　　[그림 8] 니혼바시 어시장

북으로 들어선 다양한 상가도 주목을 받는다. 칠기를 파는 곳, 여행용품을 파는 곳, 운송용 말 장식을 파는 곳, 그리고 철물점 등 일상에 필요한 다양한 물건을 구할 수 있는 장소로 탈바꿈한다. [그림 7]에도 수많은 사람이 오가는 다리 위와 다리 아래 배들뿐 아니라, 다리 남단과 북단 물가에 세워진 상가의 창고와 어시장의 모습이 담겨 있다. 이어지는 [그림 8]은 배를 대고 갓 잡은 신선한 생선을 육지로 올리는 어부들의 활기찬 모습, 그리고 생선 가게 앞 매대에 진열된 여러 종류의 생선과 상인들의 활기찬 모습을 보여 준다. 이처럼 니혼바시는 가설된 이후 사람들이 전국 각지에서 에도로 내려올 때와 이곳에서 전국 각지로 이동할 때 중추적인 역할을 했음은 물론, 에도인과 주변 사람들의 일상에 큰 변화를 가져왔다. 이를 통해 이동하는 공간이 삶의 현장이 되고, 삶의 현장이 대도시의 명소로 자리 잡게 되는 것을 확인할 수 있다.

료고쿠바시両国橋

다음으로 스미다강에 두 번째로 가설된 료고쿠바시에 관해서
살펴보자.

> **료고쿠바시** 아사쿠사강 하류, 요시카와초吉川町와 혼조모토마치本
> 所本町 사이에 놓였다. 길이는 96간(다리 양단 및 다리 위에 순찰
> 소를 설치해서 이를 지키게 했다). 1659년 관부가 설치했다. …
> 이 지역의 납량은 5월 28일에 시작해서 8월 28일에 끝난다. ①
> 늘 사람들로 붐비는 곳이지만, 그중에서도 여름철이 가장 북적
> 인다. 육상에는 구경거리를 제공하는 가게가 즐비하고, 각 가게
> 의 천으로 만든 포렴이 바람에 힘차게 펄럭인다. 강 양쪽의 높
> 은 누각은 강을 향해 세워지고, 찻집 걸상은 물가에 즐비하게
> 놓여 있고, 등불은 영롱하게 물 위에 비친다. ② 지붕이 있는 큰
> 배, 작은 배, 서로 묶여서 일시에 수면 위를 뒤덮어 육지와 다름
> 없다. 연주 소리 노랫소리는 귓가를 쩌렁쩌렁 울리고, ③ 실로
> 대도시 에도의 성세로다.³⁶

위 인용문은 료코쿠바시가 설치된 장소와 길이, 그리고 설치
연도에 관한 각 문헌의 기록을 소개한다. 이어서 밑줄 친 ①의 강
양안의 풍경과 ②의 다리 아래 뱃놀이 광경을 묘사하고 있다. [그

---

36 市古夏生鈴木健一校訂(1997)·斎藤月岑著(1834), 《江戸名所図会1》筑摩書房, pp.
126-127.

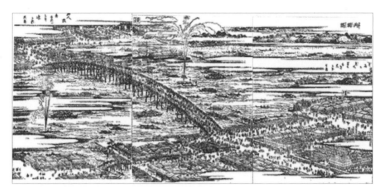

[그림 9] 료고쿠바시

림 9]에는 스미다강의 납량을 즐기기 위해 나온 수많은 배, 다리 상류와 하류에서 하늘 높이 힘차게 쏘아 올린 불꽃, 그리고 다리 동단 혼조 모토마치 공터에 즐비한 공연장과 임시 가게, 붐비는

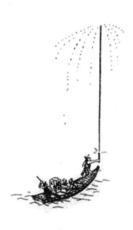

[그림 10] 불꽃놀이사

사람들의 모습이 담겨 있다. 이곳에는 오전에는 청과물 시장이 서고, 오후에는 밤 가게가 서 사람들을 불러 모은다. 또한 다리 위는 밤하늘을 수놓는 양측의 불꽃을 감상하며 시원한 바람을 쐬는 사람들로 가득하다. 이곳 료고쿠바시는 ③과 같이 에도의 태평성세를 보여 주는 명소임에 틀림없다. [그림 10]은 1837년에 완성한 교토, 오사카, 그리고 에도의 풍속을 기록한 백과사전 《모리사다만코守貞謾稿》, 〈5월 28일

아사쿠사강 가와비라키(浅草川開き)에 실려 있는 삽화로, 배에 탄 불꽃놀이사(花火師)가 긴 대나무통을 들고 불꽃을 쏘아 올리는 장면이다. 기록에 의하면 "오늘 밤 큰 불꽃놀이가 있고, 납량 중 2~3회 큰 불꽃놀이가 더 있다. 비용은 에도에 있는 선착장 및 료고쿠 주변의 찻집, 음식점으로부터 모은다"[37]고 하여, 불꽃놀이 비용의 출처도 확인할 수 있다.

그렇다면,《동도세사기》는 료고쿠바시를 어떻게 기록하고 있는지 살펴보자. 권2 여름부 5월 28일 스미다강과 주변의 명소 항목에는 료고쿠바시, 납량, 그리고 뱃놀이(船遊山)를 소개하고 있다.

28일

○ **료고쿠바시** 저녁 바람맞이(夕涼み), 금일 시작해서 8월 28일에 끝난다. 더불어 찻집, 볼거리, 밤 가게가 문을 열고, 이날 밤부터 불꽃놀이를 시작한다. 매일 밤 귀천이 군집한다. ① 이 지역은 사시사철 붐비는데 납량 무렵의 북적임은 타 지방 어디도 비할 곳 없다. 동서 양안에는 갈대로 만든 발로 둘러친 찻집이 머리빗 살처럼 늘어서 있고 손님을 부르는 아가씨는 새하얀 분칠을 하고 있다. … ② 반주와 노래가 일시에 울려 퍼져서 구름조차 멈추고, 순간 벼락 치는 것에 놀라 고개를 드니, 연기 꽃 공중에서 빛나고, 구름처럼, 안개처럼, 달처럼, 별처럼, 기린이 날아오르듯, 봉황이

37　喜田川守貞(1868),《近世風俗史 1 守貞謾稿》, 岩波書店, 1996, p. 159.

춤추듯, 천태만상으로 혼을 빼놓는다. 여기서 즐기는 사람 귀천을 막론하고 일확천금 아끼지 않는 것 당연하다. 실로 우주 최고 제일가는 장관이라 하겠다.

○ **가기야鍵屋, 다마야玉屋**[38]의 불꽃놀이는 지금도 변함없다.

납량 ○ 료고쿠바시 주변(앞에서 기술했다). 오가와大川 거리. 스미다강. 시노바즈 연못不忍池 주변 (5월 중순에는 저녁 무렵부터 여기저기에서 광장 등에 임시 찻집을 설치하고, 더불어 거리의 상인도 늘어나 밤마다 북적이는 것 말할 나위도 없다. 신불의 제례날은 여름이 가장 붐비고, 화분 그 외의 상인 특히 많다.) …

뱃놀이 ○ 료고쿠에서 아사쿠사강을 제일로 꼽는다. 불꽃놀이 밤에는 특히 많다. ③ 호화로운 지붕을 설치한 배楼船는《에도스나고슈이江戸砂子拾遺》(1735)에 100척이나 있었다고 한다. 지금은 점차 줄어서 (햇빛을 가릴 정도의) 지붕을 없은 배屋根舟(본명, 햇빛 가리는 배)만 매해 늘어나고 있다. …

에도의 연중행사를 날짜에 따라서 소개한 기록인 만큼, 5월 첫날 오시아게押上 보현보살상 공개를 시작으로, 28일에는 료고쿠바시의 '저녁 납량'에 대해 기술하고 있다. 사시사철 붐비는 장소지만, 밑줄 친 ①처럼 특별히 여름에는 찻집을 비롯해 다양한 거

---

38 가기야鍵屋는 1659년 니혼바시에 창설된 화약 제조 가게이고, 다마야玉屋는 1808년 가기야에서 독립한 화약 제조 가게다(西山松之助 他 8人, 《江戸学事典》, 弘文館, 1994, pp.17-18).

리 공연과 구경거리, 그리고 임시 가게의 먹거리 등을 즐기기 위해 모여든 사람들로 북적인다. 뿐만 아니라, 밑줄 친 ②처럼 일확천금을 아끼지 않는 불꽃놀이에 대한 큰 관심은 천둥소리와 함께 시작되는 불꽃놀

[그림 11] 료고쿠바시 납량

이를 꽃, 구름, 안개, 달, 별, 기린, 그리고 봉황이 날아오르는 듯하다고 비유한 것을 보아도 짐작할 수 있다. 이러한 광경을 저자 겟신은 "우주 최고 제일가는 장관"이라고 소개하고 있다. 이어서 5월의 〈경물〉을 대표하는 행사로서 료고쿠바시의 '납량'과 아사쿠사강의 '뱃놀이'를 소개하는데, 밑줄 친 ③처럼 직전의《에도명소화력》시기와 달리 호화로운 뱃놀이가 점차 줄고 있다. [그림 11]에서는, 멀리 아사쿠사浅草와 혼조本所를 배경으로 거대한 료고쿠바시가 동서로 가로놓여 있고, 다리 아래는 크고 작은 배들이 스미다강을 가득 메우고 있다. 호화로운 지붕과 처마에 줄줄이 초롱을 매단 가와이치마루川一丸, 楼船는 다이묘와 같은 지체 높은 분, 혹은 유복한 상인이 즐기는 최고급 뱃놀이 배이다. 한여름 무더위를 식히기 위한 유흥으로서 스미다강의 납량과 뱃놀이는 8월 28일로 막을 내린다. 당시 에도 사람들이 '서늘한 저녁 바람을 맞으며 불꽃놀이를 즐기는 최적의 장소'는 바로 이곳 료고쿠바시였지만, 호화롭고 커다란 배들은 눈에 띄게 줄고, 햇빛을 가릴 정

도의 배들만 늘어나는 정도로 그 위세에 변화가 생기고 있다.

에도시대에 출판된 다양한 기록과 명소기를 통해서, 에도 스미다강에 설치된 센주오하시와 료고쿠바시, 그리고 스미다강의 지류로 에도성 해자에서 흘러나온 니혼바시강에 설치된 니혼바시의 설치 배경과 역사, 다리의 역할과 다리 설치에 따른 주변 환경의 변화, 그리고 시민들의 생활 변화와 다리 공간의 의미에 대해 살펴보았다.

먼저, 센주오하시는 도쿠가와 이에야스 에도 입성으로부터 4년 후인 1594년 오슈가도奧州街道를 통해 군세를 이동시키는 데 불가결하다는 이유로 설치되었지만,《에도명소도회》에서는 아라카와의 하류이자 스미다강의 상류라는 입지적 장점을 활용하여 신도시 에도 건설에 필요한 목재를 공급하는 요충지 역할을 하였음을,《동도세사기》에서는 다리가 설치된 이후 과거 다리 양단의 마을이 줄다리기라는 풍속을 통해 길흉을 점치며 소통하는 공간이 되었음을 확인할 수 있다. 다음으로 1603년 가설된 니혼바시는 수도 에도에서 지방으로 이동하는 가도의 기점이자 이치리즈카의 시작점으로서, 다리 건설과 더불어 시내를 왕래하는 사람들로 인산인해를 이루고, 다리 아래 어시장이 형성되어 주변 지역에서 운반해 온 신선한 생선을 에도 구석구석까지 유통시키는 거점 역할을 하였다. 나아가 1800년 중반이 되면 어시장뿐 아니라 칠기, 여행용품, 말 장식을 판매하는 가게는 물론 철물점 등이 자리 잡아 일상에 필요한 도구를 구할 수 있는 장소로 변모하면서 에도인의 일상에 큰 변화를 가져오는 공간으로서 삶의 현장이 명소로 발전해 가는 특징을 보인다. 마지막으로 1657년에 메이레키 대화재 이후 설치된 료고쿠바시는, 스미다강의 동서 양안을 연결해 에도라는 도시 공간을 스미다강 건너편인 혼조와 후카가와까지 확장시켰을 뿐 아니라, 1800년 중반까지 에도 명소기에 여름의 무더위를 식힐 수 있는 납량과 뱃놀이 장소로 빠짐없이 등장하면서 널리 이름을 알린다. 즉, 화재 시 피난을 위해 설치된 다리와 그 공터가 여름철 가와비라키를 시작으로 밤 늦게까지 다양한 임시 가게와 볼거리를 운영하는 가설 무대 공간으로 변모하면서 시민들이 오락과 유흥을 즐길 수 있는 장소로 발전하고, 대도시 에도의 명소로 자리 잡은 것이다. 이처럼 다리는 단순한 이동을 위한 구조물이 아니라, 사람들의 일상과 환경에 다양한 변화를 가져오는 장소로, 목재상이나 어시장·도매상 등 실용적인 측면을 충족시킴과 더불어, 오락과 행락을 즐길 수 있는 공간으로 변화하며 도시의 명소로 자리 잡게 되었음을 확인할 수 있다.

이상, 근세 시대 에도에 설치된 대표적인 3개의 다리를 분석해 보았다. 앞으로 료고쿠바시 이후 설치된 1693년 신오하시新大橋, 1698년 에이타이바시永代橋, 그리고 1774년 오카와바시大川橋, 아즈마바시吾妻橋 등에 관하여 우키요에에 그려진 에도 명소와의 비교를 통해 다리와 공간 형성의 의미에 관해서 고찰해 보고자 한다.

참고문헌

大石学, 〈德川家康の江戸選択首都化〉, 《隅田川 – 江戸時代の都市風景》, 서울역사박물관, 2022.

今井金吾, 《江戸の旅風俗》, 大空社, 1997.

鈴木章生, 《江戸名所と都市文化》, 吉川弘文館, 2001.

千葉正樹, 《江戸名所図会の世界》, 吉川弘文館, 2001.

川田寿, 《東都歳事記を読む》, 東京堂出版, 1993.

今井金吾校訂, 《武江年表》(上), ちくま書房, 2003.

三浦淨心著, 珍袖名著文庫卷25 《慶長見聞集》, 冨士房, 1906.

浅井了意(1662), 〈江戸名所記〉, 《江戸叢書卷の二》, 日本図書センター, 1964.

近行遠通(1677), 〈江戸雀〉, 日本随筆大成第二期第10卷, 吉川広文館, 1994.

戸田茂睡著(1682), 〈紫の一本〉, 《新編日本古典文学全集近世随筆集》, 小学館, 2003.

菊岡沾涼(1735), 〈続江戸砂子〉, 《江戸名所花暦》, 八坂書房, 1994.

市古夏生鈴木健一校訂, 《東都歳事記》上, 筑摩書房, 2001.

日本風俗史学会編, 《日本風俗史事典》, 弘文堂, 1979.

市古夏生鈴木健一校訂, 《江戸名所図会1》, 筑摩書房, 1997.

喜田川守貞(1868), 守貞謾稿, 《近世風俗史1》, 岩波書店, 1996.

西山松之助他 8人, 《江戸学事典》, 弘文館, 1994.

国史大辞典編纂委員会, 《国史大辞典》12, 吉川弘文館, 1991.

_____, 《国史大辞典》5, 吉川弘文館, 1991.

_____, 《国史大辞典》6, 吉川弘文館, 1991.

_____, 《国史大辞典》3, 吉川弘文館, 1991.

_____, 《国史大辞典》1, 吉川弘文館, 1991.

日本国語大辞典刊行会, 《日本国語大辞典》第10卷, 小学館, 2001.

서울역사박물관, 《에도시대, 스미다 강의 도시풍경》, 2022.

이현영, 《《에도명소도회》에 관한 小考》, 《日語日文学研究》73, 2010, 137~162쪽.

_____, 《《東都歳事記》에 관한 小考〉, 《日語日文学研究》81, 2012, 103~124쪽.

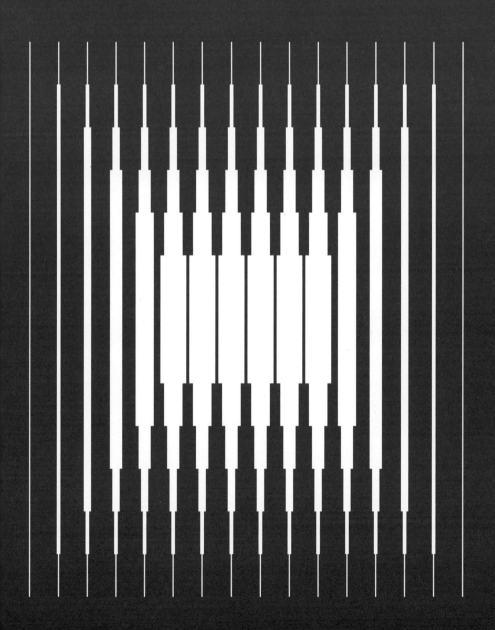

북한 이주민의 모빌리티와 초국적 이주, 그리고 상호문화주의

김태희

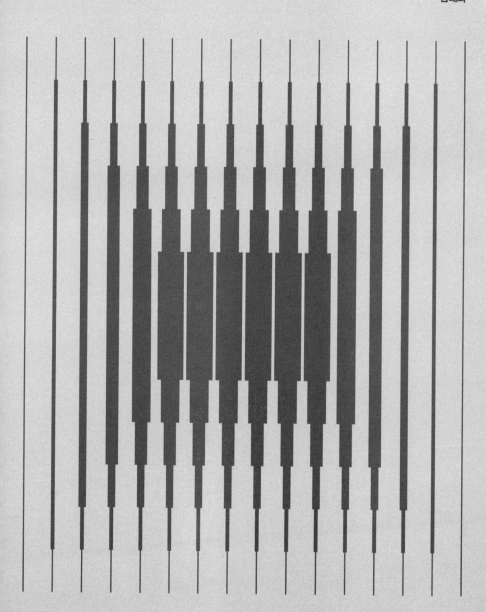

이 글은 《통일인문학》 제99집(2024.9)에 게재된 원고를 수정 및 보완하여 재수록한 것이다.

1990년대 냉전 종식과 세계화로 지구적 모빌리티가 가속화되고, 가난, 기후변화, 정치 불안이나 내전, 새로운 삶의 기회 모색 등 여러 가지 동기로 이주 모빌리티가 증가했다. 이른바 '이주의 시대'가 도래한 것이다.[1] 이주의 시대에는 초국적 이주transnational migration 현상이 두드러지는데, 이때 '초국적'이라는 개념은 "이주자가 출신 사회과 정착 사회를 연결하는 여러 갈래의 사회적 관계를 형성하고 유지하는 과정"으로 정의된다.[2] 고전적 이주 이론은 대개 이주자가 출신국을 떠나 정착국에 영영 자리 잡는 직선적 운동을 전제하는 반면, 초국적 이주 이론은 이주자가 출신국과 정착국 사이에서 네트워크와 모빌리티를 유지한다는 데 주목한다.

북한 이주민[3]은 이러한 초국적 이주를 범례적으로 보여 준다.

---

1 스티븐 카슬·마크 J. 밀러, 한국이민학회 옮김, 《이주의 시대》, 일조각, 2013, 25~33쪽. 1990년대 이래로 이러한 초국적 현상이 두드러지게 된 이유에는 모빌리티 기술, 즉 "시공간 압축 기술"의 발달뿐 아니라 "자본주의 공간의 지구적 확장과 이에 따른 지리적으로 불균등한 발전의 가속화"를 들 수 있다(Park, Kyonhwan, "Grounding Transnationalism's': Three Pitfalls in Transnationlism Scholarship," *Journal of Korean Urban Geographical Society* 10-1, 2007, p. 78).

2 Basch, Linda, Nina Glick Schiller, and Cristina Szanton Blanc, *Nations Unbound: Transnational Projects, Postcolonial Predicaments, and Deterritorialized Nation-States*, London and New York: Routledge, 1994, p. 6.

3 북한에서 온 사람을 지칭하는 여러 용어의 의미에 관해서는 이화숙·원순옥, 〈북한에서 온 집단'에 대한 '명칭' 분석 – 행위와 정체성 의미를 중심으로〉, 《현대사회와 다문화》 6-2, 2016을 참조하라. 그 논문에서는 현재성이 강하고 가치중립적인 '북한 이주주민'을 제안하는데, 이 글에서는 좀 더 간결한 '북한 이주민'이라는 용어를 사용한다. 탈북자를 이주민으로 이해하는 것은 여러 체류 형태를 포괄할 수 있고, 인권 문제를 보편적 인권의 범주로 환원할 수 있으며, 인권 문제가 특정 집단에게 정치적으로 이용될 가능성을 줄일 수 있다(송영훈, 〈해외체류 탈북자와 북한인권 개

북한 이주민은 대개 탈북이 쉬운 북한-중국 국경을 통해 중국으로 입국하여 (몽골, 태국, 미얀마 등을 거쳐) 한국으로 이동하거나 (한국을 거치거나 거치지 않고) 제3국으로 이동한다. 그러나 이러한 모빌리티도 최종적이라기보다는 끊임없는 왕래라는 특징을 보이며, 심지어 재입북 사례도 많이 나타난다. 이처럼 매우 유동적인 이주가 가로지르는 다공적이고 가변적인 여러 국경은 주체의 수행으로 구성되는 것이다.[4] 이 과정에서 북한 이주민은 북한, 중국(특히 조선족 사회), 한국, 그 외 국가의 여러 네트워크를 활용할 뿐 아니라, 특히 (북한을 비롯하여) 자신과는 다른 나라에 머무르는 가족과 네트워크를 유지한다. 가령 북한에 남은 가족에게 송금하고, 은밀하게 휴대전화로 소통하며, 한국의 대중문화 콘텐츠를 밀반입시키고, 북한으로 사람을 들여보내거나 빼내기도 한다.

이 글은 북한 이주민 관련 선행 연구들을 토대로 하여 초국적 이주자의 '이주자본'이라는 분석틀에 입각하여 영국 런던 남서쪽 교외의 뉴몰든 지역 북한 이주민에 초점을 맞출 것이다. 나아가 뉴몰든이라는 '접촉지대'에서 북한 이주민의 상호문화적 실천을 초국적이고 비판적인 관점에서 분석할 것이다.

념의 복합구조: 국민, 난민, 이주민〉,《다문화사회연구》 9-2, 2016, 87쪽). 다만 '이주민'은 대체로 출신국으로의 자유로운 귀환이 보장된 사람들을 가리킨다는 점과 '난민'은 정착국이 규정하는 개인의 법적 지위에 국한된다는 점에서 '탈북자North Korean defector'가 더 적합하다는 주장에 대해서는 다음을 참조하라. Shin, HaeRan, "The Geopolitical Ethnic Networks for De-bordering: North Korean Defectors in Los Angeles and London," *Asian Journal of Peacebuilding* 9-2, 2021, pp. 224~225.

4   김지윤, 〈모빌리티 턴과 이주의 윤리학〉,《담론201》 26-2, 2023, 24쪽.

이주자본

북한 이주민의 초국적 이주를 분석하는 데 이주자본migration capital 개념을 활용하기 위하여, 우선 이 개념을 기존의 유망한 분석틀인 열망/능력 모델aspiration/ability model 혹은 두 단계 접근two-step approach과의 관계에서 살펴보자. 이 모델은 이주를 두 개의 순차적 단계, 즉 "잠재적 행위 노선으로서의 이주 평가"(열망)와 "주어진 순간의 실제적 이동이나 부동의 현실화"(능력)로 쪼개어 분석한다. 이주 열망은 "이주하는 것이 이주하지 않는 것보다 바람직하다"라는 생각으로 정의되고, 이주 능력은 이주 열망을 실현할 전망을 뜻하며 경제자본·사회자본·인적 자본 등의 다양한 자원을 포함한다.[5]

이주를 두 개의 분리된 단계로 쪼개는 두 단계 접근은 분석적 차원에서 유용하지만 초국적 관점에서 통합적으로 보완할 필요가 있는데, 기존의 초국적 이주 이론에서는 이러한 필요성에 거의 주목하지 않았다. 이주를 유출국에서 유입국으로의 영구한 일회성 이동으로 보는 고전적 관점을 넘어서 지속적이고 유동적인 모빌리티와 네트워크로 파악하는 초국적 관점에서는 열망과 능력이 순차적 단계로 나타나기보다는 복잡하고 지속적으로 서로 교직한다는 데에 유의해야 한다. 다시 말해, 열망과 능력은 시간

---

[5] Carling, Jørgen, and Kerilyn Schewel, "Revisiting Aspiration and Ability in International Migration," *Journal of Ethnic and Migration Studies* 44-6, 2018, pp. 946~947.

적으로나 논리적으로 선후 관계인 두 개의 '단계'로 분리되지 않고, 초국적 이주의 과정에서 서로를 끊임없이 강화하는 두 가지 '요소'로서 통합적으로 존재한다. 열망과 능력의 관계를 이처럼 복합적으로 이해하기 위해서는 열망 자체도 하나의 능력, 즉 바람직한 미래를 달성하기 위해 경로를 탐색하는 능력인 '열망 능력capacity to aspire'으로 파악해야 한다. 두 단계 접근에서는 대체로 열망을 개인적이고 심리적인 것으로 상정하지만, 열망은 실은 늘 사회적 삶에서 상호작용을 통해 구성되고 사회적으로 불균등하게 분포되는 문화적 능력이며,[6] 이러한 열망 능력은 다른 능력들의 형성을 촉진하는 일종의 메타능력metacapacity이다.[7]

이 글은 두 단계 접근에서 분석적으로 분리하는 이주 열망과 이주 능력이 초국적 이주에서 서로 복잡하게 교직되어 나타난다는 데 착목하여, 이주 열망과 이주 능력을 이주자본으로 통합적으로 개념화하고자 한다. 부르디외에 따르면 자본은 행위자 혹은 행위자 집단이 사회적 에너지를 사물화된 노동이나 살아 있는 노동의 형태로 전유하는 것을 가능하게 하는 축적된 노동이다.[8] 이 글은 이주자본을 '이주에 의해' 축적된 노동이자, 사회적 에너지

6 Appadurai, Arjun, "The Capacity to Aspire: Culture and the Terms of Recognition", V. Rao · M. Walton, eds., *Culture and Public Action*, Stanford University Press, 2004, pp. 67~68.

7 Appadurai, "The Capacity to Aspire: Culture and the Terms of Recognition", p. 82.

8 Bourdieu, Pierre, "The Forms of Capital," J. Richardson, ed., *Handbook of Theory and Research for the Sociology of Education.*, New York: Greenwood, 1986, p. 241.

를 '이주를 위해' 전유하는 것을 가능하게 하는 축적된 노동으로 파악한다. 다시 말해, 이주자본은 "국경을 가로지르는 과거 경험의 축적"(이주에 의한 자본)이자, "미래 이동의 잠재력 혹은 그러는 것이 가치 있어 보인다면 다시 이동할 수 있는, 불평등하게 나누어진 능력"[9](이주를 위한 자본)이다.

물론 이주자본을 이처럼 두 가지 측면에서 고찰할 경우 이 개념이 양의적이고 모호해질 위험도 있다. 엄밀하게 분석한다면, 이러한 두 측면은 개념적으로 구별 가능할 뿐 아니라 실제적으로도 해리 가능하기 때문이다. 가령 이주에 의한 자본이 이주를 위한 자본이 아닐 수도 있는데, 과거의 이주를 통해 축적한 자본이 이주를 위해서가 아니라 한 국가 내에서 삶의 기회를 위해 활용되는 경우가 그렇다. 역으로 이주를 위한 자본이 이주에 의한 자본이 아닐 수도 있는데, 이주를 가능하게 하는 역량이 과거의 이주를 통해 축적된 것이 아니라 한 국가 내에서 경제자본, 사회자본, 문화자본, 인적 자본 등이 전환된 것인 경우가 그렇다. 그러나 이러한 분석적 엄밀함이 필요함을 인정하면서도 이 글은 이주자본의 두 측면이 서로 긴밀하게 연계된 것으로 전제한다.

---

9 Moret, Joëlle, "Mobility Capital: Somali Migrants' Trajectories of (Im)Mobilities and the Negotiation of Social Inequalities Across Borders," *Geoforum* 116, 2020, p. 1. 이러한 불평등한 분포는 다양한 층위에서 나타난다. 가령 한국으로 이주한 경험을 통해 '이주에 의한 자본'을 축적한 북한 이주민은 이러한 경험이 없는 한국인보다 '이주를 위한 자본'이 더 풍부하다고도 볼 수 있다. 또 북한 이주민들 사이에서도 이주자본은 그들이 보유한 사회자본, 경제자본, 문화자본 등의 차이 때문에 불평등하게 분포할 수 있다. 하지만 이러한 문제에 관한 심층적인 연구는 이 글의 범위를 넘어선다.

이 글은 이주자본을 모빌리티 자본mobility capital의 하위 형태, 즉 이주 관련 모빌리티 자본으로 규정한다. 모빌리티 자본은 시간 및 공간의 제약을 극복할 수 있는 개인의 자원이나 능력으로서[10] 경제자본, 문화자본, 사회자본과 마찬가지로 사회적 불평등을 유발하고 유지한다. 모빌리티 자본은 모틸리티motility라고도 불리는데, 이는 상호의존적인 세 요소로 구성된다. 첫째, 접근access은 특정 장소와 특정 시간에 '가능한 모빌리티 범위'로서, 예를 들어 어느 도시가 특정 시간에 제공하는 교통·통신수단 등에 달려 있다. 둘째, 능숙competence은 가능한 모빌리티 범위를 활용할 수 있는 기술 및 능력으로서 신체 능력, 획득 기술, 조직 기술 등을 포함한다. 셋째, 전유appropriation는 이러한 접근과 능숙을 활용하여 가능한 모빌리티 범위를 실제로 이용하는 것이다.[11]

이주자본에 관한 기존 연구들에서 "이주자본의 여러 정의는 여전히 느슨하고 다양하며",[12] 특히 이주자본과 모빌리티 자본의 개념적 유사성이 강조되기도 한다.[13] 가령 모빌리티 자본을 "특정

10 윤신희·노시학, 〈모빌리티스(Mobilities) 개념의 주요 구성요소 및 측정변수 분석〉, 《국토지리학회지》 50-4, 2016, 504쪽.
11 Kaufmann, Vincent, Manfred Max Bergman, and Dominique Joye, "Motility: Mobility as Capital," *International Journal of Urban and Regional Research* 28-4, 2004, p. 750.
12 Bernard, Aude, and Francisco Perales, "The Intergenerational Transmission of Migration Capital: The Role of Family Migration History and Lived Migration Experiences," *Demographic Research* 50, 2024, p. 828.
13 최서희·백일순, 〈외국인 이주자의 모빌리티 자본과 네트워크 자본의 특성 – 한국 내 베트남 이주자를 사례로〉, 《대한지리학회지》 58-3, 2023, 221쪽.

시점에 국경을 가로지르는 모빌리티 실천에 참여할 능력"[14]으로 협소하게 규정하는 경우에 모빌리티 자본은 '국경을 가로지르는 모빌리티'를 위한 자본, 즉 '이주를 위한 자본'으로서 이주자본과 구별되지 않는다. 또한 모빌리티 자본을 "개인이 해외 거주에 의해 얻은 국제적 경험의 풍부함 덕에 그 개인의 기술을 강화할 수 있는, 인적 자본의 하위 요소"[15]로 규정하는 경우에는 '해외 거주에 의해 얻은' 자본, 즉 '이주에 의한 자본'으로서 이주자본과 구별되지 않는다. 이와 달리 이주자본을 모빌리티 자본과 구별하는 경우도 있는데, 가령 이주자본을 "이주를 용이하게 하는 자본"[16]으로 규정하는 경우에는 이주자본의 두 가지 측면 중 특히 이주를 위한 자본을 강조하는 것이다. 다른 한편 이주자본을 "이주에 특정한 자본", 즉 "이주자가 이주 궤적 동안에 동원하거나 획득"하는 자본(이주에 의한 자본)이자 "이어지는 국제적 이동을 용이하게 하는 능력과 자원"(이주를 위한 자본)[17]으로 규정하는 경우도 있는데, 우리는 이처럼 이주자본의 두 측면을 모두 고려하는 규정을 채택하고자 한다.

---

[14] Moret, "Mobility Capital," p. 1.

[15] Murphy-Lejeune, Elizabeth, *Student Mobility and Narrative in Europe: The New Strangers*, London: Routledge, 2002.

[16] Kim, Jaeeun, "Migration-facilitating Capital: A Bourdieusian Theory of International Migration," *Sociological Theory* 36-3, 2018.

[17] De Jong, Petra W., and Helga AG De Valk, "Emigration of the Western European Second Generation: Is Having Immigrant Parents a Predictor of International Migration?," *Journal of Ethnic and Migration Studies* 49-17, 2023, p. 4246.

따라서 이 글은 이주자본을 이주와 관련된 특수한 모빌리티 자본으로 규정하고, 이 개념을 초국적 이주의 복잡하고 유동적인 양상을 분석하는 데 활용한다. 초국적 이주에서 이주자본은 초국적 모빌리티에 의해 축적된 자본이자 네트워크를 통해 동원할 수 있는 자본이며, 잠재적으로는 다른 형태의 자본들과 서로 전환 conversion될 수 있다. 부르디외에 따르면 다양한 자본 형태의 뿌리에는 경제자본이 있지만, 이러한 자본들이 기능하는 진정한 논리는 한 형태에서 다른 형태로 전환할 수 있다는 것이다.[18] 그렇다면 경제자본, 사회자본, 문화자본, 인적 자본 등의 자본 형태는 특정 조건에서 특정한 노동 및 시간을 투여하여 이주자본이라는 자본 형태로 전환될 수 있으며, 역으로 이주자본도 이러한 자본 형태들로 전환될 수 있다. 아래에서 상술하겠지만, 가령 북한 이주민이 영미권 국가로 이주하여 획득한 영어 능력은 일종의 이주자본으로서 이후에 사회적 모빌리티social mobility, 즉 사회적 지위 이동을 용이하게 하는 문화자본 등으로 전환될 수 있다. 또 이주자본이 있더라도 그것을 실제로 동원하는 것은 경제자본에 의존할 수 있는데, 경제자본이 부족한 행위자는 이주자본을 활용하지 못할 수 있기 때문이다.[19] 이처럼 이주자본 개념은 이주 모빌리티에 의한 자본의 축적을 보여 줄 뿐 아니라, 다양한 형태의 자본 간의 전환 가능성을 보여 준다는 면에서 초국적 이주의 복잡한 양상을

---

18 Bourdieu, "The Forms of Capital," p. 252.
19 Bernard, and Perales, "The Intergenerational Transmission of Migration Capital," p. 829.

드러내는 데 유용하다. 초국적 이주자의 이주자본은 "'국경 사용' 의 자원이자 능력, 즉 국민국가의 국경들을 가로지르거나 이 국경들을 삶의 기회 축적을 위해 도구화하는 자원이자 능력"으로서 "지구화된 세계에서 사회적 불평등의 핵심 변수"가 된 것이다.[20]

북한 이주민의 초국적 이주

이제 이주자본 개념을 적용할 대상인 북한 이주민의 초국적 이주 현상을 간략히 살펴보자. 북한 이주민의 모빌리티 양상은 1990년대 이래로 큰 변화를 겪었다. 1990년대 초 냉전체제 해체 당시 탈북은 주로 북한의 억압적 체제를 벗어나려는 이념형 탈북이었으나, 1990년대 중반 북한의 식량난이 가중되면서 생계형 탈북이 대대적으로 나타났다. 이념형 탈북에 주목하는 냉전적 관점에서 탈북은 자유민주주의 국가인 한국으로의 귀순이며 한국에 영구 정착하는 것을 의미한다. 그러나 한국으로 이주한 북한 이주민 중 상당수는 다시 제3국으로 재이주하였다.

2004년 미국의 「북한인권법」 및 2006년 유럽연합의 「북한인권법」 제정 이후 북한 이주민이 북미와 유럽 지역에서 난민 지위

---

[20] Beck, Ulrich, "Beyond Class and Nation: Reframing Social Inequalities in a Globalizing World," *The British Journal of Sociology* 58-4, 2007, pp. 695-696.

를 신청하는 현상이 늘었다.[21] 유럽 지역으로의 이주를 살펴보면, 2007년부터 영국에서 북한 이주민의 난민 신청이 급증하고, 이후에는 독일·벨기에·네덜란드 등지에서 난민 지위를 인정받아 거주하는 사례도 늘었다. 특히 영국은 한국과 중국을 비롯한 동아시아를 제외하고 북한 이주민이 가장 많이 거주하는 국가인데, 2018년 기준 1,300여 명의 북한 이주민이 영국에 난민 신청을 하고 544명이 난민 지위를 획득했다.[22] 영국의 북한 이주민은 대부분 유럽의 유일한 한인촌인 뉴몰든에 거주한다. 2013년 기준으로 북한 이주민 3~5백 명이 한국 이주민 5천~1만 5천 명 및 조선족 이주민 5백~1천 명과 더불어 뉴몰든에 거주하는 것으로 추정된다.[23] 이 중 한국 이주민은 1989년 한국의 해외여행 자유화로 크

---

21 가령 미국의 「북한인권법」은 북한 주민 인권증진, 북한 주민 지원, 북한 난민 보호라는 세 분야로 구성되어 있는데, 본 연구의 대상인 북한 난민 보호와 관련하여 「북한인권법」은 난민 지위나 망명 자격의 목적상, 북한 주민은 대한민국의 국민으로 보지 않는다는 중요한 법률 규정을 담고 있다(한희원, 〈새로운 환경에 따른 북한인권법의 제정과 탈북자의 난민성에 대한 고찰〉, 《법학연구》 50, 2013, 35쪽).

22 노현우·김아영, 〈이주체계이론으로 본 북한 이주민의 서구 국가 이주 요인〉, 《통일정책연구》 31-2, 2022, 6쪽.

23 이수정·이우영, 〈영국 뉴몰든 코리아 타운 내 남한 이주민과 북한난민 간의 관계와 상호인식〉, 《북한연구학회보》 18-1호, 2014, 141~148쪽. 뉴몰든 코리아 타운 형성과 발전 과정에 관해서는 이 논문의 142~150쪽, 특히 북한 이주민의 이주에 관해서는 이 논문의 147~150쪽 참조. 이처럼 북한 이주민의 영국으로의 이주가 증가한 데에는 영국이 관대한 난민정책을 펼쳤고 복지제도가 잘 정비되어 있으며, 영어를 습득할 수 있는 영어권 국가라는 점 외에도 (독일 등과는 달리) 뉴몰든에 한인 공동체가 성립되어 있다는 요인이 작용했다(이수정, 〈영국 거주 북한이주민의 '안녕감'에 대한 관계적 이해〉, 《현대북한연구》 22-2, 2019, 22~28쪽; 이희영, 〈국제인권장치와 비극의 서사: 탈북 난민의 독일 이주에 대한 사례연구〉, 《경제와사회》 109, 2016, 207쪽).

게 늘었고, 조선족 이주민은 1990년대 냉전체제 해체 및 중국의 개혁개방 정책으로 이루어진 데 비해, 북한 이주민은 앞서 서술한 것처럼 주로 2006년 유럽연합의 「북한인권법」 제정 이후 대거 유입되었다. 북한 이주민은 대개 한국에 입국했다가 영국으로 재이주한 경우로, 2007~2009년에는 난민 심사가 비교적 허술했지만 이들 중 상당수가 조선족이거나 한국 시민권자임이 알려진 이후 난민 인정이 어려워졌다.[24] 다시 말해, 국제 난민 체제에서 북한 이주민이 난민으로 서구에 이주할 수 있는 기회의 창은 2000년대 중반 이후 잠시 열렸다가 다시 닫혀 버렸다고 할 수 있다.

북한 이주민의 모빌리티는 고전적 이주 이론의 관점에서 파악하기 어려운 궤적을 이룬다. 주로 경제적 요인을 강조하는 고전적 이주 이론에서는 배출-흡인push-pull 개념을 이용해 인구밀도가 높은 지역에서 낮은 지역으로, 또는 소득이 낮은 지역에서 높은 지역으로 이주하는 경향에 초점을 맞춘다. 그러나 북한 이주민이 한국을 거쳐 영국으로 이주하는 "2차 이주"는 "배출-흡인 요인으로 이루어진 직선적 과정"이 아니라 "매우 반응적이고 예측 불가능한 과정"이다.[25] 따라서 경제적 요인뿐 아니라 정치적·사회적·문화적 요인까지 고려하고, 거시적 구조와 미시적 구조의 상호작

---

[24] Kim, Soo-am, "Status of North Korean Defectors and Policies of Countries Concerned with Them," *Journal of Peace and Unification* 1-2, 2011, pp. 21~23.

[25] Song, Jay Jiyoung, and Markus Bell, "North Korean Secondary Asylum in the UK," *Migration Studies* 7-2, 2019, p. 160.

[그림 1] 북한 이주민의 탈북 후 이동경로[26]

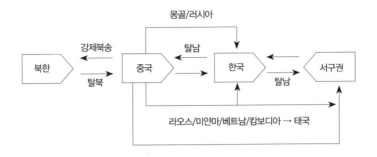

용을 강조하며, 유출국 혹은 유입국에서 발생하는 요인뿐 아니라 초국적 현상이나 네트워크까지 아우르는 학제적 분석틀에 의거하면,[27] 북한 이주민의 모빌리티는 단순히 유출국에서 유입국으로의 일회성 모빌리티가 아니라, 다수의 경계를 넘나드는 지속적인 초국적 모빌리티임이 드러난다.[28] 북한, 중국, 몽골이나 러시아나 동남아시아 국가들, 한국, 서구권 국가들 등의 국경을 끊임없이 넘나드는 북한 이주민의 모빌리티는 [그림 1]에서 보듯 끊임없는 왕래와 유동의 양상을 보인다.

---

26 오원환, 〈탈북 청년의 정체성 연구: 탈북에서 탈남까지〉, 고려대학교 대학원 박사학위논문, 2011, 87쪽.
27 스티븐 카슬·마크 J. 밀러, 《이주의 시대》, 64~73쪽.
28 박배균, 〈초국가적 이주와 정착을 바라보는 공간적 관점에 대한 연구: 장소, 영역, 네트워크, 스케일의 4가지 공간적 차원을 중심으로〉, 《한국지역지리학회지》 15-5, 2009, 621쪽.

또 북한 이주민은 제3국으로 이동하여 정착한 후에도 초국적 실천을 수행하는 모습을 보인다. 가령 뉴몰든의 북한 이주민은 그곳에 먼저 정착한 한국 이주민과의 차이를 인식하는 가운데 북한과의 연결을 유지하고 한국인이자 북한인의 정체성을 모두 관리하는 초국적 실천을 수행한다.[29] 대부분의 북한 이주민은 북한에 거주하던 시기에도 북한과 중국을 연결하는 인적 네트워크를 보유하고 있었다. 특히 북한-중국 접경지대에 거주하는 조선족은 북한 이주민의 탈북을 촉진하고 보조하며, 경유지를 제공하고, 중국에서의 매매혼, 취업, 탈북 브로커 등을 알선한다.[30] 북한 이주민은 서구로 이주한 후에도 이러한 네트워크를 통해 북한에 남아 있는 가족의 소식을 얻고 가족과 연락하거나 송금한다. 이처럼 초국적으로 구축된 네트워크는 가족이 자신을 따라 이주하는 연쇄이주를 촉발하기도 한다.[31]

그러나 북한 이주민은 일반적인 초국적 이주의 관점에서 볼 때 다소 특수한 양상을 보이기도 한다. 일반적으로 초국적 이주자는 "종종 이중 언어 사용자이고, 서로 다른 문화 사이에서 쉽게 이동하며, 종종 두 나라에서 가정을 유지하고, 두 나라에 몸소 있기

---

29 신혜란, 〈동화-초국적주의 지정학: 런던 한인타운 내 한국인과의 교류 속 탈북민의 일상과 담론에서 나타난 재영토화〉, 《대한지리학회지》 53-1, 2018, 48~52쪽.
30 진미정·김상하, 〈북한이탈주민의 가족이주 특성과 유형〉, 《대한가정학회지》 56-3, 2018, 325쪽.
31 손명아·김석호, 〈북한이탈주민의 가족이주에 관한 연구: 연쇄이주 현상을 중심으로〉, 《한국인구학》 40-1, 2017, 64~65쪽.

를 요구하는 경제적·정치적·문화적 이해 관심을 추구"하는 이른 바 "이중생활dual lives"을 초국적 네트워크를 통해 영위한다.[32] 이러한 초국적 이주민은 출신국을 정기적으로 방문하거나, 돈을 벌거나 경험을 쌓아 출신국으로 돌아간다는 목표를 계속 지니는 경우가 많다. 그러나 북한 이주민의 경우 귀환 가능성이 거의 차단되다시피 하며, 따라서 이러한 이중생활도 상당히 제한되어 있다는 점에서 일반적 이주와 차이를 지니며, 이는 북한 이주민의 이주 실천에 깊은 영향을 미친다.[33]

나아가 북한 이주민의 초국적 실천은 전 세계에서 가장 삼엄하다고 할 만한 물리적·법률적·제도적 국경을 보유한 냉전체제를 가로지른다는 점에서도 상당히 특수하다. 가령 일반적으로 이주민의 초국적 실천에서 결정적 역할을 하는 정보통신기술과 관련하여, 북한에서 일부 주민이 사용하는 공식적 이동전화는 국내 통신 용도로 제한되므로 북한 이주민의 초국적 가족 실천은 (중국에서 북한으로 밀반입한 휴대전화 및 중국 통신망 등을 이용하는) 비공식적 커뮤니케이션 통로를 활용할 수밖에 없다.[34] 이러한 북

---

32 Portes, Alejandro, "Immigration Theory for a New Century: Some Problems and Opportunities," *International Migration Review* 31-4, 1997, p. 812.
33 권금상, 〈이주과정으로 (재)구성된 탈북여성 가족의 현재성〉, 《통일인문학》 86, 2021, 295쪽. 한편 북한 이주민에게 방문과 영구 귀환이 사실상 불가능하므로 한국과 영국에서의 동화 의지가 크게 강화되었다는 견해도 있다(신혜란, 〈동화-초국적주의 지정학〉, 45쪽).
34 채석진, 〈스마트폰 딸노릇하기: 북한 초국가적 가족 실천과 이동전화〉, 《한국언론학보》 67-3, 2023, 58~59쪽.

한 이주민의 초국적 실천은 북한과 한국 양측의 극히 엄중한 감시를 뚫고 이루어지는 '침투성 초국주의'이며,[35] 이러한 북한 이주민의 초국적 경제활동(북한으로의 송금) 및 정치활동(지역적·지구적 네트워크 형성)은 북한의 국경을 다공적으로 만드는 탈국경화를 야기한다.[36] 나아가 북한 이주민이 북한과 관련하여 수행하는 다양한 담론과 실천으로서 이른바 '고국 정치'는 초국적 네트워크 및 정체성 구성에 활용된다.[37]

따라서 "멀리 있는 사람과도 사회관계를 형성하고 지속할 수 있는 능력"[38]으로서의 네트워크 자본network capital은 북한 이주민의 초국적 실천에 중요한 역할을 한다. 이런 의미의 네트워크 자본 개념은 사회자본을 소규모 지역 공동체의 대면 접촉에 한정하는 기존 접근에 이의를 제기하면서 교통과 통신 등의 모빌리티 기술이 발달한 고도 모빌리티 시대에 적합하도록 확장한 것이다.[39] 모빌리티 기술에 의해 축적되는 네트워크 자본은 비경제적 편익을 차별적으로 생산하므로 고도 모빌리티 시대에 경제자본 축적의 주요 기제이다.[40] 앞서 살펴본 것처럼 북한 이주민의 초국

35 정병호, 〈냉전 정치와 북한 이주민의 침투성 초국가 전략〉, 《현대북한연구》 17-1, 2014, 54~55쪽.
36 Shin, "The Geopolitical Ethnic Networks for De-bordering," pp. 209~210.
37 이수정, 〈영국 거주 북한이주민의 고국 정치〉, 《한국과국제정치》 35-4, 2019, 7쪽.
38 존 어리, 《모빌리티》, 김태한 옮김, 앨피, 2022, 327쪽.
39 윤신희·노시학, 〈새로운 모빌리티스(New Mobilities) 개념에 관한 이론적 고찰〉, 《국토지리학회지》 49-4, 2015, 498~499쪽.
40 백일순·정현주·홍승표, 〈모빌리티스 패러다임으로 본 개성공단－새로운 모빌리티스 시스템으로서 개성공업지 구 통근버스가 만들어 낸 사회-공간〉, 《대한지리학

적 실천이 북한으로의 왕래나 귀환이 어렵고 북한에 남은 가족과의 소통이나 송금 등도 까다로운 침투성 초국주의라면, 서로 대면하거나 인접하지 않은 사람들과도 사회적 관계를 유지하면서 정서적이거나 실제적인 혜택을 주고받는 네트워크 자본은 북한 이주민의 초국적 이주자본에서 중요한 요소이다.

또 북한 이주민의 정체성은 여러 국가를 거치는 이주 과정에서 끊임없이 변화한다. 이러한 정체성 변화는 정체성 '증식'이기도 한데, 북한 이주민은 이렇게 증식된 여러 정체성을 상황에 따라 전환하면서 초국적 실천을 수행한다.[41] 초국적 실천을 통해 "한편으로 영국-한국-북한의 경계가 섞이고 다른 한편으로는 새로운 북한 정체성을 형성"[42]하는 북한 이주민은 이러한 '유연한 시민권'을 통해 새로운 상황에 유동적이고 기회추구적으로 대응할 수 있다.[43]

이러한 정체성 변화 혹은 정체성 증식을 토대로 북한 이주민은 새로운 사회에서 자신의 존재를 증명하려는 끊임없는 인정투쟁을 벌인다.[44] 이러한 관점에서 북한 이주민은 시민권자, 귀순자, 이념적 측면에서의 잠재적 위협, 사회적 소수자 및 경제적 취약자, 통일역군 등의 다양한 정체성을 스스로 구성하거나 부여받으

회지》 55-5, 2020, 537쪽.
41 이희영, 〈(탈)분단과 국제이주의 행위자 네트워크: '여행하는' 탈북 난민들의 삶과 인권에 대한 사례연구〉,《북한연구학회보》 17-1, 2013, 384~385쪽.
42 신혜란, 〈동화-초국적주의 지정학〉, 40쪽.
43 Ong, Aihwa, *Flexible Citizenship: The Cultural Logics of Transnationality*, Duke University Press, 1999, p. 6.
44 이병수, 〈탈북자 가치관의 이중성과 정체성의 분화〉,《통일인문학》 59, 2014, 142쪽.

며, 따라서 기존의 다문화 · 경제이주 · 난민 등의 한 가지 범주로 파악하기 어려운 중층적 측면을 지닌다.[45] 특히 재입북자와 제3국 이주자를 포함하는 이른바 '탈북탈남인'은 분단 체제와 난민 체제를 여러 차례 가로지르는 디아스포라 행위자이다.[46] 따라서 세계화라는 지구적 변화가 초래한 이주의 시대에 관한 일반 이론을 북한 이주민에 적용할 때는 "모두를 포괄하는 이주 이론은 없다"[47]는 통찰에 유념하면서, 북한 이주민의 특수성이 그들의 초국적 이주 실천에 어떠한 영향을 미치는지 섬세하게 고찰해야 한다.

북한 이주민의 이주자본

이제 이 글에서 규정하는 이주자본 개념을 활용하여 북한 이주민의 초국적 이주를 분석하고자 한다. 먼저 열망/능력 모델의 관

---

45 신효숙 · 김창환 · 왕영민, 〈북한주민, 탈북자, 북한이탈주민: 시공간적 경험 공유 집단 분석을 통한 북한이탈주민 속성 재해석〉,《통일인문학》 67, 2016, 74쪽.

46 권금상, 〈남북한 미디어의 탈북인/탈북탈남인 서사: 미디어가 구성하는 분단의 현재성과 윤리〉,《통일인문학》 73, 2018, 91쪽. 한편, '탈남'이라는 용어는 북한 이주민의 정착지가 마땅히 한국이어야 한다는 규범적 전제를 암묵적으로 포함할 위험성이 있지만, 이 글에서는 이러한 전제를 배제하고 단순히 한국을 지리적 · 물리적으로 벗어난다는 기술적記述的 의미만 지닌다. 또한 북한 이주민을 엄밀한 의미에서 디아스포라로 보는 데에는 이론적 난점도 있으나, 북한 이주민에 대한 중층적 접근을 가능하게 한다는 장점도 지니며 이런 면에서 일종의 "특수 디아스포라"로 볼 수 있다는 데 대해서는 다음을 참조하라. 최원오, 〈다문화사회와 탈북이주민: 디아스포라적 관점의 적용을 통한 이해〉,《통일인문학》 54, 2012, 262~266쪽.

47 Portes, "Immigration Theory for a New Century," p. 810.

점, 그리고 이주 열망과 이주 능력의 연관에 주목함으로써 이 모델을 통합하는 이주자본의 관점에서 북한 이주민의 초국적 이주를 살펴볼 것이다.

탈북탈남인으로서 북한 이주민의 열망은 이주 모빌리티의 국면마다 다른 형태로 나타나는데, 기존 연구들에서는 가령 탈북 열망은 생존 등이고, 탈남 열망은 교육이나 복지 등일 수 있음을 강조한다.[48] 그러나 이 글은 탈북/탈남의 열망을 이러한 요인들로 단순화할 수 없다는 점에 유념하고, 나아가 이러한 열망을 고전적인 이주 이론의 배출 요인으로 바라보기보다는, 이러한 이주 열망이 이주 능력과 서로 얽혀 있는 측면에 주목한다. 물론 북한 이주민의 탈북에는 북한 사회와 삶에 대한 불만, 주변인의 권유, 진로 및 진학 등이 직접적 열망으로 작용하지만, 이러한 이주 열망 자체는 이주 능력, 즉 해외 방문 경험, 북한 내 이동 경험, 정보를 통한 상상이동 경험 등에 의해 배양되는 이주 능력의 영향을 받는다. 이러한 이주 열망과 이주 능력이 통합된 것이 탈북 및 한국이나 제3국 입국 등의 이주 실천에 활용되는 이주자본이다.[49] 이것은 열망/능력 모델에서처럼 이주 열망과 이주 능력을 순차적이고 분리된 '단계'들로 보기보다는 상호 영향을 미치는 '요소'

---

48 이수정·이우영, 〈영국 뉴몰든 코리아 타운 내 남한 이주민과 북한난민 간의 관계와 상호인식〉, 148~149쪽.
49 정수열·정연형, 〈국내 북한이탈주민의 모빌리티 역량과 이주 실천〉, 《대한지리학회지》 56-6, 2021, 567쪽.

들로 간주해야 함을 보여 준다.

북한 이주민의 제3국, 특히 영국 뉴몰든으로의 초국적 이주를 다루는 이 글에서는 특히 북한 이주민의 탈남 열망이 관심을 끈다. 일반적으로 초국적 실천이 확대되는 이유로는 세계화, 이주민 차별, 국민강화 프로그램 등을 들 수 있는데,[50] 북한 이주민의 초국적 이주도 이러한 관점에서 고찰할 수 있다. 가령 한국 사회에서의 이주민 차별이나 국민강화 프로그램이 서구로의 이주 열망을 촉발할 수 있다면, 세계화로 인한 이주 체제와 난민 체제 등장 등은 이주 능력에 영향을 줄 수 있다.

한국 사회에서 북한 이주민 대다수는 경제적·정치적·사회적 격차에 시달리며[51] 통합(물질적 적응과 심리적 적응)을 이루기보다는 주변화(물질적 부적응과 심리적 부적응)와 고립(물질적 적응과 심리적 부적응)을 겪는다.[52] 따라서 경제적 고충, 정치 및 안전의 우려, 자녀 교육 문제 등이 탈남 열망을 자극하는 주요 요인으로 나타나는데,[53] 한국 사회의 위계적 시민권 체제에서 주변화되고 고립되는 북한 이주민은 초국적 실천을 생존을 위한 선택지로 고려

---

50 이용균, 〈초국가적 이주 연구의 발전과 한계: 발생학적 이해와 미래 연구 방향〉, 《한국도시지리학회지》 16-1, 2013, 41~42쪽.

51 김현정·박선화, 〈다문화정책 관점에서 본 북한이탈주민 문제〉, 《통일인문학》 66, 2016, 185~188쪽.

52 Yoon, In-Jin, "North Korean Diaspora: North Korean Defectors Abroad and in South Korea," *Development and Society* 30-1, 2001, pp. 14~15.

53 강채연, 〈북한이탈주민들의 '정체성의 이주' 패러다임에 관한 연구〉, 《다문화사회연구》 11-2, 2018, 28쪽.

하는 것이다.[54] 요컨대 서구 국가의 더 나은 노동환경, 생활환경, 사회복지, 노후 보장, 교육 환경에 대한 기대가 탈남하는 북한 이주민의 이주 열망을 구성한다.[55]

이 중에서 특히 자녀 교육 문제와 관련한 이주 열망을 살펴보자. 가령 북한, 중국, 한국이라는 세 지역에서 태어난 여러 자녀를 원거리에서 양육하는 북한 이주민 여성들은 상시적으로 급변하는 상황을 조율하며 어머니 역할을 하는 초국적 이주 실천을 수행하는데, 이때 자녀 교육을 위한 경제자본이나 문화자본의 부족을 실감한다.[56] 북한 이주민 자녀들은 특히 초등학교 등의 교육 공간에서부터 가시적이고 비가시적인 구별과 배제에 시달린다.[57] 북한 이주민의 자녀 교육 문제에 있어 특히 주목할 점은 영어 교육이다. 탈북 이전에는 대부분 영어 습득 기회가 없던 북한 이주민은 영어 능력에 각별한 상징가치를 부여하는 한국 사회에서 문화자본 부족으로 격차를 체감한다. 따라서 한국인으로서 새로운 정체성을 획득하는 전략 중 하나는 영어를 새롭게 습득하는 것이고,[58] 나아가 영어권 국가로의 이주 및 시민권 획득을 통해 영어

---

54 Bell, Markus, "Ties That Bind Us: Transnational Networks of North Koreans on the Move," *Resilience* 2-2, 2014, p. 100.
55 정병호, 〈냉전 정치와 북한 이주민의 침투성 초국가 전략〉, 88쪽.
56 이지연, 〈탈북 여성들의 초국적 이동과 유연한 시민권의 명암: 서구 국가에서 난민 경험을 하고 남한에 재입국한 사례들을 중심으로〉, 《한국여성학》 36-4, 2020, 57~58쪽.
57 김성경, 〈북한이탈주민의 "스카이캐슬" 생존기: 임대주택과 교육자본의 공간사회학〉, 《통일인문학》 90, 2022, 122쪽.
58 Kim, Myonghee, "A North Korean Defector's Journey Through the Identity-

를 비롯한 세계시민적 아비투스를 습득하는 것이다.[59]

이를 종합하면 북한 이주민의 서구로의 이주 요인은 첫째, 초
국주의 요인으로서 초국적 공동체 활동이나 국제 규범의 등장,
둘째, 정치적 구조 요인으로서 서구 국가의 북한 난민 관련 정책
상황, 난민 복지정책, 유출국인 한국의 정책 및 통합 실태, 셋째,
사회적 동학 요인으로서 가족과 공동체, 이주산업, 이주 행위자
요인 등으로 구분할 수 있다.[60] 앞서 서술한 사회 통합 실패 혹은
차별이나 자녀 교육 열망은 이 중에서 사회적 동학 요인, 특히 이
주 행위자 동기에 속한다고 할 수 있다. 이와 관련하여 많은 선행
연구가 서구 국가로 향하는 북한 이주민의 열망에 한국 사회의
차별 경험이 작용하는 데 주목하고 있다.[61]

북한 이주민은 초국적 이주 과정에서 '이주에 의한 자본'을 '이
주를 위한 자본'으로 활용한다는 점에서 이주자본의 두 측면을
잘 드러낸다. 월경越境에 의해 획득한 지식, 기술, 네트워크 등은
초국적이고 초문화적인 이주자본인데, 이러한 이주에 의한 자본
이 서구로의 이주를 위한 자본으로 활용되는 것이다.

이러한 이주자본은 특히 사회자본으로 전환될 수 있는데, 이는

Transformation Process," *Journal of Language, Identity & Education* 15-1, 2016, p. 3.
59   Jung, Kyungja, Bronwen Dalton, and Jacqueline Willis, "The Onward Migration
     of North Korean Refugees to Australia: In Search of Cosmopolitan Habitus,"
     Cosmopolitan Civil Societies: An Interdisciplinary Journal 9-3, 2017, p. 6.
60   노현우·김아영, 〈이주체계이론으로 본 북한 이주민의 서구 국가 이주 요인〉, 9쪽.
61   노현우·김아영, 〈이주체계이론으로 본 북한 이주민의 서구 국가 이주 요인〉, 11쪽.

이주에 의하여 지역적·초국적 네크워크를 형성하고 유지하는 것이다.[62] 이주자본에 기초한 북한 이주민의 초국적 실천은 사회자본에 기반할 뿐 아니라 사회자본의 기반이 되기도 한다. 즉, 북한 이주민은 인터넷, 전화, SNS를 통해 한국과 중국, 심지어 북한에 있는 가족, 친척, 친구들과 네트워크를 유지하면서 여러 방식으로 초국적 이주자본을 축적하며, 이렇게 축적한 이주자본에 의해 다시 네트워크를 확장한다.[63]

북한 이주민의 모빌리티 자본 혹은 모틸리티는 접근, 능숙, 전유의 차원에서 이주자본을 이룬다. 가령 북한과 중국의 접경지역의 친족 및 종족으로 이루어진 사회자본은 가능한 모빌리티 범위(접근)를 형성하고, 이를 인식하고 활용하는 능력(능숙)은 해외 방문이나 국내 이동 경험 등을 통해 획득하며, 탈북을 실천하는 능력(전유)은 이주와 관련된 다양한 열망과 능력으로 구성된다. 이러한 모빌리티 자본은 한국 내 정착 과정이나 제3국으로의 이주에도 영향을 미친다.[64]

북한 이주민의 네트워크도 이주자본을 이루는데, 지역이나 국가를 가로지르고 넘나드는 네트워크는 북한 이주민의 탈북 및 이동을 용이하게 한다. 가령 북한-중국 접경의 친족 네트워크는 한

62   Moret, Joëlle, *European Somalis' Post-Migration Movements: Mobility Capital and the Transnationalisation of Resources*, Springer Nature, 2018, p. 64.
63   정병호, 〈냉전 정치와 북한 이주민의 침투성 초국가 전략〉, 89쪽.
64   정수열·정연형, 〈국내 북한이탈주민의 모빌리티 역량과 이주 실천〉, 581쪽.

국을 비롯하여 제3국에 이르기까지 전 세계의 한인 디아스포라 네트워크로 이어지는데, 북한 이주민이 탈남하는 재이주도 이런 네트워크에 의존한다. 이주자본으로서의 이러한 네트워크는 이주 모빌리티를 용이하게 할 뿐 아니라 이주민의 정착에도 유용하게 작용하며, 이주민이 사는 지역 안에서 자원과 인정을 얻는 데에도 유용하다.[65] 가령 북한 이주민이 뉴몰든을 정착지로 선택하고 순조롭게 정착하는 데에는 이미 뉴몰든에 형성되어 있는 한인 네트워크가 일종의 이주자본으로서 중요한 역할을 했다.[66] 또 이러한 네트워크는 한국 내의 탈북자 공동체와도 연결되는 등 여러 국가의 국경을 넘나드는 초국적 네트워크로서 이주자본을 이룬다.[67] 따라서 북한 이주민의 이주자본을 이루는 뉴몰든의 한인 네트워크는 그 자체가 초국적인 사회적 장으로서 이주민 개개인의 초국적 실천을 위한 매개가 되는 것이다.[68]

이주자본에 의해 이주 모빌리티를 실현할 뿐 아니라 이주 모빌리티에 의해 이주자본을 축적하는 북한 이주민은 이를 토대로 여러 국경을 넘나드는 초국적 실천을 수행한다. 가령 중국에 가족

65 Ryan, Louise, Umut Erel, and Alessio D'Angelo, eds., *Migrant Capital: Networks, Identities and Strategies*, Palgrave Macmillan, 2015, p. 16.
66 뉴몰든의 종족 네트워크에 관해서는 다음을 참조하라. Shin, HaeRan, "The Territoriality of Ethnic Enclaves: Dynamics of Transnational Practices and Geopolitical Relations Within and Beyond a Korean Transnational Enclave in New Malden, London," *Annals of the American Association of Geographers* 108-3, 2018.
67 정병호, 〈냉전 정치와 북한 이주민의 침투성 초국가 전략〉, 85쪽.
68 구본규, 〈다문화주의와 초국적 이주민: 안산 원곡동 이주민 집주지역의 사례〉, 《비교문화연구》 19-2, 2013, 14쪽.

을 두고 한국에 입국한 후 다시 벨기에에서 난민 신청을 한 북한 이주민은 중국의 가족, 한국 시민권, 벨기에 난민 신청자 지위를 동시에 지니는 초국적 지위를 지니는데, 이때 중국 은행 계좌, 한국 여권, 벨기에 난민 신청 지위 등이 초국적 자원으로 이주자본에 포함된다.[69] "끝없는 노력의 산물"로 주어지는 이러한 자본은 "물질적 이익이나 상징적 이익을 확보할 수 있는 지속적이고 유용한 관계들을 생산하고 재생산하기 위해 필요한 것"이다.[70]

초국주의와 상호문화주의

북한 이주민의 초국적 이주는 국경을 가로지르는 물리적 모빌리티 차원뿐 아니라 정착국에서의 실천에서도 새로운 모습으로 나타난다. 여기서는 뉴몰든의 북한 이주민에 초점을 맞추어 북한 이주민의 초국적 이주 실천이 동화주의assimilationism에 도전할 뿐 아니라 상호문화주의interculturalism를 확장한다는 점을 확인하고자 한다.

상호문화주의의 뿌리는 20세기 초 독일의 사회학자 게오르크 짐멜Georg Simmel의 '이방인' 개념까지 거슬러 올라간다. 짐멜에게 '이방인'이란 "오늘 왔다가 내일 가는 방랑자"라기보다 "오늘 오

---

69 이지연, 〈탈북 여성들의 초국적 이동과 유연한 시민권의 명암〉, 45~46쪽.
70 Bourdieu, "The Forms of Capital," p. 249.

고 내일 머무는 사람"이지만, 여기 영구히 정착하는 사람이기보다는 "잠재적 방랑자"이다.[71] 이처럼 언제든지 이동할 수 있는 자유로운 존재로서의 이방인은 문화의 경계를 동요시키고 접촉지대를 생성한다.[72] 따라서 짐멜이 상상하는 이방인은 오늘날 이주의 시대에 초국적 실천을 수행하는 이주민의 형상에서 반영된다. 이방인은 출신국이든 정착국이든 하나의 공간에 머무는 정적인 존재가 아니라, 다수의 공간을 넘나들며 자신을 정체성을 새로이 증식하고 초국적 공간으로서의 접촉지대에서 가치 변동과 문화 횡단을 유발하는 역동적 존재이다. 따라서 이러한 의미의 이방인은 초국적 이주자와 다르지 않고, 이러한 이방인의 초국적 모빌리티는 상호문화적 상호작용을 형성하는 중요한 동인이다.

이방인의 초국적 실천에 주목하는 것은 이주민의 정착 과정을 동화 과정으로 단순화하는 전통적 동화주의에 도전한다. 동화주의는 이주를 이주민이 출신국과의 관계를 종국적으로 포기하고 새로운 정착국의 규칙에 순응하고 녹아들어 가는 과정으로 보았다. 이러한 동화 과정을 규범적으로 받아들이든 기술적記述的으로 받아들이든, 동화주의는 이주를 과거의 정체성, 충성, 사회적 네트워크로부터의 이탈로 간주하고 이주민이 '여기 아니면 저기' 사이에서 선택하는 것이 자연스럽다고 여긴다. 이러한 관점에 따르면

---

71 Simmel, Georg, *Soziologie. Untersuchungen über die Formen der Vergesellschaftung*, Frankfurt am Main: Suhrkamp, 1992, p. 764.
72 김태원, 〈게오르그 짐멜의 이방인 이론과 상호문화〉,《인문사회 21》8-2, 2017, 72쪽.

북한 이주민의 탈남은 북한 이주민의 동화 실패이자 한국 정부의 지원 실패로 간주된다.[73] 그러나 북한 이주민의 초국적 실천에서 이주는 일회적이고 일방적인 모빌리티보다는 지속적이고 쌍방적인 모빌리티로 나타난다. 북한 이주민 중 적어도 일부는 '여기 아니면 저기' 사이에서 선택하는 것이 아니라, '여기 그리고 저기'에서 동시에 살고자 하는 열망과 능력을 발전시키는 것이다.[74]

또 초국주의는 이주민이 일상생활에서 실제로 마주치는 사람이 누구인가라는 물음을 제기함으로써 동화주의의 전제에 이의를 제기한다.[75] 동화주의에서는 주로 이주민과 선주민의 관계에 초점을 맞추고 이주민이 선주민의 문화에 어떻게 적응하고 동화되는가를 결정적 문제로 바라보지만, 뉴몰든의 북한 이주민을 살펴보면 이러한 관계가 반드시 일차적이라고 보기 어렵다. 뉴몰든에 정착한 북한 이주민이 가장 밀접하게 접촉한 것은 영국 선주민보다는 한인 네트워크이기 때문이다. 동화주의에서는 흔히 정착국의 주류와 상호작용하는 것을 동화의 조건으로 삼지만 그런 사회적 관계는 얕은 경우가 많으며, 이주민은 대개 다른 이주민, 특히 출신국이나 출신국과 지정학적 관계가 긴밀한 국가에서 온

---

73 Chun, Kyung Hyo, "Site for Multivocality: Locating Overseas North Korean Defectors,"《통일과 평화》10-2, 2018, p. 363.

74 Moret, *European Somalis'Post-Migration Movements*, p. 7.

75 Wang, Zheng, Fangzhu Zhang, and Fulong Wu, "Intergroup Neighbouring in Urban China: Implications for the Social Integration of Migrants," *Urban Studies* 53-4, 2016, p. 2.

이주민과 더 깊은 관계를 맺곤 한다.[76] 따라서 초국적 이주 실천은 동화주의에서 상정하는 것처럼 정착국 선주민과의 상호작용에서 주로 생기기보다는 다양한 문화들이 접촉하는 상호문화적 환경에서 생긴다고 가정할 수 있다. 이처럼 초국주의는 동화주의가 암묵적으로 가정하는 전제들, 즉 이주 모빌리티를 일회적이고 일방적으로 보는 전제나 이주민과 선주민의 관계를 우선시하는 전제에 이의를 제기함으로써, 이주민의 정착을 단순히 선주민 사회에 대한 적응으로 기술하고 이러한 적응을 규범적으로 요청하는 동화주의를 극복할 통찰을 제공한다.[77]

이러한 초국주의는 상호문화주의와 친화적일 뿐 아니라, 상호문화주의를 비판적으로 확장할 필요성도 제기한다. 상호문화주의는 개인 및 집단이 타자와의 접촉과 상호작용을 통해 자신의 문화를 상대화하고 풍요롭게 한다는 데 주목한다. 그렇지만 상호문화주의가 다양한 문화의 공존과 상호작용에 주목하면서도 이들 간의 권력관계를 누락하지 않으려면 비판적 관점을 견지해야 하는데, 초국주의는 이러한 비판적 상호문화주의를 뒷받침하는 통찰을

---

76 신혜란, 〈동화-초국적주의 지정학〉, 41쪽. 또 독일로 이주한 북한 이주민의 경우 한인 네트워크의 역할에 대해서는 다음을 참조하라. 이희영, 〈국제 인권장치와 비극의 서사〉, 207~208쪽.

77 물론 동화와 초국적 실천을 서로 대립하는 양상으로 볼 수는 없다. 초국적 실천은 이동성과 지역성에 동시에 영향을 미친다. 초국적 실천을 위해서 이주자는 특정 장소에 뿌리를 내려야 하며, 보다 적극적인 이주자는 동화를 강조한다. 이처럼 접촉지대에서의 상호문화적 실천과 적응을 잘할수록 초국적 활동도 왕성하다. 따라서 상호문화적 적응도 하나의 능력이고, 열망이나 네트워크 자본도 하나의 능력이다. 다음을 참조하라. 이용균, 〈초국가적 이주 연구의 발전과 한계〉, 44~49쪽.

제공한다. 초국적 장에서 이주민의 위치는 사회적 위계와 권력에 의해 중층적으로 형성되며,[78] 이러한 초국적인 사회적 위치는 초국적으로 유통하는 경제자본, 사회자본, 문화자본이 전환된 불균등한 이주자본을 통해 형성된다.[79] 가령 출신국들 간의 국제적 권력관계는 이주민 밀집 지역에서 직장 내 위계관계나 사회적 위계관계를 형성한다. 모빌리티 연구에서 가장 유망한 측면이 모빌리티를 권력관계와 불평등 생산에 개입된 사회적 차이의 요소로서 이론화하는 것, 즉 "모빌리티 정치학"이라고 한다면,[80] 이러한 비판적 상호문화주의는 모빌리티 연구에서도 매우 중요한 측면이다.

초국적 이주 실천에서 비판적 상호문화주의를 뒷받침하는 이론적 자원으로서 접촉지대contact zone 개념을 살펴보자. 접촉지대는 "문화들이 대개 고도로 비대칭적인 권력관계라는 맥락에서 서로 만나고 충돌하고 길항하는 사회적 공간"[81]이다. 상호문화적 실천이 권력의 공백 지대에서 중립적이고 이상적으로 일어나기보다는 접촉지대에서 불균등한 권력관계 안에서 일어난다면, 상호문화주의는 이러한 초국적 접촉지대에서 일어나는 상호문화적

78 Saksela-Bergholm, Sanna, Mari Toivanen, and Östen Wahlbeck, "Migrant Capital as a Resource for Migrant Communities," *Social Inclusion* 7-4, 2019, p. 166.
79 Nowicka, Magdalena, "Positioning Strategies of Polish Entrepreneurs in Germany: Transnationalizing Bourdieu's Notion of Capital," *International Sociology* 28-1, 2013, p. 31.
80 Moret, *European Somalis'Post-Migration Movements*, p. 1.
81 Pratt, Mary Louise, "Arts of the Contact Zone," Zamel, Vivian, and Ruth Spack, eds. *Negotiating Academic Literacies: Teaching and Learning Across Languages and Cultures*. Routledge, 2012, p. 34.

실천을 비판적으로 포착해야 하고, 이를 위해 "극도로 비대칭적인 지배와 종속의 관계나 언어적 차이에 기반하는 새로운 의미 생산과 불평등한 정치경제적 관계의 생산 및 재생산, 그리고 지배 세력이 창출한 의미의 변용을 통한 저항의 가능성 등"[82]에 주목해야 한다. 그러므로 뉴몰든은 단지 영국의 선주민 문화와의 공존 및 접촉뿐 아니라 다양한 이방 문화들의 공존 및 접촉이 역동적이고 유동적으로 이루어지는 접촉지대로 상정되어야 한다. 접촉지대는 권력관계의 공백 지대가 아니라 비대칭적 권력관계로 규정되는데, 따라서 뉴몰든의 북한 이주민은 때로는 이러한 접촉지대에서 한국인이 자신에게 가하는 '타자화'를 경험하면서 한인 사회보다 영국의 다문화사회에 소속감을 더 느끼기도 한다.[83]

접촉지대로서의 뉴몰든은 넓은 의미로 보아서 "오늘날 유럽과 북아메리카의 모든 도시"에서 발견되는 "지구의 다양한 지역, 특히 구식민지 지역들로부터 이동한 디아스포라적 공동체들"[84] 중 하나로 간주할 수 있다. 접촉지대로서의 뉴몰든에서 북한 이주민의 초국적 이주 실천을 비판적 상호문화주의 관점에서 고찰할 때 다음과 같은 특징에 주목해야 한다. 한국에서는 한국인이 주류이자 다수이므로 북한 이주민은 비주류이자 소수로서 새로운 사회에 일

82 박지훈, 〈매리 루이스 프랫과 접경 혹은 접촉지대 연구 – 비판적 평가와 대안적 전망〉, 《역사비평》 136, 2021, 175쪽.

83 Watson, Iain, "The Korean Diaspora and Belonging in the UK: Identity Tensions Between North and South Koreans," *Social Identities* 21-6, 2015, pp. 555~556.

84 메리 루이스 프랫, 《제국의 시선》, 김남혁 옮김, 현실문화, 2015, 13~15쪽, 536쪽 이하.

방적으로 동화해야 하는 존재이다.[85] 따라서 한국에서 북한 이주민이 한국인과 만나는 접촉지대는 "이질적·적대적 문화와 주체의 불평등한 교차 공간"[86]으로 나타난다. 이에 비해 뉴몰든이라는 접촉지대에서는 한국인도 북한 이주민과 마찬가지로 사회적 소수자이다.[87] 따라서 한국 사회와 달리 서구의 다문화사회에서 한국인이나 북한인 모두 소수자로서 똑같은 대우를 받는다는 것은 북한 이주민의 탈남 이주 열망을 유발하는 중요한 요인이다.[88]

이 글은 북한 이주민에 대한 기존 연구들을 참고하여, 열망/능력 모델을 통합적으로 보완하는 이주자본 개념을 활용하여 특히 뉴몰든 지역 북한 이주민의 초국적 이주 실천을 고찰하였다. 나아가 이러한 초국적 관점이 동화주의에 도전하고 접촉지대에서 일어나는 이방문화들의 상호문화적 실천을 비판적으로 확장한다고 주장했다.

이 글은 뉴몰든 지역에서의 현지 조사나 북한 이주민 인터뷰

---

85 전영선, 〈북한이탈주민과 한국인의 집단적 경계 만들기 또는 은밀한 적대감〉, 《통일인문학》 58, 2014, 101쪽.
86 이수정, 〈접촉지대와 경계의 (재)구성: 임대아파트 단지 남북한 출신 주민들의 갈등과 협상〉, 《현대북한연구》 17-2, 2014, 103쪽.
87 이수정·이우영, 〈영국 뉴몰든 코리아 타운 내 남한 이주민과 북한난민 간의 관계와 상호인식〉, 156쪽. 특히 런던과 같은 "초다양성의 도시"에서 일어나는 이러한 일종의 "하향 평준화"는 이주민들 사이의 동질감과 평온함을 안겨 준다(김현미, 〈중국 조선족의 영국 이주 경험: 한인 타운 거주자의 사례를 중심으로〉, 《한국문화인류학》 41-2, 2008, 69~72쪽).
88 Kang, Jin Woong, "North Koreans in South Korea and Beyond: Transnational Migration and Contested Nationhood," *Migration Letters* 17-2, 2020, p. 334.

등의 경험적 방법을 사용하는 민족지적 연구가 아니라, 선행 연구들을 토대로 초국주의, 이주자본, 상호문화주의 등의 개념을 북한 이주민의 초국적 이주에 적용하는 이론적 연구이다. 그러나 이 글은 그러한 선행 연구들의 리뷰를 목적으로 하는 것이 아니기 때문에 그러한 연구들을 면밀하게 비교 분석하기보다는 이 글의 맥락에 적합하게 참조하고 재구성하였다. 한편 뉴몰든 지역 한인촌에 관한 연구들은 다수 발표되었으나 이 지역의 북한 이주민에 관한 연구는 비교적 소수이고 이를 초국주의의 관점으로 이주자본이나 상호문화주의 등의 개념으로 연구한 이론적 연구는 아직 존재하지 않는다는 점에서 이 글의 의의를 찾을 수 있다.

　이러한 논의를 통해 이 글은 특히 이주 열망과 이주 능력의 긴밀한 관계를 지적하고 이를 이주자본이라는 개념으로 통합하였으며, 이주자본 개념을 둘러싼 이론적 혼란을 제거하기 위하여 이주자본의 두 측면, 즉 '이주를 위한 자본'과 '이주에 의한 자본'을 구별할 것을 제안했다. 나아가 초국주의를 실천하는 장으로서 접촉지대 개념을 차용하여 초국주의가 상호문화주의에서 지니는 비판적 함의를 분석하였다. 또한 이러한 이론적 논의를 북한 이주민에 적용했을 때 북한 이주민의 이주 열망과 이주 능력을 통합적으로 이해하고 북한 이주민의 이주자본을 좀 더 명료하게 이해할 수 있으며, 특히 뉴몰든이라는 접촉지대에서 북한 이주민의 초국적 실천을 비판적 상호문화주의의 관점에서 이해할 수 있다고 제안했다. 그러나 이 글에서 제시하는 어젠다가 얼마나 독창적이고 생산적인지는 향후 지속적인 경험적·이론적 연구를 통해 검증해 나가야 할 것이다. 그뿐 아니라 이주자본이나 상호문화주의 등에 관한 이론적이고 개념적인 분석에 치중한 이 글의 접근이 북한 이주민의 이주자본과 뉴몰든 지역에서의 상호문화주의 실천을 철저히 규명하기 위해서는 더욱 심층적이고 광범위한 후속 연구가 필요할 것이다.

그러나 우리는 초국주의가 열어 주는 새로운 관점을 인정하면서도 이러한 관점이 낳을 수 있는 문제들에도 유념해야 한다. 가령 지역성을 소홀히 하는 문제, 초국가적 실천을 하는 사람이 소수라는 문제, 글로벌 자본주의를 무시하는 문제 등의 인식론적 문제와 '방법론적 국가주의methodological nationalism'와 같은 방법론적 문제가 있을 수 있으며,[89] 나아가 초국적 현상의 다양성과 민족국가의 관계, 초국적 이주민의 이질성, 초국주의의 국가적 전유 등을 간과하는 문제도 있을 수 있다.[90]

이 글은 여기에 덧붙여 초국적 이주자가 곧 자유롭고 특권적인 주체라고 상상해서는 안 된다는 점을 강조하고자 한다. 가령 북한 이주민이 초국적 모빌리티에 의해 이주자본을 축적하고 초국적 모빌리티를 위해 이주자본을 활용한다고 해서 이러한 이주자본이 경제자본, 문화자본, 사회자본으로 전환되는 것을 보장하는

---

89 이용균, 〈초국가적 이주 연구의 발전과 한계〉, 47쪽.
90 박경환, 〈초국가주의 뿌리 내리기: 초국가주의 논의의 세 가지 위험〉, 《한국도시지리학회지》 10-1, 2007, 77쪽.

것은 아니며, 따라서 반드시 사회적 모빌리티를 통해 사회적 지위가 상승하거나 삶이 안정되는 것도 아니다. '유연한 시민권'은 다른 관점에서 보면 '불안정한 시민권'일 수도 있기 때문이다. 가령 탈남하여 서구로 이주한 북한 이주민의 초국적 실천은 그저 "시민권 쇼핑" 등으로 낙인찍힐 수도 있다.[91] 특히 북한 이주민 여성의 취약한 경제적 조건과 불안정한 사회적 관계는 초국적 모빌리티로 인하여 오히려 개인화될 수도 있는데, 이런 경우 초국적 이주는 생존을 위해 강요되는 이주가 국경을 넘어 확장되는 것에 불과할 것이다.[92] 이런 관점에서는 초국적 이주는 소위 세계시민이 되는 환상을 벗어나서, 난민과 이주민, 시민으로의 위치를 넘나드는 글로벌 서발턴으로서 지구적 자본주의와 국제 인권 체제에 문제를 제기한다.[93] 따라서 초국주의가 제공하는 새로운 관점에도 불구하고 초국적 이주자를 자유로운 모빌리티를 구가하는 능동적 주체로 낭만화해서는 안 될 것이다.

---

91 Chun, "Site for Multivocality," p. 384.
92 이지연, 〈탈북 여성들의 초국적 이동과 유연한 시민권의 명암〉, 46쪽. 일반적인 이주의 여성화feminization of migration 현상과 맥을 같이하여 북한 이주민도 여성화 현상이 나타난다. 이러한 북한 이주민 여성의 이주는 다양한 가족을 (재)구성하며 여기에서 "한국 사회의 혈연 중심 정상가족 신화가 재생산하는 가부장 질서"(권금상, 〈이주과정으로 (재)구성된 탈북여성 가족의 현재성〉, 318쪽)는 이들을 취약한 존재로 만드는데, 이러한 한국 사회의 문제 역시 탈남의 동기 중 하나를 이룰 것이다. 다만 뉴몰든의 북한 이주민 커뮤니티는 여성보다는 남성/가장 주도의 가족 이주 형태가 지배적이라는 점에서 특수성을 보이는데, 이는 이상화된 헤게모니적 남성성을 따르려는 열망에 연원한다(이수정, 〈'탈북자'에서 '사회적 가장'으로: '젠더화된 초국적 이주'의 관점에서 살펴 본 영국 거주 북한이주남성들의 이주 경험과 사회 활동의 의미〉, 《현대사회와다문화》 10-2, 2020, 177쪽, 185쪽).
93 이지연, 〈탈북 여성들의 초국적 이동과 유연한 시민권의 명암〉, 63쪽.

참고문헌

메리 루이스 프랫, 《제국의 시선》, 김남혁 옮김, 현실문화, 2015.
스티븐 카슬·마크 J. 밀러, 《이주의 시대》, 한국이민학회 옮김, 일조각, 2013.
존 어리, 《모빌리티》, 김태한 옮김, 앨피, 2022.

강채연, 〈북한이탈주민들의 '정체성의 이주' 패러다임에 관한 연구〉, 《다문화사
　　회연구》 11-2, 2018,
구본규, 〈다문화주의와 초국적 이주민: 안산 원곡동 이주민 집주지역의 사례〉,
　　《비교문화연구》 19-2, 2013.
권금상, 〈남북한 미디어의 탈북인/탈북탈남인 서사: 미디어가 구성하는 분단의
　　현재성과 윤리〉, 《통일인문학》 73, 2018.
＿＿＿, 〈이주과정으로 (재)구성된 탈북여성 가족의 현재성〉, 《통일인문학》 86,
　　2021.
김성경, 〈북한이탈주민의 "스카이캐슬" 생존기: 임대주택과 교육자본의 공간사
　　회학〉, 《통일인문학》 90, 2022.
김지윤, 〈모빌리티 턴과 이주의 윤리학〉, 《담론201》 26-2, 2023.
김태원, 〈게오르그 짐멜의 이방인 이론과 상호문화〉, 《인문사회 21》 8-2, 2017.
김현미, 〈중국 조선족의 영국 이주 경험: 한인 타운 거주자의 사례를 중심으로〉,
　　《한국문화인류학》 41-2, 2008.
김현정·박선화, 〈다문화정책 관점에서 본 북한이탈주민 문제〉, 《통일인문학》
　　66, 2016.
노현우·김아영, 〈이주체계이론으로 본 북한 이주민의 서구 국가 이주 요인〉,
　　《통일정책연구》 31-2, 2022.
박경환, 〈초국가주의 뿌리 내리기: 초국가주의 논의의 세 가지 위험〉, 《한국도시
　　지리학회지》 10-1, 2007.
박배균, 〈초국가적 이주와 정착을 바라보는 공간적 관점에 대한 연구: 장소, 영
　　역, 네트워크, 스케일의 4가지 공간적 차원을 중심으로〉, 《한국지역지리학
　　회지》 15-5, 2009.
박지훈, 〈메리 루이스 프랫과 접경 혹은 접촉지대 연구 – 비판적 평가와 대안적

전망〉,《역사비평》136, 역사문제연구소, 2021.

백일순·정현주·홍승표,〈모빌리티스 패러다임으로 본 개성공단−새로운 모빌리티스 시스템으로서 개성공업지구 통근버스가 만들어 낸 사회−공간〉,《대한지리학회지》55-5, 2020.

손명아·김석호,〈북한이탈주민의 가족이주에 관한 연구: 연쇄이주 현상을 중심으로〉,《한국인구학》40-1, 2017.

송영훈,〈해외체류 탈북자와 북한인권 개념의 복합구조: 국민, 난민, 이주민〉,《다문화사회연구》9-2, 2016.

신혜란,〈동화-초국적주의 지정학: 런던 한인타운 내 한국인과의 교류 속 탈북민의 일상과 담론에서 나타난 재영토화〉,《대한지리학회지》53-1, 2018.

신효숙·김창환·왕영민,〈북한주민, 탈북자, 북한이탈주민: 시공간적 경험 공유 집단 분석을 통한 북한이탈주민 속성 재해석〉,《통일인문학》67, 2016.

오원환,〈탈북 청년의 정체성 연구: 탈북에서 탈남까지〉, 고려대학교 대학원 박사학위논문, 2011.

윤신희·노시학,〈새로운 모빌리티스(New Mobilities) 개념에 관한 이론적 고찰〉,《국토지리학회지》49-4, 2015.

_____,〈모빌리티스(Mobilities) 개념의 주요 구성요소 및 측정변수 분석〉,《국토지리학회지》50-4, 2016.

이병수,〈탈북자 가치관의 이중성과 정체성의 분화〉,《통일인문학》59, 2014.

이수정,〈접촉지대와 경계의 (재)구성: 임대아파트 단지 남북한 출신 주민들의 갈등과 협상〉,《현대북한연구》17-2, 2014.

_____,〈재영 북한 이주민의 영국 난민정책 경험과 그 함의〉,《통일연구》23-2, 2019.

_____,〈영국 거주 북한이주민의 고국 정치〉,《한국과국제정치》35-4, 경남대학교 극동문제연구소, 2019.

_____,〈영국 거주 북한이주민의 '안녕감'에 대한 관계적 이해〉,《현대북한연구》22-2, 2019.

_____,〈'탈북자'에서 '사회적 가장'으로: '젠더화된 초국적 이주'의 관점에서 살펴 본 영국 거주 북한이주남성들의 이주 경험과 사회 활동의 의미〉,《현대사회와다문화》10-2, 2020.

이수정·이우영,〈영국 뉴몰든 코리아 타운 내 남한 이주민과 북한난민 간의 관계와 상호인식〉,《북한연구학회보》 18-1호, 2014.

이용균, 〈초국가적 이주 연구의 발전과 한계: 발생학적 이해와 미래 연구 방향〉, 《한국도시지리학회지》 16-1, 2013.

이지연, 〈탈북 여성들의 초국적 이동과 유연한 시민권의 명암: 서구 국가에서 난민 경험을 하고 남한에 재입국한 사례들을 중심으로〉,《한국여성학》 36-4, 2020.

이화숙·원순옥, 〈'북한에서 온 집단'에 대한 '명칭' 분석 – 행위와 정체성 의미를 중심으로〉,《현대사회와 다문화》 6-2, 2016.

이희영, 〈(탈)분단과 국제이주의 행위자 네트워크: '여행하는' 탈북 난민들의 삶과 인권에 대한 사례연구〉,《북한연구학회보》 17-1, 2013.

_____, 〈국제 인권장치와 비극의 서사: 탈북 난민의 독일 이주에 대한 사례연구〉, 《경제와사회》 109, 2016.

전영선, 〈북한이탈주민과 한국인의 집단적 경계 만들기 또는 은밀한 적대감〉, 《통일인문학》 58, 2014.

정수열·정연형, 〈국내 북한이탈주민의 모빌리티 역량과 이주 실천〉,《대한지리학회지》 56-6, 2021.

정병호, 〈냉전 정치와 북한 이주민의 침투성 초국가 전략〉,《현대북한연구》 17-1, 2014.

진미정·김상하, 〈북한이탈주민의 가족이주 특성과 유형〉,《대한가정학회지》 56-3, 대한가정학회, 2018.

채석진, 〈스마트폰 딸노릇하기: 북한 초국가적 가족 실천과 이동전화〉,《한국언론학보》 67-3, 2023

최서희·백일순, 〈외국인 이주자의 모빌리티 자본과 네트워크 자본의 특성 – 한국 내 베트남 이주자를 사례로〉,《대한지리학회지》 58-3, 2023.

한희원, 〈새로운 환경에 따른 북한인권법의 제정과 탈북자의 난민성에 대한 고찰〉,《법학연구》 50, 2013.

Basch, Linda, Nina Glick Schiller, and Cristina Szanton Blanc, *Nations Unbound: Transnational Projects, Postcolonial Predicaments, and Deterritorialized Nation-States*, London and New York: Routledge, 1994.

Moret, Joëlle, *European Somalis' Post-Migration Movements: Mobility Capital and the Transnationalisation of Resources*, Springer Nature, 2018.

Ong, Aihwa, *Flexible Citizenship: The Cultural Logics of Transnationality*, Duke University Press, 1999.

Ryan, Louise, Umut Erel, and Alessio D'Angelo, eds., *Migrant Capital: Networks, Identities and Strategies*, Palgrave Macmillan, 2015.

Simmel, Georg, *Soziologie. Untersuchungen über die Formen der Vergesellschaftung*, Frankfurt am Main: Suhrkamp, 1992.

Appadurai, Arjun, "The Capacity to Aspire: Culture and the Terms of Recognition", V. Rao and M. Walton, eds., *Culture and Public Action*, Stanford University Press, 2004.

Beck, Ulrich, "Beyond Class and Nation: Reframing Social Inequalities in a Globalizing World," *The British Journal of Sociology* 58-4, 2007.

Bell, Markus, "Ties That Bind Us: Transnational Networks of North Koreans on the Move," *Resilience* 2-2, 2014.

Bernard, Aude, and Francisco Perales, "The Intergenerational Transmission of Migration Capital: The Role of Family Migration History and Lived Migration Experiences," *Demographic Research* 50, 2024.

Bourdieu, Pierre, "The Forms of Capital," J. Richardson, ed., *Handbook of Theory and Research for the Sociology of Education.*, New York: Greenwood, 1986.

Carling, Jørgen, and Kerilyn Schewel, "Revisiting Aspiration and Ability in International Migration," *Journal of Ethnic and Migration Studies* 44-6, 2018.

Chun, Kyung Hyo, "Site for Multivocality: Locating Overseas North Korean Defectors," 《통일과 평화》 10-2, 서울대학교 통일평화연구원, 2018.

De Jong, Petra W., and Helga AG De Valk, "Emigration of the Western European Second Generation: Is Having Immigrant Parents a Predictor of International Migration?," *Journal of Ethnic and Migration Studies* 49-17, 2023.

Jung, Kyungja, Bronwen Dalton, and Jacqueline Willis, "The Onward Migration of North Korean Refugees to Australia: In Search of Cosmopolitan Habitus,"

Cosmopolitan Civil Societies: An Interdisciplinary Journal 9-3, 2017.

Kang, Jin Woong, "North Koreans in South Korea and Beyond: Transnational Migration and Contested Nationhood," *Migration Letters* 17-2, 2020.

Kaufmann, Vincent, Manfred Max Bergman, and Dominique Joye, "Motility: Mobility as Capital," *International Journal of Urban and Regional Research* 28-4, 2004.

Kim, Jaeeun, "Migration-facilitating Capital: A Bourdieusian Theory of International Migration," *Sociological Theory* 36-3, 2018.

Kim, Myonghee, "A North Korean Defector's Journey Through the Identity-Transformation Process," *Journal of Language, Identity & Education* 15-1, 2016.

Kim, Soo-am, "Status of North Korean Defectors and Policies of Countries Concerned with Them," *Journal of Peace and Unification* 1-2, 2011.

Moret, Joëlle, "Mobility Capital: Somali Migrants' Trajectories of (Im) Mobilities and the Negotiation of Social Inequalities Across Borders," *Geoforum* 116, 2020.

Murphy-Lejeune, Elizabeth, *Student Mobility and Narrative in Europe: The New Strangers*, London: Routledge, 2002.

Nowicka, Magdalena, "Positioning Strategies of Polish Entrepreneurs in Germany: Transnationalizing Bourdieu's Notion of Capital," *International Sociology* 28-1, 2013.

Park, Kyonhwan, "Grounding Transnationalism's': Three Pitfalls in Transnationlism Scholarship," *Journal of Korean Urban Geographical Society* 10-1, 2007

Portes, Alejandro, "Immigration Theory for a New Century: Some Problems and Opportunities," *International Migration Review* 31-4, 1997.

Pratt, Mary Louise, "Arts of the Contact Zone," Zamel, Vivian, and Ruth Spack, eds. *Negotiating Academic Literacies: Teaching and Learning Across Languages and Cultures*. Routledge, 2012.

Saksela-Bergholm, Sanna, Mari Toivanen, and Östen Wahlbeck, "Migrant Capital as a Resource for Migrant Communities," *Social Inclusion* 7-4, 2019.

Shin, HaeRan, "The Territoriality of Ethnic Enclaves: Dynamics of Transnational Practices and Geopolitical Relations Within and Beyond a Korean Transnational Enclave in New Malden, London," *Annals of the American Association of Geographers* 108-3, 2018.

_____, "The Geopolitical Ethnic Networks for De-bordering: North Korean Defectors in Los Angeles and London," *Asian Journal of Peacebuilding* 9-2, 2021.

Song, Jay Jiyoung, and Markus Bell, "North Korean Secondary Asylum in the UK," *Migration Studies* 7-2, 2019.

Wang, Zheng, Fangzhu Zhang, and Fulong Wu, "Intergroup Neighbouring in Urban China: Implications for the Social Integration of Migrants," *Urban Studies* 53-4, 2016.

Watson, Iain, "The Korean Diaspora and Belonging in the UK: Identity Tensions Between North and South Koreans," *Social Identities* 21-6, 2015.

Yoon, In-Jin, "North Korean Diaspora: North Korean Defectors Abroad and in South Korea," *Development and Society* 30-1, 2001.

자이니치 모빌리티 서사와 공동체의 윤리

:《파친코》를 중심으로

양명심 · 신인섭

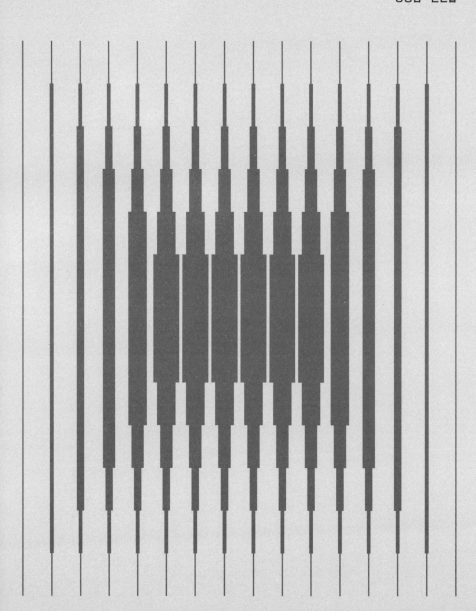

이 글은 《日本文化學報》 제99집(2023.02)에 게재된 원고를 수정 및 보완하여 재수록한 것이다.

다문화 소설《파친코》와 자이니치

　교통과 통신기술의 발달, 정보화, 세계화로의 진입은 인간의 이동 성격과 규모를 놀랄 만큼 확장시켰다. 그 결과 지역과 국가 간 교류가 활발해지면서 이주민의 증가 속도 또한 빨라졌다. 이제 한국 사회에서 '다문화', '다문화사회'라는 말은 친숙한 일상 용어이자 중요한 개념어가 되었다. 그러나 이주민에 대한 차별과 배제, 동화의 단계에서 공존의 단계로 나아가야 할 과제를 안고 있는 한국 다문화사회는 여전히 이주민에 대한 차별적인 시선과 편견을 두고 내적인 갈등을 경험하고 있다. 또한 한국 사회는 다문화 현상을 일상으로 받아들이는 과정에서 다문화사회에 필요한 다문화 정책과 제도, 교육, 철학 등 각 학문 영역별로 다양한 연구를 시도하고 있으며, 현재도 진행 중이다.[1] 소설과 시, 동화와 같은 장르를 포함하는 다문화 문학의 영역에서도 작품 분석에서부터 이를 교육적으로 활용하기 위한 방법까지 다문화 문학 관련 연구가 활발히 이루어지고 있다.

　일반적으로 다문화 소설은 한국으로 이주해 온 다양한 인종의 인물들이 한국 사회에서 살아가는 모습을 서술한 소설로 정의할

---

[1] 차성연·윤송아의 연구 논문에 따르면 '다문화'를 키워드로 했을 때 4,811건의 학위 논문과 8,336건의 국내 학술지 게재 논문이 검색된다(2015. 03. 22. 기준, 학술연구 정보서비스 www.riss.kr). 차성연·윤송아,〈다문화 텍스트의 교양 교육에의 활용 방안〉《한국문학논총》70, 한국문학회, 2015, 389쪽 참조.

수 있다. 다문화 소설의 주인공들은 대부분 이주노동자, 결혼이주 여성 등 사회의 소수자들로 구성되어 있으며, 그들이 한국 사회에서 경험하는 차별, 무시, 폭력, 노동 착취, 신체 유린 등과 같은 문제들을 재현하고 있다.[2] 이 글에서 다루고자 하는 소설《파친코》는 재미교포 작가가 쓴 자이니치[3] 이야기를 배경으로 하고 있지만, 작품의 내용과 주제 면에서 넓은 의미의 '다문화 소설' 범주[4]에 들어간다고 볼 수 있다.

《파친코》는 지금까지 자이니치 서사에서 드러났던 자이니치의 존재가 갖는 역사적 특수성, 민족과 국가라는 이데올로기 중심의 서사가 아닌, 자이니치 가족과 한 개인이 '이주'를 시작으로 겪게 되는 시련과 좌절, 치열한 삶의 극복 과정을 그리고 있다는 점에서 전통적 자이니치 서사와도 구분된다.[5]

---

2 http://home.konkuk.ac.kr/cms/Site/jsp/diaspora/dictionary/login/login.jsp (검색일: 2023. 01. 25.)
3 재일, 자이니치라는 말은 '일본에 있는 외국인'을 가리키는 용어지만 일본에서는 조선인을 차별적으로 부르는 호칭으로 사용되었다. 김웅교가 그의 저서에서 "디아스포라 문학이 지닌 방외인 의식, 경계인의 의식을 드러내는 말로 '재일'보다 '자이니치'가 더욱 치열한 상황을 드러내는 표현"일 수 있다고 설명하였듯이(김웅교,《일본의 이단아》, 소명출판, 2020, 14~15쪽 참조.) 이 글에서는 일본 사회에서 재일조선인이 처한 입장을 더 사실적인 맥락에서 표현하고 있는 '자이니치'라는 용어를 사용하기로 한다.
4 김주영은 연구 논문에서 자이니치 문학에 "다문화 공존 방식이 치열하게 전개"되어 있으며, 이러한 확장된 연구 방법은 자이니치 문학의 존재 방식을 더욱 풍요롭게 할 것이라고 논한 바 있다. 김주영, 〈다문화 문학 교육교재로서의 재일 문학 텍스트 읽기〉,《日本語文學》72, 한국일본어문학회, 2017, 295~296쪽 참조.
5 이승진은 선행 연구에서 재미교포가 쓴 자이니치 서사의 '다름'이 자이니치 문학의 범주에 수렴되지 않고, 경계를 넘나듦으로써 가능했다는 데 주목한 바 있다. 이승진, 〈경계를 넘나드는 재일서사 이민진의《파친코(PACHINKO)》론〉,《日本文化學報》

특히, 한국에서 출간된 다문화 소설이 이주민들의 출신 국가나 정체성 문제, 그들의 이주 유형 등에 따라 다양한 형태로 서사화되어 왔듯이 이 텍스트가 자이니치의 이야기이면서 이주민을 포함하여 여러 층위의 소수자의 삶을 폭넓게 담아내고 있다는 점에 이 글은 주목하고자 한다. 자이니치 서사는 "일본에서 차별적 존재로 묶이는 이민자 집단"의 감성을 대표적으로 표현한 문학[6]이며, 이것은 지금 한국 사회가 경험하고 있는 다문화 현상과도 무관하지 않기 때문이다.

2017년 미국에서 출간된 소설 《파친코》는 일제강점기부터 시작하여 태평양전쟁으로 이어지는 전쟁의 여파 속에서 일본으로 이주한 자이니치 4대에 걸친 가족의 서사를 그리고 있다. 2018년 한국에서도 번역본이 출간[7]되면서 화제가 되었으며, 《뉴욕타임스》, 《USA투데이》, BBC 등에서 '올해의 책'으로 선정되었고, 애플 TV에서 8부작 드라마로도 제작되어 글로벌 한류 콘텐츠로도 큰 주목을 받았다.

조선인들은 "과거 한 세기 동안 식민지 지배, 제2차 세계대전과 한국전쟁, 군사정권에 의한 정치적 억압 등을 경험"하였고, 상당

95, 한국일본문화학회, 2022, 236~237쪽 참조.

6 김주영, 〈다문화문학 교육교재로서의 재일문학 텍스트 읽기〉, 281쪽.

7 소설《파친코》는 2018년 문학사상사에서 처음 한국어 번역본이 출간되었고, 2022년에 출판사를 바꿔 인플루엔셜에서 개정판이 발간되었다. 이 글에서의 본문 인용은 2018년 문학사상사에서 번역 출간된 책에 따른다.

수의 사람들이 한반도로부터 세계 각지로 이동하였다.[8] "역사가 우리를 망쳐 놨지만 그래도 상관없다"[9]는《파친코》의 첫 문장에서 알 수 있듯이 자이니치의 이주 역사는 다른 재외 한인의 상황과 같으면서도 다른[10] 특수성이 있고, 역사적으로 더욱 복잡하게 구성되어 있다.

《파친코》에 대한 연구는 2018년 국내에서 번역본이 출간되면서 국문학, 영문학계를 중심으로 최근 2, 3년 사이에 집중적으로 이루어졌다. 주제는 크게는 디아스포라·경계인·이방인·주변인으로서 자이니치의 삶을 실존적인 생존의 문제와 연결하여 분석한 연구가[11] 다수 진행되었고, 이어 주인공 '선자'의 삶에 주목하여 페미니즘, 젠더론적인 관점으로 접근한 논문들과 자이니치 디아스포라의 장소성, 장소 담론과 관련하여 작품 분석을 시도한 연구[12]가 진행되었다. 그 밖에 연구 방법에 있어 소설과 드라마의

---

8 서경식,《디아스포라 기행》, 김혜신 옮김, 돌베개, 2010, 14쪽.
9 이민진,《파친코》, 이미정 옮김, 문학사상, 2018, 11쪽. (이후 텍스트 인용은 권수와 쪽수만 표기함)
10 권혁태, 〈재일조선인이 던지는 질문〉,《황해문화》 57, 2007, 4쪽.
11 이승연, 〈생존을 위한 도박:《파친코》를 통해 보는 자이니치의 삶《파친코》〉,《아시아여성연구》 58-3, 2019; 손영희, 〈디아스포라 문학의 경계 넘기: 이민진의《파친코》에 나타난 경계인의 실존양상〉,《영어영문학》 25-3, 2020; 오태영, 〈경계 위의 존재들 – 이민진의《파친코》를 통해 본 재일조선인의 존재 방식〉,《현대소설연구》 82, 2021; 나보령, 〈모범 소수자를 넘어 이민진의《파친코》를 통해 본 이주민 소수자 서사의 도전과 과제〉,《人文論叢》 79-1, 2022; 장영우, 〈在日, 영원한 이방인 – 이민진《파친코》론〉,《일본학》 56, 2022; 이승진, 〈경계를 넘나드는 재일서사 이민진의《파친코》론〉,《日本文化學報》 95, 2022; 김미영, 〈민진 리의《파친코》에 나타난 이민자 문학적 특징〉,《한국문화》 97, 2022 외.
12 임진희, 〈민진 리의《파친코》에 나타난 재일한인의 장소담론〉,《예술인문사회융합

비교 연구, 기독교와 미국 표상을 다룬 논문 등 미시적인 관점에서 연구 방법과 내용이 점차 세분화되고 있다.[13]

이 글은 경계에 있는 소수자, 이방인, 이주민의 정체성 문제 측면에서 논의되어 온 선행 연구가 보여 준 문제의식과 연구 결과를 참조하여, '다문화 소설'의 틀 속에서 조선인의 이동하는 삶과 조선인의 경제 기반 시설로서 파친코 산업이 맺는 관계, 생존을 위한 자이니치 공동체의 윤리 문제를 중심으로 고찰해 보고자 한다. 이 소설은 일본에서 소수자로 살아가는 이주민을 소재로 하고 있으며, 결혼과 함께 일본 오사카로 이주한 결혼이주 여성 '선자'의 이주노동자로서의 삶, 그리고 이주민 2세 노아와 3세에 해당하는 솔로몬의 정체성에 대한 서사를 비롯하여 일본에서 다문화가정을 이루고 살아가는 자이니치 가족공동체의 서사를 그리고 있다.

여기서는 먼저 자이니치 가족이 '장소'를 경험하는 다양한 방식을 고찰해 보고, 무엇이 그들을 정주하지 못하고 또 다른 대안적 장소를 찾아 이동하게 했는지 살펴볼 것이다. 이를 통해 장소 경험과 장소정체성의 문제를 파친코 산업과의 관계를 통해 분석하고, 《파친코》 서사 속 자이니치 가족공동체의 이동하는 삶 속

멀티미디어논문지》 9-8, 2019; 이경재, 〈이민진의 「파친코」에 대한 젠더지리학적 고찰〉, 《춘원연구학보》 22, 2021; 전현주, 〈《파친코》의 '장소성' 서사 연구: 사람·장소·환대의 개념을 중심으로〉, 《人文科學》 124, 2022 외.

13 김영삼, 〈나비 허리에 새파란 초생달이 시리다 – 이민진의 《파친코》와 애플TV 드라마 《Pachinko》 겹쳐 보기〉, 《푸른사상》 41, 2022; 김웅교, 〈이민진 《파친코》와 드라마 《파친코》의 간토대진재 조선인 학살〉, 《푸른사상》 41, 2022; 양미영, 〈이민진의 《파친코》에 나타난 기독교와 미국 표상〉, 《인문학연구》 61-2, 2022 외.

에서 펼쳐지는 전통적인 가족 구성의 변화와 공동체 윤리의 문제
에 대해 탐구해 보고자 한다. 그 가족 서사 속에는 부권의 상실,
비혈연으로 구성된 가족, 다문화가족 등과 같이 전통적인 가족
형태의 변형과 균열의 모습과 함께 공동체의 윤리적 태도의 문
제까지 복잡하게 구조화되어 있다. 따라서 시간과 공간의 흐름에
따라 자이니치 가족공동체가 사회제도나 혈연에 의해서가 아닌
장애, 사랑, 종교, 죽음이라는 형태로 재구성되고 또 해체되어 가
는 방식을 살펴볼 것이다.

자이니치의 이동 서사와 장소정체성

《파친코》의 한국어판은 크게 총2부(고향, 조국)로 이루어져 있
다. 1부 '고향'은 1910~1949년까지의 이야기이며 주인공 선자의
부모 훈이와 양진의 만남과 결혼에서부터 둘 사이에서 태어나 유
일하게 살아남은 딸 선자와 고한수의 몰래한 사랑, 선자와 백이
삭의 결혼과 일본 오사카로의 이주, 일본 이카이노에서 새롭게
시작하는 선자 가족의 삶을 다루고 있다. 이어지는 2부 '조국'은
1953~1989년까지의 서사로, 세대가 바뀌어 선자와 한수 사이에
서 태어난 큰아들 노아의 와세다대학 입학과 자살, 선자와 이삭
과의 사이에서 태어난 둘째 아들 모자수의 파친코 사업 성공, 모
자수의 아들 솔로몬의 미국 유학과 일본 체류 선택을 주요 내용

으로 하고 있다.

《파친코》는 부산의 작은 섬 '영도'에서부터 서사가 시작된다. 1910년은 조선이 일본에 합병되고 지배 아래에 놓이면서 조선인들이 일본의 식민 지배에 따른 토지 수탈 등으로 경제적으로 매우 궁핍함을 겪고 있던 시기이다. 아버지를 여의고 어머니의 하숙집 운영을 도우면서 가난하지만 평범한 생활을 해 오던 선자는 제주도 출신이면서 지금은 오사카에 거주하며 부산을 왕래하고 있는 야쿠자 고한수와 사랑에 빠지면서 인생의 전환기를 맞이한다. 선자는 임신까지 하게 되지만 한수가 이미 일본에 부인과 자식들이 있음을 뒤늦게 알게 되면서 한수와 인연을 끊기로 결심한다. 선자는 하숙집 손님 이삭(백 목사)과 결혼하여 1933년 4월 오사카 이카이노로 이주하고, 이삭의 형 요셉과 그의 부인 경희와 한 가족이 되어 한수의 아이 노아를 낳고, 이삭의 아내이자 자이니치로서 새로운 삶을 시작한다.

부산 영도에서 일본 오사카로의 이주, 성장한 노아의 도쿄 유학과 나가노로의 도피, 모자수의 요코하마 정착, 솔로몬의 미국 유학과 같은 선자 가족의 삶 속에서 계속되는 장소 이동은 굴곡진 그들 삶의 변곡점이 되고 있다. "어떤 장소의 안에 있다는 것은 거기에 소속된다는 것이고 그곳과 동일시되는 것"을 의미한다.[14] 그러나 자이니치는 일본 내부에 있으면서도 뿌리내리지 못

---

14 에드워드 렐프, 《장소와 장소상실》, 김덕현·김현주·심승희 옮김, 논형, 2017, 116쪽.

하고 끊임없이 새로운 장소를 찾아 이동함으로써 물리적, 정신적 전환을 시도하고 새로운 정체성 찾기를 갈구해 왔다.

1920년대 이후 조선인의 일본 이주는 개인보다는 가족 단위의 이주가 많았고, 그러다 보니 정주화하는 경향이 강했다. 특히 대도시를 중심으로 조선인 집주 지역을 형성하면서 조선인들은 본격적인 도시 하층민으로 일본 사회 속에 편입해 들어갔다.[15] '장소'는 개인적·사회적·문화적 의미를 지닌 일정한 경계가 있는 현장으로서 정체성이 형성되고 유지되기도 하며, 한편으로 변형되기도 하는 의미 있는 틀을 제공한다.[16] 당시 이카이노와 같은 조선인 집주 지역의 형성은 일본의 근대화 과정에서 비롯된 일본인의 조선인에 대한 민족차별 의식에 더해 조선인 마을에 대한 지역차별로 이어졌다.[17]

일행은 조선인들이 사는 빈민가 이카이노에서 내렸다. 요셉이 사는 동네는 전철 안에서 본 멋진 집들이나 풍경과 전혀 다른 곳이었다. 동물 냄새가 음식 냄새는 물론 화장실 냄새보다도 더 지독하게 났다. (1권, 159~160쪽)

이카이노는 일종의 잘못 만들어진 마을이었다. 초라하기 그지없는

---

15 김광열 외,《재외동포사총서10: 일본 한인의 역사(상)》, 국사편찬위원회, 2009, 39쪽.
16 최병두,《근대적 공간의 한계》, 삼인, 2002, 182~183쪽.
17 김광열 외,《재외동포사총서10: 일본 한인의 역사(상)》, 46쪽.

판잣집들은 모두 똑같이 값싼 자재들로 엉성하게 지어져 있었다. …
'이곳은 돼지들과 조선인들만 살 수 있는 곳이야.' (1권, 160쪽)

이카이노에는 아주 다양한 조선인들이 살았고, 두 사람은 그런 사람들 틈에서 사기와 범죄를 조심하는 법을 배웠다. (1권, 163쪽)

이웃들과는 이야기를 나누지 않는 게 좋아. 집 안에 낯선 사람을 절대 들이지 말고 (1권, 164쪽)

이카이노에서는 어디에나 아내를 때리는 남자들이 있었고, 술집에서 일하며 몸을 팔아 돈을 버는 여자들도 있었다. … 이카이노에는 욕을 퍼붓는 못생긴 할머니들과 술에 취해 집 밖에서 잠을 자는 남자들이 있었다. 일본인들은 조선인들 근처에 살고 싶어 하지 않았다. 조선인들은 더럽고 돼지와 함께 살아서 냄새난다는 이유였다. … 게다가 일본인들은 조선인들을 부라쿠민보다 더 천한 족속이라고 생각했다. 적어도 부라쿠민에게는 일본인 피가 섞여 있었으니까. (2권, 19쪽)

위 인용문에서 알 수 있듯이 작품 속에서 오사카 이카이노에 대한 묘사가 곳곳에 등장하는데 조선인 밀집 지역으로 알려진 이카이노를 일본인들은 "돼지들과 조선인들만 살 수 있는 곳"으로 여겼으며, 당시 일본 정부는 조선인을 범죄자로 취급하고 조선인 마을을 더러운 곳, 사회악의 집결지로 생각했다. 이카이노는 "자국민과 어우러지는 생활공간이 아니라 구역화하여 경계를 이루며 균열과 불화, 문화적 차이를 통한 차별을 초래하는 지역",[18] 즉 일본 사회 안에 형성된 소수자들의 공간이었다. 한수에게 들었던 대로 일본에서 가장 큰 항구도시 오사카 시내의 넓은 거리는 화려했지만, 선자가 요셉에게게서 듣고 경험한 오사카의 '이카이노'는 가난과 범죄가 들끓는 "모빌리티와 불균등한 권력관계"[19]가 작동하는 장소였다.

이삭이 죽고 일본이 패전을 앞둔 불안한 정세 속에서 한수가 다시 선자 앞에 모습을 드러내면서 선자 가족은 새로운 국면을 맞이한다. 한수의 후원으로 노아는 동경의 와세다대학에 입학해서 호화로운 유학 생활을 시작한다. '동경'이라는 장소는 '일본인이 되고 싶다'는 은밀한 꿈을 꾸며 어린 시절을 보낸 노아에게는 꿈을 실현할 수 있는 이상적 장소였다. 장소정체성은 "도시나 경관의 물리적 외관에만 있는 것이 아니라, 그것을 보는 사람들의 경험·눈·마음·의도 속에도 존재"[20]한다. 이처럼 이주민 2세 노아와 모자수가 이카이노라는 장소와 맺은 관계는 태어난 곳으로서 고향에 대해 갖게 되는 안정감이나 향수와 같은 정서적 의미가 아닌, 일본 사회의 소수자로서 자신의 정체성이 응축된 곳이

---

18 이미림,〈다문화 서사구조와 문학적 특징〉,《현대소설연구》61, 2016, 158쪽.
19 Yeongseok Choe, "Redevelopment Mobility Dispositif, the Gwangju Complex Incident, and The Man Left as Nine Pairs of Shoes," International Journal of Diaspora & Cultural Criticism 12-2, 2022, p. 80.
20 에드워드 렐프,《장소와 장소상실》, 109쪽.

자 그러한 자신의 정체성을 확인시켜 주는 장소였다.

전 평생 동안 제 피가 조선인의 것이라는 일본인들의 말을 들었어요. 조선인들은 화를 잘 내고 폭력적이고 교활하고 거짓말을 잘하는 범죄자라는 소리를 들었지만 견뎌야 했어요. … 하지만 이 피는, 제 피는 조선인의 것이죠. 그런데 이제는 이 피가 야쿠자의 피라는 걸 알았어요. 제가 무슨 짓을 해도 바꿀 수 없는 사실이죠. 차라리 제가 태어나지 않는 게 나았을 거예요. (2권, 124쪽)

그러나 결국 노아는 자신이 야쿠자 한수의 아들이라는 사실을 알고 난 뒤, 대학을 그만두고 나가노 지역으로 도피한다. 조선인 신분을 숨긴 채 파친코 직원으로 일하며, 결혼도 하고 가정을 꾸리지만 선자와 한수가 행방을 알고 찾아간 날 자살을 하고 만다. 노아가 어린 시절 일본인이 되고 싶은 꿈을 꾸었다면 모자수는 일본을 떠나 미국에서 살기를 꿈꾸어 왔다. 모자수가 정착한 요코하마는 일본 내에서도 서양 문물의 영향을 많이 받은 곳으로서 이국적인 도시의 상징이었다. 모자수는 아들 솔로몬을 국제유치원에 보내면서 차별받지 않는 글로벌한 인재로 성장하기를 기대한다. "모든 사람들을 공정하게 대우해 주는"(2권, 261쪽) 미국 뉴욕에서 살아가기를 바란다. 미국은 자이니치가 차별받지 않고 살수 있는 유토피아로 여겨진다. 그러나 미국이 자이니치가 차별받지 않고 살 수 있는 대안적 장소가 되어 주지 못한다는 것을 깨달은 솔로몬은 결국 일본에 정착해서 아버지의 파친코 사업을 물려받는 선택을 한다. 노아와 모자수뿐 아니라 미국 유학을 마친 솔로몬까지 결국 한국도 미국도 아닌 일본 정착을 선택하고 파친코 사업을 이어받는다.

"한 장소에 뿌리를 내린다는 것은 세상을 내다보는 안전지대를 가지는 것"이며, "특정한 어딘가에 의미 있는 정신적이고 심리적 애착을 가지는 것"[21]이다. 특정 장소에서의 차별과 배제, 사회적·정서적 폭력에 대한 경험이 새로운 장소정체성을 형성하였고, 장소 이동을 통해 이를 극복해 보고자 하지만 이상과 현실 사이의 틈은 결국 장소정체성의 상실로 이어지기도 한다. 정주국에 뿌리 내리지 못하고 이동하는 삶을 살아가는 자이니치는 대안적 장소를 찾아 떠날 수도 없는 고역[22]을 느끼면서 자이니치 공동체를 유지하게 된다.

이 소설은 처음부터 역사, 민족, 국가와 같은 자이니치를 둘러싼 정치적 이데올로기 문제와 거리를 두고 출발하였다. 자이니치 가족과 개인이 좀 더 나은 삶을 위해 이주를 반복하는 과정에서 장소에 대한 정체성이 형성되고 그것이 변형되고 해체되면서 자이니치가 장소정체성을 재구축해 가는 모습을 보여 주고 있다.

---

21 에드워드 렐프,《장소와 장소상실》, 95쪽.
22 장소가 억압적이고 감옥 같은 것일 수도 있다는 것으로, 이미 만들어져 있는 환경과 틀에 박힌 일상에 속박되어 있다는 느낌을 말한다. 에드워드 렐프,《장소와 장소상실》, 101쪽 참조.

자이니치, 파친코 산업, 인프라스트럭처

인프라스트럭처Infrastructure(인프라)는 일반적으로 "빌딩, 교통, 물, 에너지 공급과 같이 한 국가나 조직이 매끄럽게 운영되는 데 필수적인 시스템이나 서비스들"로 정의되며, 좀 더 넓은 의미에서 사람, 사물, 지식의 모빌리티를 더욱 강화시키는 수단이라는 의미가 담겨 있다.[23] 경제활동의 기초가 되는 사회적 생산 기반을 가리키는 용어인 인프라는 모빌리티의 수단이라는 도구주의적 의미를 내포하고 있다.[24] 이주를 가능하게 하거나 불가능하게 하는 시스템으로서 인프라는 인간의 삶 자체에 없어서는 안 될 존재로 인식되었다. 인프라는 상황에 따라서 불평등을 구체화하기도 하고, 인종·성·계급 차별과 그 교차점을 첨예하게 강화하기도 한다.[25]

작품 속에서 자이니치의 사회적, 경제적 활동의 기반이자 선자 가족의 이동하는 삶의 동기로 작용했던 '파친코 산업'은 차별받으며 힘들게 살아온 자이니치의 가려진 역사를 재조명할 수 있는 중요한 인프라로서 기능하고 있다. 산업화 이후 파친코 산업은 일본에서 성별이나 나이와 관계없이 대중적으로 인기 있는 오락 산업의 하나였고, 최첨단 산업으로 부상하였지만 경품을 교환

23 김수철 외, 《모빌리티 인프라스트럭처와 생활세계》, 앨피, 2020, 9쪽.
24 김수철 외, 《모빌리티 인프라스트럭처와 생활세계》, 9쪽.
25 https://www.mobilityhumanities.net/copy-of-2021-gmhc (검색일: 2023. 01. 25.)

하는 과정에서 생기는 문제나 야쿠자와의 관련으로 인해 부정적인 이미지가 강했다. 부정적 이미지로 인식된 파친코 산업이 자이니치의 대표적인 산업으로 자리를 굳히게 된 것은 일본 사회에서 자이니치가 공공기관이나 민간 기업에 취업할 수 있는 기회가 매우 제한적이었고, 파친코 산업에 대한 사회적 평가 또한 낮아서 일본 기업들의 관심을 받지 못했기 때문이다.[26] 작품 속에서 파친코와 파친코 산업에 대해서 언급한 부분을 인용해 보면 다음과 같다.

파친코 사업이나 야키니쿠 식당을 하는 조선인들 밑에서 일하면 돈을 더 벌 수 있었지만 노아는 그러고 싶지 않았다. (2권, 16쪽)

모자수가 일하는 곳의 거의 모든 사람이 조선인이었다. 그래서 출신에 관해서 이러쿵저러쿵하는 쓸데없는 이야기들은 오고가지 않았다. … 일상에서 그 비열한 놀림이 완전히 사라지자 이루 말할 수 없는 평화로움이 느껴졌다. (2권, 36쪽)

매일 게임장 문을 열기 전에 고로는 고무를 씌운 작은 망치로 파친코 기계의 곧은 핀 몇 개를 부드럽게 두드렸다. 그 핀들을 아주 살짝 두드려서 배당금에 영향을 미치는 금속 공의 진로를 바꾸는 것

---

26 http://www.okpedia.kr/Contents/ContentsView?contentsId=GC95200014&localCode =jpn (검색일: 2023. 01. 25.)

이었다. … 이 지역에는 잘 나가는 파친코 게임장이 몇 군데 더 있었지만 고로의 게임장이 제일 잘됐다. 고로가 핀을 조절할 수 있는 감각을 갖고 있었기 때문이다. 핀을 약간만 조정해도 게임장 문을 닫기까지 파친코 기계를 연구했던 단골손님들을 다음 날 아침 절망에 빠뜨릴 수 있었다. 하지만 뜻밖의 근사한 횡재를 할 수 있는 예측 가능한 수도 충분히 남아 있어서 또다시 운을 시험해 보려는 손님들을 다시 불러들였다. (2권, 36-37쪽)

노아는 진짜 일본인 기업에서 일하고 싶어했다. 파친코 게임장에서는 일하기 싫어했다. … 대부분의 일본인들과 마찬가지로 파친코 게임장은 존경할 만한 곳이 아니라고 생각했다. (2권, 82쪽)

모자수는 인생이란 자신이 통제할 수 없는 불확실성에 기대하는 파친코 게임과. 같다고 생각했다. 모든 것이 정해져 있는 것처럼 보이면서도 희망의 여지가 남아 있는 게임에 손님들이 빠지는 이유를 모자수는 이해할 수 있었다. (2권, 95쪽)

학교를 중퇴한 모자수와 다를 바 없이 자신도 파친코 게임장에서 일할 거라고 생각하니 참으로 기가 막혔다. (2권, 149쪽)
파친코 사업장에서는 경품 관리는 물론 기계 제조업에 이르기까지 모든 부문에서 조선인들이 일하고 있었다. 하지만 선자는 노아가 모자수와 같은 일을 하리라고는 결코 예상하지 못했다. (2권, 224쪽)

핀볼 사업은 더럽다는 게 그들의 주장이었다. 파친코는 가난과 범죄의 냄새를 강하게 풍겼다. (2권, 238쪽)

너한테 더럽게 돈이 많다는 이야기를 들었어. 아버지가 파친코를 한다며? 지안카를로가 말했다. 솔로몬은 그가 그 사실을 어떻게 알았는지 궁금해하며 고개를 끄덕였다. 파친코 게임을 많이 하는 섹시한 아시아계 혼혈 일본인 여자와 데이트를 했거든. 아주 돈이 많이 드는 취미를 갖고 있는 여자였지. 도박하는 법을 알더라고. 영리한 조선인 피가 섞여서 그랬나 봐. 그 여자가 주절주절 읊어 대는 걸 들었는데 영리하고 까다로운 조선인들이 파친코 게임장들을 모두 장악해서 일본인들을 바보로 만들었다더라고. (2권, 321쪽)

미국에는 파친코가 무엇인지 아는 사람이 없었다. (2권, 322쪽)

조선인들에게는 일반적인 일을 할 수 있는 기회가 많지 않아. 너희 아버지는 다른 선택의 여지가 없어서 파친코를 선택한 게 분명해. (2권, 327쪽)

일본에서 파친코는 자동차 제조업보다 큰 사업이야. (2권, 340쪽)

'파친코'는 자이니치가 일본 사회에서 유일하게 국적에 대한 질문을 받고도 위축되지 않고 정서적으로 안정감을 느낄 수 있는 장소이자, 동시에 조선인이 '민족'이라는 굴레에서 벗어나 일본 사회에서 경제적으로 독립할 수 있는 물질적·정신적 기반이었다. 인용문에 따르면 일본인들에게도 조선인들에게도 부정적인 인식이 강했던 파친코 산업이지만, 결국 파친코는 조선인이 일본 사회에서 소수자로 살아남기 위해 선택할 수 있는 마지막 수단이었다.

자이니치의 삶의 기반이 되었던 화려하게 장식된 파친코 산업의 이면에는 좌절과 극복을 반복하며 이동하는 삶을 살아가는 자이니치의 아픈 운명이 고스란히 담겨 있다. 그만큼 '파친코'는 자이니치가 같은 운명공동체로서 정서적 소속감을 느낄 수 있는 중요한 인프라였다.

《파친코》와 자이니치 서사, 공동체 윤리

"가족은 태어나고, 나이를 먹고, 일하고, 죽어 가며, 결혼을 하고, 아이를 가질 수 있고, 어디든지 이동할 수 있는 개개인들의 집합체"[27]이다. 보통 "가족을 공동체의 기초나 전형"[28]으로 보듯 장소의 이동과 함께 《파친코》의 주인공들은 새로운 가족공동체를 형성해 간다.

---

27 다이애너 기틴스, 《가족은 없다》, 안호용·김홍주·배선희 옮김, 일신사, 1997, 22쪽.
28 김미영, 〈현대 사회에 존재하는 공동체의 여러 형식〉, 《사회와 이론》 27, 2015, 182쪽.

부산 영도에서 하숙집을 운영하는 어머니를 도왔던 선자는 사생아 출산의 두려움을 피해 이삭을 따라 오사카로 이주하면서 이삭의 형 요셉과 경희 부부와 함께 새로운 가족을 형성한다. 《파친코》에는 다양한 형태의 가족공동체가 등장한다. 비록 혈연으로 이루어지지는 않았지만 이삭과 선자의 결혼으로 맺어진 선자 가족은 이삭이 죽은 뒤에도 요셉과 경희와 가족공동체를 유지하며 마지막까지 함께한다. 기계공이 된 이삭의 형 요셉은 오사카에 있는 공장에서 감독관으로 일했는데, 조선인으로는 드물게 자기 집을 소유하고 있을 정도로 처음에는 경제적으로 여유가 있었지만, 사실은 큰 빚이 있었다. 요셉은 동생 이삭이 감옥에 있을 때에도, 죽은 후에도, 선자네 가족까지 책임지며 부인 경희와 선자의 경제활동을 격렬하게 반대하는 전형적인 가부장적인 특징을 지니고 있었다. 혼자서 모든 것을 감당하려 하지만 전쟁 중에 있던 일본 상황에서 그것은 불가능한 일이었다. 결국 요셉의 빚을 갚기 위해 선자가 나서게 되고, 한수에게 받았던 시계를 팔아 빚을 해결한다. 전당포를 찾아간 선자가 가격 흥정을 하는 장면에서 드러나듯 생활력 강하고 억척스럽기까지 한 선자와 한수의 도움으로 이삭이 죽은 뒤에도 요셉 일가는 생계를 이어 나갈 수 있게 된다. 고한수가 자기 밑에서 일하는 김창호를 통해 선자에게 한국 식당에 대량의 김치를 담가 파는 일을 제안했고, 선자는 이를 받아들이면서 사실상 가족의 생계를 책임지는 가장의 역할을 대신하게 된다. 이후 선자 가족은 또다시 한수의 도움으로 전쟁 중에 농가로 피신을 하게 되지만 요셉은 불행하게도 나가사키에서 피폭을 당하고, 온전하지 않은 몸으로 고통스럽게 살다가 죽음을 맞이한다. 선자와 요셉 가족의 관계를 통해 엿볼 수 있듯이, 시대적·사회적 보편성을 지니는 가족은 반드시 혈연이나 법적 관계에 의해서만 구성되는 것이 아니라, 다양한 관계의 사람들이 모여 지속적인 연대의식을 유지해 간다면 넓은 의미에서 가족의 범주[29]라고 생각할 수 있다. 요셉과 경희, 그리고 선자의 가족은 이삭의 죽음으로 인해 가족관계에 균열을 보이지만 마지막까지 혈연관계 이상의 가족공동체를 끝까지 이어 간다.

노아는 친아버지가 백이삭이 아니라 야쿠자 고한수라는 것을 알고 충격을 받아 다니던 대학을 그만두고 한수에게 받았던 모든 지원을 거부한다. 노아는 결국 나가노로 도피하여 조선인 신분을 숨기고 새로운 삶을 살아간다. 그 과정에서 일본인 여자와 결혼해서 네 아이를 낳고 새로운 가족공동체를 형성한다. 노아는 거의 7년 동안 나가노에서 반 노부오라는 일본인으로 살아갔다. 그러나 노아가 결혼한 일본인 아내 리사 역시 어두운 가족사가 있었다. 일본인이 되는 꿈을 남몰래 꾸며 어린 시절을 보냈던 노아는 결국 일본인과 결혼하여 일본인처럼 살아가지만, 그 일본인 가정 역시 사회에서 격리되어 소외된 삶을 살아가고 있는 일본인이었다.

모자수의 친구 하루키의 삶 또한 주목할 만하다. 하루키는 엄

---

29 박신향, 〈《이슬람 정육점》으로 본 가족의 해체와 재구성〉, 《인문사회과학연구》 17-3, 2016, 50쪽.

마의 가게 관리 책임자인 아야메와 결혼했고, 그의 동생 다이스케는 지적 장애를 앓고 있어 서른 살이 다 되었지만 정신연령은 대여섯 살에 불과하다. 게다가 하루키는 동성애자임이 결혼 후에 밝혀진다. 모자수의 부인 유미와 애인 에쓰코의 딸 하나 또한 평범하지 않은 삶을 살아왔다. 알코올중독에 매춘부인 엄마와 폭력적인 아버지 사이에서 태어난 유미는 불우한 가정환경에서 벗어나고자 미국에서 살고 싶다는 꿈을 꾸었는데, 모자수와 결혼해 요코하마로 이주해 살다가 교통사고로 죽는다. 유미가 죽은 후 만나게 된 모자수의 애인 에쓰코는 불륜을 저지르고 이혼했으며, 그 때문에 딸 하나에게 인정받지 못하는 엄마이다. 하나는 이런 엄마에 대한 반항으로 어린 나이에 임신까지 하고, 결국 가출하여 매춘부로 일하다 병에 걸린다.

이 소설은 자이니치의 가족사를 통해 일본 사회의 차별 구조를 서사화하고 있지만 그 내부에는 조선인만이 아니라 사회에서 소외된 장애인, 성소수자를 포함하여 사회적 편견에 노출된 일본인의 문제를 함께 배치함으로써 일본 사회의 소수자에 대한 폭력의 문제를 폭넓게 바라볼 수 있게 구성하고 있다. 그 과정에서 등장인물의 이주 · 죽음 · 성 · 종교 · 폭력 등에 의해 전통적인 가족에 균열과 해체가 일어나기도 하고, 또 새로운 만남으로 회복과 치유가 이루어져 재구성되기도 하면서 가족공동체의 윤리 문제를 보여 주고 있다. 위에서 언급한 《파친코》 서사 속에는 가부장적인 부권의 상실, 비혈연으로 구성된 가족의 의미, 다문화가족과 같이 정형화된 전통적인 가족 형태와는 다른 변형을 제시함으로써 새로운 가족공동체의 가능성을 보여 주고 있다.

솔로몬은 애인 피비와 결혼하면 미국 시민권을 얻을 수 있음을 알지만, 결국 자신이 진정으로 바라는 것은 미국인이 되는 것이 아니었음을 깨닫는다. 그는 언젠가 일본으로 귀화할지 모른다고 생각하면서도 미국으로의 이주를 포기한다. 조선의 부산 영도에서 오사카 이카이노의 조선인 집주 지역으로, 다시 또 동경, 요코하마, 미국으로 서사가 확장되면서 형성된 자이니치 가족의 장소 정체성은 결국 그들로 하여금 일본으로의 정주를 선택하게 했다. 이 소설은 시간적으로 1989년 막을 내리지만, 자이니치 공동체는 유연하고 새로운 형태로 재구성되면서 유지되고 있다.

《파친코》는 자이니치가 아닌 재미교포 작가가 쓴 자이니치의 서사이다. 지금까지 한국과 일본 어디에도 속하지 못하고 경계에 있는 자이니치 가족의 장소 경험과 장소정체성, '파친코'라는 민족 기반 사업이 자이니치 공동체와 맺는 관계, 나아가 자이니치 서사의 공동체 윤리에 대해서 살펴보았다.

"고향 세계에 만족하지 못한 개인은 다른 곳으로 이동하여 자기가 누구인지, 또는 누가 되고 싶은지와 더 조율되는 실감 되는 장소 잡기로 옮겨갈 수 있다"[30]는 데이비드 시먼의 말처럼 《파친

---

30 데이비드 시먼, 《삶은 장소에서 일어난다》, 최일만 옮김, 앨피, 2020, 213쪽.

코》의 주인공 선자 가족은 낯선 땅 일본에서 자신과 가족을 지키면서 '살기 위한' 이동을 거듭해 왔다. 일본에서 경험한 차별과 갈등, 이로 인한 소외감이 2세대 노아와 모자수로 하여금 일본인이 되는 꿈을 갖게 하고, 한국도 일본도 아닌 미국이라는 제3의 나라를 동경하게 하면서 끊임없이 물리적·심리적으로 대안적 장소를 찾아 이주하게 했다. 자이니치로서 일본 사회의 부조리한 차별 구조 속에서 살아온 노아, 모자수, 솔로몬이 '살기 위해' 선택할 수 있었던 것은 대학에 진학을 하거나 일찍 자이니치의 민족 기반 사업에 종사하며 경제적 독립을 이루는 것이었다. 여기서 개인의 삶이 민족과 국가, 결국은 인종이라는 역사와 정치의 영향을 받을 수 밖에 없었던 자이니치 공동체의 운명이 사실적으로 드러난다.

특정 장소에서의 차별과 배제, 사회적·정서적 폭력에 대한 경험은 새로운 장소정체성을 형성하기도 하고, 장소 이동을 통해 경험한 이상과 현실의 괴리는 장소정체성을 변형시키기도 한다. 그리고 그 장소정체성의 변화 과정에서 험난했던 자이니치의 삶의 고단함이 고스란히 응축된 파친코 산업이 그들의 삶을 지탱해 주는 인프라 역할을 했던 것이다. 파친코 산업이 자이니치의 삶과 맺어 온 관계는 일본에서 소수자로 살아온 자이니치의 가려진 역사 그 자체라고도 볼 수 있다.

자이니치 공동체를 포함하여 작품 속에 등장하는 소수자 공동체를 둘러싼 사회적 폭력의 문제는 다문화사회에서 공존을 실현해야 할 과제를 안고 있는 한국 사회에도 의미 있는 시사점을 제시하며, 한국의 이주민 문제에도 적용 가능한 문제의식을 던져주고 있다.

참고문헌

권혁태, 〈재일조선인이 던지는 질문〉,《황해문화》57, 재일문화재단, 2007, 2~10쪽.

김광열 외,《재외동포사총서10: 일본 한인의 역사(상)》, 국사편찬위원회, 2009.

김미영, 〈현대사회에 존재하는 공동체의 여러 형식〉,《사회와 이론》27, 2015,
   181~218쪽.

김수철 외,《모빌리티 인프라스트럭처와 생활세계》, 앨피, 2020.

김웅교,《일본의 이단아》, 소명출판, 2020.

김주영, 〈다문화문학 교육교재로서의 재일문학 텍스트 읽기〉,《日本語文學》72,
   2017, 279~297쪽.

다이애너 기틴스,《가족은 없다》, 안호용 · 김홍주 · 배선희 옮김, 일신사, 1997.

데이비드 시먼,《삶은 장소에서 일어난다》, 최일만 옮김, 앨피, 2020.

박신향, 《《이슬람 정육점》으로 본 가족의 해체와 재구성〉,《인문사회과학연구》
   17-3, 2016, 1~28쪽.

서경식,《디아스포라기행》, 김혜신 옮김, 돌베게, 2010.

에드워드 렐프,《장소와 장소상실》, 김덕현 · 김현주 · 심승희 옮김, 논형, 2017.

이미림, 〈다문화 서사구조와 문학적 특징〉,《현대소설연구》61, 2016, 137~167쪽.

이민진,《파친코 1》, 이미정 옮김, 문학사상, 2018.

＿＿＿,《파친코 2》, 이미정 옮김, 문학사상, 2018.

이승진, 〈경계를 넘나드는 재일서사 이민진의《파친코》론〉,《日本文化學報》95,
   2022, 233~258쪽.

존 어리,《모빌리티》, 김태한 옮김, 앨피, 2022.

차성연 · 윤송아, 〈다문화 텍스트의 교양 교육에의 활용 방안〉,《한국문학논총》
   70, 2015, 387~417쪽.

최병두,《근대적 공간의 한계》, 삼인, 2002.

Yeongseok Choe, "Redevelopment Mobility Dispositif, the Gwangju Complex
   Incident, and The Man Left as Nine Pairs of Shoes," *International Journal
   of Diaspora & Cultural Criticism* 12-2, 2022, pp. 76-102.

건국대학교 모빌리티인문학 연구원 세계학술대회(GMHC) https://www.
   mobilityhumanities.net/copy-of-2021-gmhc. (검색일: 2023. 01. 25.).

건국대학교 아시아·디아스포라연구소 다문화용어사전 DB http://home. konkuk.ac.kr/cms/Site/jsp/diaspora/dictionary/login/login.jsp. (검색일: 2023. 01. 25.).

세계한민족 문화대사전 http://www.okpedia.kr/Contents/ContentsView?contentsId=GC95200014&localCode=jpn. (검색일: 2023. 01. 25.).

난민과 모빌리티 통치

: 대한민국의 난민정책과 「난민법」 개정에 대한 비판적 고찰

김치정 · 임보미

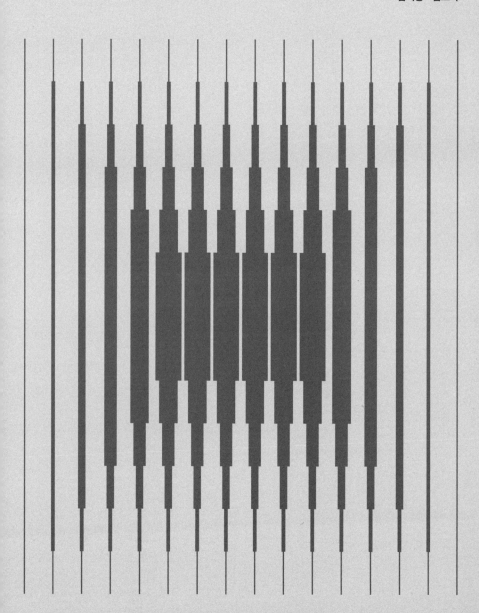

이 글은 《현대사회와 다문화》 제14권 3호(2024 .08.)에 게재된 원고를 수정 · 보완한 것이다.

법무부는 2023년 12월 13일 '국가안전보장, 질서유지 또는 공공복리를 해쳤거나 해칠 우려'를 난민불인정결정 사유에 추가(안 제19조 제5호)하는 것을 골자로 한 「난민법」 개정안을 입법예고 하였다. 본 개정안에 따라 개정이 진행된다면 난민인정을 제한하는 사유로서 현재 "유엔난민기구 외에 유엔의 다른 기구 또는 기관으로부터 보호 또는 원조를 현재 받고 있는 경우"(제1호 본문), "국제조약 또는 일반적으로 승인된 국제법규에서 정하는 세계평화에 반하는 범죄, 전쟁범죄 또는 인도주의에 반하는 범죄를 저지른 경우"(제2호), "대한민국에 입국하기 전에 대한민국 밖에서 중대한 비정치적 범죄를 저지른 경우"(제3호), "국제연합의 목적과 원칙에 반하는 행위를 한 경우"(제4호) 외에 "국가안전보장, 질서유지 또는 공공복리를 해쳤거나 해칠 우려가 있는 경우"가 새로이 추가될 예정이다. 법무부는 이와 같은 조처의 근거로서 "「난민협약」¹상 '국가안보', '공공질서' 위해 우려가 있는 외국인을 난민 보호대상에서 제외하여 추방하거나, 국제적 보호를 받을 자격이 없는 난민의 지위를 취소·철회할 수 있음에도 「난민협약」의 국내 이행법률인 난민법은 이러한 내용을 명시하고 있지 않"기 때문에 "테러리스트, 테러 우려자 등을 난민 보호대상에서 배제하는 명시적 근거가 없는 문제점"을 개선할 필요가 있다는 점을

---

1 정식 명칭은 「1951년 난민의 지위에 관한 협약The 1951 Convention relating to the Status of Refugees」으로, 이하에서는 「난민협약」이라고 명명한다.

들었다.[2]

이에 앞서 2021년에는 난민불인정결정을 받은 사람이 난민인정 재신청을 하기 위해서는 21일 안에 별도로 난민 적격 여부를 법무부장관에게 다시 심사받도록 하는 이른바 '난민심사 부적격결정제도'의 도입을 추진한 바 있는데, 이 안(의안번호 제2113939호)은 소관위 심사 단계까지 계류되었다가 2024년 5월 임기만료로 폐기되었다.

난민정책을 집행하는 과정에서 국내 질서 및 안보 측면에서의 '관리'를 중시하는 관점과 보편적 인권을 수호하고자 하는 인도주의적 관점이 어느 정도 긴장 관계를 형성하고 있으며, 비호국의 정치적 상황과 맞물려 시간과 공간에 따라 어느 한쪽이 더 우세하게 작동하는 것은 사실이다.[3] 그러나 우리나라는 1994년 난민인정제도를 도입한 이래 현재까지 지극히 저조한 난민인정률과 난민에 대한 열악한 처우가 문제로 지적되어 왔을 뿐, 난민정책의 기조가 인도주의적으로 선회했다고 볼 만한 뚜렷한 변화는 보이지 않았다.

2021년 '난민심사 부적격결정제도' 도입을 위한 개정안이 발표되었을 때에는 국내 인권단체는 물론, 유엔난민기구 역시 이러한

---

2 법무부 출입국·외국인정책본부 보도자료, 〈「난민법」 일부개정법률안 입법예고〉, 2023년 12월 12일자.
3 박서연·조영희, 〈한국의 난민심사 제도 발전 방향: 난민 전담 공무원의 전문성 향상을 위한 조직과 심사 현장 개선을 중심으로〉,《국가정책연구》36(3), 2022, 167~168쪽.

예비심사는 이전 절차가 온전한 심사였을 경우에만 정당화된다며 이를 비판하는 취지의 의견서를 발표하였다.[4]

후술하는 바와 같이 개정안은 개정안 자체로 법리적 문제점을 내포하고 있다. 그런데 이와 같은 개정의 움직임은 정부가 다양한 유형의 이주자 중에서 난민을 바라보는 관점, 그리고 난민의 모빌리티를 통제함으로써 추구하고자 하는 목적 및 전략과 무관하지 않다.

이 글은 이와 같은 문제의식에서 출발하여 현재의 난민정책과 정부가 제시한 「난민법」 개정 근거를 탄핵하고, 현행 「난민법」과 정책의 정상화가 우선임을 강조하고자 한다.

우선 거시적인 접근으로 주권국가 내에서 통치와 난민의 관계를 살피고, 실제로 전체 이주자 중에서 차별적 정책의 대상이라는 점을 지적한다. 이어서 현재 난민인정 심사 인력과 체계가 그 절차와 결과의 공정을 담보하기 어려운 상황임을 실증적 자료를 통해 입증할 것이다. 마지막으로 「난민법」 개정안이 심각한 법리적 문제를 내포하고 있음을 밝힐 것이다. 거대 담론과 정책의 실제, 개정안의 법리적 분석을 통해 난민정책의 다층적이고 복잡한 문제 중에서 우선적으로 확보해야 할 가치를 제시하는 것이 이 글의 목적이다.

---

4 UNHCR, 〈UNHCR's Comments on the Legislative Amendment Proposal to the Refugee Act of the Republic of Korea〉, 2022.

통치와 난민

모빌리티 통치와 난민

법무부가 추진하고 있는 개정안의 난민불인정결정 사유, 즉 '국가안전보장, 질서유지 또는 공공복리를 해쳤거나 해칠 우려'는 다른 사유의 경우보다 대한민국의 국민 및 국가 그리고 이들의 안전과 질서를 침해할지도 모르는 난민 사이의 두드러진 대립 구조를 띠고 있다. 이러한 대립 구조 사이에는 국가와 시민권이라는 경계가 놓여 있고, 그 경계는 법무부의 개정안으로 더욱 강화되었다.

지난 2018년의 예멘 난민 사건은 우리나라가 그동안 난민에 의한 심각한 사회문제를 경험한 적이 없음에도 불구하고 그들이 어떻게 표상화되어 있는지를 여실히 보여 주었다. 549명의 예멘인들이 제주도에 입국하여 난민 신청을 한 사례가 알려짐과 동시에 국내 안보와 질서에 미칠 영향을 우려하는 여론이 형성되었다.[5] 이렇듯 부정적인 인식은 즉각 「난민법」 개정 움직임으로 이어졌다. 당시 20대 국회 회기가 종료한 2020년까지 총 15개의 「난민

---

[5] 인터넷 매체에서 댓글 형식으로 나타난 난민에 대한 여론을 조사한 연구 결과에 따르면, 제주 난민 사건 이전의 부정적 여론이 50~75퍼센트의 비율이었다면 사건을 기점으로 2020년 1월까지는 거의 모든 기간 75퍼센트 이상 부정적 여론이 우세한 것으로 확인되었다. 부정적 여론의 이유로는 안전에 대한 우려, 자국민에 대한 우선적 지원 필요 등이 언급되었다: 황태연 외, 〈제주 예멘난민 사태 전후 국내 여론변화 분석: 심층 인공신경망을 활용한 감성분석을 중심으로〉, 《한국행정학보》 56(2), 2022, 148쪽.

법」 개정안이 국회에 제출되었는데, 개정안의 대부분이 난민제
도의 폐지 또는 난민인정을 축소하기 위한 방안을 내용으로 담고
있었다.[6] 난민에 대한 부정적 사회 여론이 신속하게 입법에 반영
되면서 난민 배제의 제도화 시도로 이어진 것이다.[7]

   이는 단순히 시계열적으로 발생한 우연한 사건이라고 할 수 없
다. 정부는 난민에 대한 대중의 막연한 혐오와 우려를 개정안 발
의를 통해 더욱 공고히 하는 한편, 그러한 혐오에 정당성을 부여
하고자 했다.

   국가는 주권국가라는 경계 안에서 이동을 통치하는 방법으
로 새로운 형태의 권력을 실현한다.[8] 영국의 지리학자 크레스웰
Cresswell은 미국에서 모빌리티 권리가 어떻게 형성되고 발전해 왔
는지를 살피기 위해 1800년대 후반부터 1960년대까지의 미국 연
방대법원 판례를 분석했다. 그의 연구에 따르면 모빌리티 권리는
미국이라는 국민국가에 속한 시민의 권리로서 형성, 발전해 왔
으며, 미국의 사법 체계는 법이라는 장치를 통해 '시민의 모빌리
티'를 생산해 왔다. 시민의 모빌리티는 국가라는 도덕적 공간 안
에 놓이며, 이 과정에서 비시민의 생산을 필연으로 한다. 그리고
시민의 모빌리티와 공간 질서를 위협하는 비시민의 모빌리티를

---

6 최유, 〈제주예멘난민 이후 「난민법」 개정안의 입법동향에 관한 연구〉, 《한국이민정
   책학보》 5(1), 2022, 19쪽.
7 다만 이 개정안들은 20대 국회 임기만료로 모두 폐기되었다.
8 신혜란, 〈이동통치와 불안계급의 공간전략〉, 《공간과사회》 27(4), 2017, 10쪽 이하.

나쁜 모빌리티로 간주한다. 1882년 「중국인 배제법Chinese Exclusion Act」을 비롯하여, 노숙인의 모빌리티를 제한하는 수많은 법률들은 미국 시민의 모빌리티를 형성하는 과정에서 생산된 비시민에 대한 제도적 배제의 산물이다.[9]

이는 누가, 언제, 어디서, 어떻게 이동할 수 있는가의 문제가 법적 체제를 포함한 모빌리티 체제의 정치적 지배 하에 놓여 있다고 한 셸러Sheller의 주장과 동일한 맥락 하에 놓여 있다. 셸러는 시민권이 "국가가 모빌리티를 관리하는 수단"이자 "초국가적 모빌리티를 차별적으로 관리하는 핵심 장소"로 기능한다고 비판한다.[10]

요컨대 이동을 통한 통치 전략이 성공을 거두기 위해서는 주권국가 내에서 시민권을 보유한 시민과 비시민의 대립적 구조와 양자 사이의 긴장과 갈등이 필요하다. 그중 난민은 특정 국가에 대하여 비시민인 동시에 어느 시민에도 속할 수 없는 지위에 놓여 있다.

실제로 한국 사회에서 난민이 어떻게 묘사되고 국가와 정부가 어떻게 대응하였는지를 연구한 결과를 살펴보면, 한국에 유입된 난민은 경우에 따라 대한민국의 안보와 질서에 위협적인 존재로서 완전히 배척해야 할 대상으로, 또는 선진국으로서 한국 정부의 난민 국제 규범 준수 의지를 보여 줄 수 있는 대상으로 여겨졌

---

9 팀 크레스웰, 《온 더 무브》, 최영석 옮김, 앨피, 2021, 255쪽 이하.
10 미미 셸러, 《모빌리티 정의》, 최영석 옮김, 앨피, 2019, 268쪽.

다.[11] 즉, 난민을 문제화함으로써 "자국 인구의 정서적, 물질적 안정이나 안녕이 유지되고 있다는 감정을 구성"[12]하면서 이들을 배척하게끔, 또한 인도적 차원에서 시혜를 베풀어야 할 대상으로 여기게끔 한다는 것이다.

최근 "테러리스트 입국 방지"를 위한 개정안은 '난민=잠재적 테러리스트'라는 강력한 메시지를 전달한다. 잠재적 테러리스트의 이동은 시민의 선한 모빌리티를 위협할 것이며, 시민의 안정과 질서를 위해서 이들의 유입과 모빌리티가 허용돼서는 안 된다는 대중적 정서의 형성은 자연스런 결과다.

개정안의 내용은 후술하는 바와 같이 법리적으로 위헌성 논란에서 자유로울 수 없으며, 「난민협약」에 가입한 국가 중에서 비교법적으로도 그 예를 찾기 어려울 정도다. 법무부가 명백한 법리적 하자를 내포한 개정안의 발의 주체인 점도 문제지만, 이 개정안의 발표 시점이 이민청 신설을 추진하던 때라는 점, 당시 법무부장관의 "우리 사회에 꼭 필요한 외국인만을 정부가 정교하게 판단하여 예측 가능성 있게 받아들이"겠다는 발언[13] 등에 비추어 볼 때, 「난민법」 개정 움직임은 단순히 「난민협약」 체약국으로서

---

11 백일순, 〈이동통치의 관점에서 본 난민 담론의 형성과 변화〉, 《문화역사지리》 34(2), 2022, 151쪽 이하; 서선영, 〈난민과 이동통치 - 예멘 출신 난민 신청자들의 제주에서의 경험 연구-〉, 《공간과사회》 32(4), 2022, 260쪽 이하 참조.
12 김현미, 〈어떻게 국민은 난민을 인종화하는가?〉, 《난민, 난민화되는 삶》, 갈무리, 2020, 294쪽.
13 이주현, 〈한동훈 장관이 말하는 "꼭 필요한 외국인"은 누구일까〉, 《한겨레》, 2023년 12월 19일자.

의무 방기의 결과라고 볼 수 없다. 국민과 난민을 이분화하고 적대적 관계에 놓이게 한 적극적 통치 전략의 산물이다.

이주자 정책의 부정합성과 차별

최근 법무부의 개정안에 나타난 난민은 국민과 대립적, 대척적 관계로 표상된다. 난민은 전체 이주자 정책에 있어서도 다른 이주자와는 다른 차별적 지위를 가진다.

「출입국관리법」은 외국인을 "대한민국의 국적을 가지지 아니한 사람"이라고 정의한다.(제2조 2호) 대한민국 국적을 가지지 아니한 외국인은 다시 노동자, 유학생, 결혼이주민, 난민 등으로 구분해 볼 수 있다. 이들 외국인의 출입국 또는 국내 체류 및 거주 등을 관리하고 지원하는 근거는 다양한 개별법에 산재하여 있다. 그런데 이러한 외국인 이주자에 대한 정책을 살펴보면 모든 정책의 전반적 기조에 문제가 있음은 물론이거니와 대상에 따른 정책의 부정합성과 차별이 존재함을 확인할 수 있다.

우선, 이주자에 대한 대표적 지원 법률로 「다문화가족지원법」을 들 수 있다. 이 법은 "다문화가족 구성원이 안정적인 가족생활을 영위하고 사회구성원으로서의 역할과 책임을 다할 수 있도록 함으로써 이들의 삶의 질 향상과 사회통합에 이바지함을 목적으로 한다."(제1조) 그러나 이 법의 대상은 우리나라 국적을 가지고 있는 자와의 혼인 관계를 기반으로 한 가족에 한하기 때문에, 이주노동자, 유학생, 난민 등으로 구성된 가족은 이 법에 따른 지원을 받을 수 없다.

「다문화가족지원법」의 제정 배경은 2005년도 여성가족부를 중심으로 시작된 국제결혼 이주여성을 위한 사업으로 거슬러 올라간다. 2006년에는 국정과제 중 하나로 〈여성결혼이민자 가족사회 통합 지원 대책〉을 발표하고, 그 대책의 일환으로 「결혼중개업관리에 관한 법률」(법률 제8688호, 2007. 12. 14.)이 제정되었다. 이 시기 「재한외국인 처우 기본법」(법률 제8442호, 2007. 5. 17.) 및 「다문화가족지원법」(법률 제8937호, 2008. 3. 21.)등이 제정되었고, 2007년에는 '거주 외국인 지원 표준조례안'을 마련하여 개별 자치단체가 이에 따라 조례를 제정하여 시행하도록 하였다.[14] 이를 계기로 지방자치단체는 국제결혼 중개수수료를 지원하는 조례를 제정·시행하고 있다. 조례의 주요 내용은 국제결혼 활성화를 목적으로 해당 지자체에 거주 중인 비혼 남성이 외국인 여성과 혼인하기 위해 결혼중개업체에 지불해야 하는 수수료를 지원한다는 것이다. 최근에는 점차 폐지되는 추세지만, 2023년 12월 현재에도 여전히 이러한 조례가 25개의 지방자치단체에서 시행 중이다.[15]

또한 정부는 2011년 국제결혼 이민비자를 별도로 신설하여 (F6) 결혼이주자에 대한 취업 장벽을 제거함으로써 다른 외국

---

14 김상찬·김유정, 〈국제결혼 이주여성의 인권보호를 위한 법적 과제〉, 《법학연구》 43, 2011, 321~322쪽.

15 일례로 강원도 화천군은 2010년 「화천군 농촌총각 국제결혼 지원 조례」를 제정하여 "농촌총각"(제2조 제2호)에 대한 "국제결혼 지원금"을 지원하는 사업을 현재까지 시행 중이다.

인 집단에 비하여 월등하게 높은 수준의 노동권을 보장하는 한편, 결혼이주자의 조기 정착을 적극적으로 지원하기 위해 광범위한 사회복지 서비스를 제공할 수 있도록 하고 있다.[16] 예를 들어 2012년에는 결혼이주자 가족초청제도를 도입하였는데, 이 제도에 따라 결혼이주자들은 자녀 양육 지원을 이유로 원가족을 초청할 수 있으며, 초청된 가족은 입국일로부터 일정 기간 국내에 체류할 수 있다.[17]

이렇듯 「다문화가족지원법」의 연혁과 주요 내용, 지자체의 조례를 통해 우리 정부가 결혼이주자를 바라보는 관점과 이들에 대한 정책적 기조에 관하여 다음과 같은 사실을 확인할 수 있다. 첫째, 결혼이주자는 다른 외국인에 비하여 사회통합의 우선적 고려 대상이라는 점이다. 따라서 다른 외국인과 비교하여 월등한 수준의 권리가 보장되며, 사회통합을 위한 적극적인 정책을 시행한다. 둘째, 그러나 이러한 적극적 정책의 기저에는 결혼이주민에 대한 젠더 편향이 자리 잡고 있다.[18] 다문화가족에 대한 다방면의 지원 시책은 부계 혈통 중심의 가부장적 인식이 정책적으로 발현된 결과에 불과할 뿐이다.[19]

---

16 Gyuchan Kim, "The Migration Regime of South Korea: Three Axes of Civic Stratification." *OMNES: The Journal of Multicultural Society* 8(3), pp. 84-87.
17 장주영·허정원, 《이주민의 부모초청에 대한 연구》, 이민정책연구원, 2023, 22~23쪽.
18 정현주, 〈한국 이주정책에서 이주민의 시민적 계층화와 공간분화: 민족과 젠더에 따른 외국인노동자 체류자격 차등화를 중심으로〉, 《한국지리학회지》 9(3), 2020, 575쪽.
19 원숙연, 〈다문화주의시대 소수자 정책의 차별적 포섭과 배제: 외국인 대상 정책을 중심으로 한 탐색적 접근〉, 《한국행정학보》 42(3), 2008, 45쪽.

한편, 정부는 2001년 '외국인 유학생 유치 확대 종합 방안'을 발표하면서 본격적으로 외국인 유학생을 유치하기 위한 정책을 시행하기 시작했다. 이에 따라 외국인 유학생의 유입이 해마다 늘어나 2024년 2월 현재 국내 체류 중인 유학생은 2018년 16만 671명 대비 약 43퍼센트 증가한 23만 422명에 이른다.(법무부 출입국·외국인정책본부 2023b; 2024a) 2023년 8월에는 2027년까지 현재 유학생의 2배 수준인 30만 명까지 유치하는 것을 목표로 하여, 국내 입국 및 대학 입학 기준의 완화, 국내 정주 유도를 위한 취업 및 지원 확대 등의 세부 정책을 담은 'Study Korea 300K Project'를 발표하였다.

외국인 유학생에 대한 적극적인 유치 정책은 우리나라의 인구 감소 문제를 해결하고, 지방대학의 재정을 확충하며, 생산 인력으로의 활용을 위한 목적에 근거한다.[20] 유학생의 "본국 귀국 비율을 낮추고 전문 인력으로 편입을 유도"해야 한다거나, "단기취업 외국 인력은 국내에서 최소한으로 소비하고 본국으로 송금하는 비율이 높으나, 숙련 인력 이민자는 국내 자원으로 활용할 수 있고 가족 동반이 가능하여 국내 소비를 촉진하는 측면이 있어 긍정적임"이라는 표현은 유학생을 바라보는 정부의 시각이 어떠한지 잘 드러내고 있다.[21]

---

[20] 김태은, 〈외국인 유학생 유치 정책 'Study Korea 300K Project'에 대한 소고〉, 《문화와융합》 45(12), 2023, 945쪽.
[21] 법무부 출입국·외국인정책본부, 〈제4차 외국인정책 기본계획〉, 2024, 20쪽.

결혼이주자 여성의 경우와 마찬가지로 외국인 유학생에 대한 정책 또한 국내 인구 감소에 따른 대안적 성격이 짙다. 따라서 외국인 유학생 정책은 가능한 한 많은 수의 유학생을 국내로 유치하고, 나아가 이들의 국내 정주를 목표로 한 규제 완화와 지원 확대로 특징지을 수 있다.

또 다른 이주자인 외국인노동자에 대한 정책의 시초는 1990년대 초 '산업연수제도'로 거슬러 올라갈 수 있다. '산업연수생' 신분으로 국내에 유입된 외국인노동자는 국내 노동법의 적용 대상에 속하지 않아 이들에 대한 인권침해가 사회문제로 부각되기도 하였다. 이후 2004년부터 '고용허가제'를 시행함으로써 외국인노동자 역시 근로자로서의 지위를 보장받게 되었다. 그러나 '고용허가제'는 내국인 노동시장의 위축을 방지하기 위해 내국인을 고용하지 못한 사업장에 한하여 외국인 고용을 보충적으로 허용하며, 단기순환교체를 대원칙으로 한다. 여기에는 내국인의 일자리 잠식과 외국인노동자들이 국내에 정주하는 것을 방지하겠다는 의미가 내포되어 있다.[22] 즉, 외국인노동자는 국내 노동자의 공백을 메우는 노동력 제공의 주체일 뿐, 결혼이주자 또는 외국인 유학생에 비하여 적극적 사회통합 대상은 아니라는 것이다.

이렇듯 우리나라 이주자 정책은 그 대상에 따라 기조를 달리

22　정명주·김소윤, 〈외국인근로자 고용 정책변동에 따른 사회통합정책대상으로의 포용 가능성 탐색: 단기순환원칙의 고용정책을 중심으로〉, 《한국거버넌스학회보》 27(1), 2020, 66쪽.

한다. 그리고 정부가 정책을 통해 달성하고자 하는 목표와 원하지 않는 부수적 효과가 세부 정책들 사이에서 선명하고 노골적으로 드러난다. 개별 정책 사이의 포괄성, 연계성, 정합성이 결여되었을 뿐 아니라 차별적이라는 점에서 정책의 정당성마저 의심스럽다. 이는 2020년 이민통합정책 지수MIPEX: Migrat Intergration Policy Index가 5개 대륙 52개국의 정책 성과를 평가한 결과에서도 나타나고 있다. 한국은 특히 반차별의 영역에서 낮은 순위를 보이고 있는데, 이는 이전 회차에 비해 현저히 떨어진 것으로 "사회적이고 실질적인 차원의 이주자 사회통합이 퇴보하고 있음을 보여 주는 단편적인 예"라고 할 수 있다.[23]

그중에서도 난민은 우리 사회에서 가장 소극적인 통합 대상이며, 가장 적극적인 배제 대상의 모습이다. 전체 이민정책의 거시적인 틀 안에서 난민에 대한 인권이 언급되기도 하고, 실제로 세부 정책 과제로서 과거보다 진일보한 내용들이 제시되고 있기는 하다. 그러나 정책과 정부의 실천 의지는 별개의 사안으로, 정부의 실천 의지는 난민과 외국인의 복지 영역이 아니라 출입국관리와 심사 체계에서 강력한 힘을 발휘하고 있다.

국내에 유입되는 외국인은 그 정체성이 단일하거나 부동적이지 않다. 애초의 외국인노동자가 혼인을 하여 국내에 정착할 수 있고, 유학생들은 학업을 주목적으로 입국한 뒤 근로자가 되기도

---

23 석하림 · 고민희, 〈이민정책의 파편화와 선별적 사회통합: 한국의 외국인 근로자 정책을 중심으로〉, 《담론201》 25(2), 2022, 105쪽.

하고, 관광객일 수 있으며, 귀국 후에는 출신국과 한국을 매개하는 역할자가 될 수도 있다.[24] 난민 역시 다른 외국인들과 마찬가지로 근로자, 혼인이주자, 유학생 등 다층적이고 변용 가능한 정체성의 주체다. 다만 그들이 다른 외국인의 경우와 차이가 있다면 그들에게는 돌아갈 장소가 존재하지 않을 뿐이다.

분절적이고 파편화된 정책과 차별적 기조는 정책 시행의 복잡성을 유발하는 것에 그치지 않는다. 여기에는 이주자들을 노동생산성 향상 또는 한국인 재생산을 위한 '도구적 존재'로 바라보는 관점이 반영되어 있다. 단기적인 관점에서 볼 때 난민은 노동생산성 향상에 기여하기보다는 집중적인 국가 부조를 필요로 한다. 적극적인 유입과 정주로의 유인이 없거나 적은, 체류를 저지하고 배제해야 할 대상인 것이다.

현재의 난민정책과 "테러리스트"의 유입 방지를 명목으로 한 「난민법」 개정안 역시 이러한 맥락 안에서 이루어지는 국가에 의한 타자화, 서열화의 또 다른 이름이라는 비판이 가능하다.[25]

24　김도혜, 〈교육 수혜자에서 초국적 청년 이주자로 – 해외 유학생 연구 동향을 통해 본 한국의 외국인 유학생 연구의 과제와 추진 방향〉, 《다문화콘텐츠연구》 31, 2019, 42쪽.
25　석하림·고민희, 〈이민정책의 파편화와 선별적 사회통합: 한국의 외국인 근로자 정책을 중심으로〉, 125쪽.

난민인정 현황과 난민 심사의 전문성 문제

이하에서는 현재 난민정책의 실제적 측면을 살펴보고자 한다. 그중에서도 현행 난민정책의 공정성, 난민 심사 결정의 당위를 가늠할 수 있는 지표로서 난민인정 현황과 난민 심사 체계의 문제를 실증적 자료를 통해 확인하고자 한다. 이를 통해 과연 난민이 무분별하게 수용되고 있는지, 테러리스트와 순수 난민을 명확하게 구분해 낼 제도적 장치가 완비되어 있는지를 확인하고 나아가 난민 심사 인력의 전문성을 제고하기 위한 방안을 모색하는 일이 우선임을 강조하기 위함이다.

난민인정 현황

우리나라는 1992년 12월 「난민협약」에 가입한 이후, 1994년 「출입국관리법」(법률 제4592호, 1994. 7. 1. 시행)에 관련 조항을 신설함으로써 난민인정제도를 도입하였다.[26] 1994년 난민제도 도입 이후 2023년까지 난민 신청과 인정 현황을 살펴보면 다음과 같다.

난민인정과 보호율 산정 방식에 관해서는 ① 심사 완료 건수를 기준으로 난민인정 건수 외에 인도적 체류 허가 건수를 합산하여 난민보호율을 산정하거나(법무부), ② 전체 난민 신청 건수에서 심사 진행 중인 건과 철회 건을 제외하고 완료된 심사를 기

---

[26] 우리 정부는 법률로서 난민인정제도를 도입한 이후 7년이 지난 2001년에서야 첫 난민을 인정하였다.

구분	1994~2017	2018	2019	2020	2021	2022	2023	계
난민신청	32,733	16,173	15,452	6,684	2,341	11,539	18,838	103,760
난민인정	799	144	79	69	72	175	101	1,439

※ 자료: 법무부, 2023 출입국외국인정책 통계연보

준으로 인정률을 산정하거나,[27] ③ 재정착(희망)난민은 "대한민국 밖에 있는 난민 중 대한민국에서 정착을 희망하는 외국인"(「난민법」 제2조 제5호)으로서 현행 난민 심사 체계 내부에서 인정되는 지위가 아니라는 이유로[28] 이를 배제하고 산정하는 방식 등이 있다.(난민인권센터) 이 중 ③의 기준에 따르면 2023년 기준 난민인정률은 1.49퍼센트에 불과하다. ①의 기준에 따르면 2023년 난민보호율 3.9퍼센트,[29] ②의 기준에 따르면 2023년까지의 누적 인정 비율은 2.8퍼센트이다.[30] ①과 ②처럼 난민인정(보호)률 제고에 우호적인 접근 방식을 취한다 하더라도 우리나라에서의 난민인정(보호)률은 세계적으로 상당히 저조한 편이다.

한편, 〈SBS 뉴스〉가 2000년부터 2017년까지 우리나라 난민 신

---

27 김종세, 〈난민법상 난민신청자와 인도적 체류자의 법적 지위〉, 《법학연구》 23(2), 2023, 77쪽.
28 난민심사관 및 난민위원회 등의 심사를 통한 난민인정절차와는 달리, 재정착 희망 난민은 「재한외국인 처우 기본법」상의 외국인정책위원회의 심의를 거쳐 법무부장관의 허가를 받아 국내에 정착할 수 있다.(「난민법」 제24조 제1항)
29 법무부, 《2023 출입국·외국인정책 통계연보》, 2024, 100쪽.
30 김종세, 〈난민법상 난민신청자와 인도적 체류자의 법적 지위〉, 77쪽.

청과 심사 현황을 전수조사한 결과에 따르면, 이 기간 평균 난민 인정률은 3.5퍼센트이고 보호율은 10.7퍼센트로 나타났다. 이는 같은 기간 OECD 가입국의 평균 인정률 24.8퍼센트, 보호율 38퍼센트에 비해 현저히 낮은 수준이며 OECD 가입국 중 최저 수준에 해당하는 수치이다.[31]

이렇듯 난민인정률 산정을 위한 기준은 조사 주체마다 약간의 차이가 있지만, 어떤 방식으로 접근한다 하더라도 우리나라의 난민인정 현황은 '무분별한 난민 수용'을 논할 만큼의 객관적 지표를 제시하지 못하고 있다.

난민 심사 체계와 전문성

적극 국가체제를 기반으로 하는 현대사회 국가에서는 행정의 적극적 개입이 요청되며 동시에 행정 작용의 전문성 확보가 중요한 문제로 대두된다.[32] 이를 법무부가 제시한 개정 이유에 비추어 보면, 난민 사유가 있는 자에 대해서는 난민으로 인정하고 그렇지 않은 이른바 '가짜 난민'은 정확히 구분해 낼 수 있는 조직적 체계와 역량을 지녀야 함을 의미한다. 이를 위해서는 충분한 인력이 뒷받침되어야 함은 물론 출신국의 정치·문화·경제적 상황,

---

31 SBS NEWS, 〈최초공개 대한민국 난민보고서 난민 문제, 이것부터 보고 보자〉. (https://mabu.newscloud.sbs.co.kr/201807refugee/)(접속일 2024년 9월 14일)

32 정기태, 〈현대국가에 있어서 행정의 역할변화와 보장국가적 책임〉, 《공법연구》 44(1), 2015, 458쪽.

국제 정세 등에 대한 면밀한 조사와 분석이 가능한 전문성이 요구된다.

이하에서는 실증적 자료를 통해 난민 심사 인력과 체계, 그리고 전문성 측면에서 난민과 난민 아닌 자의 명확한 구분을 담보하기 어려운 상황임을 지적하고자 한다. 이는 단순히 기술적 문제에 그치는 것이 아니라 난민 심사의 공정성, 난민 결정에 대한 승복의 당위성과 연관되는 문제이기도 하다. 그리고 법무부 개정안에 담긴 난민 배제 사유가 설득력을 확보하기 위한 전제이기도 하다.

난민 전담 공무원의 인력과 구성 현황

이 글에서는 난민에 관한 업무를 담당하는 공무원을 총칭하여 '난민담당공무원'이라고 한다. 난민담당공무원은 모두 법무부 출입국외국인정책본부에 소속되어 있다. 이들은 법무부 출입국외국인정책본부 난민정책과와 난민심의과에서 전반적인 난민정책 및 심의에 관한 업무를 담당하고 있는데 직급에 따른 현황은 [표 2]와 같다. 이 중 통역을 제외한 1차 심사담당공무원의 급수별 인원은 [표 3]과 같다.

여기서 다시 심사 신청과 소송을 겸직하는 인원을 제외하면 난민인정 1차 심사를 담당하는 인원은 총 38명에 지나지 않는다. 반면, 2023년 12월 31일 기준 심사대기 건수는 1차 심사 2만 246건, 이의신청 심의는 6,491건이다. 이를 합하면 2만 6,737건으로 난민심사담당자 1인이 한 해에 처리해야 할 사건이 약 424건에

[표 2] 2023년 난민전담공무원 현황

직급	4급	5급	6급	전문임기제 다급 (6급 상당)	7급	계
인원	2	8	24	17	39	90

※ 자료: 난민인권센터 홈페이지.

[표 3] 2023년 난민심사담당자 현황

직급	4급	5급	6급	전문임기제 다급 (6급 상당)	7급	계
인원	0	4	17	8	34	63

※ 자료: 난민인권센터 홈페이지.

이른다. 이는 2022년 12월 31일 기준, 1차 심사대기 1만 1,063건, 이의신청 심의대기 4,888건[33]으로 난민심사담당자 1인이 한 해에 처리해야 할 사건이 약 253건이었던 경우보다 현저히 증대한 수치이다.

이렇듯 난민담당공무원과 난민심사담당자의 인원과 직급 현황에 비추어 보면, 팬데믹 전후로 연 1만여 건씩 발생하는 난민 신청 사건과 이의신청을 처리하기에 역부족인 상황을 확인할 수 있다.

1차 난민 심사와 이의신청 건수를 처리할 절대적 인원이 부족하다는 문제 외에, 급수별 구성 역시 「난민법」 취지에 반한다는 문제가 있다. 「난민법」 제8조 제4항 본문은 "법무부장관은 지방출입국·외국인관서에 면접과 사실조사 등을 전담하는 난민심사

---

[33] 난민인권센터, 〈간단히 보는 2022년 국내 난민 현황〉. (https://nancen.org/2344) (접속일 2024년 9월 14일)

관을 둔다"고 규정한 뒤 그 자격과 업무 수행에 관해서는 대통령령에 유보하였다. 이에 따라 대통령령인 「난민법 시행령」 제6조는 난민심사관의 자격으로 난민 관련 업무에 2년 이상 종사하거나 법무부장관이 정하는 난민심사관 교육과정을 마친 5급 이상의 공무원일 것을 요구한다. 그러나 [표 3]에서 나타난 바와 같이 전체 난민심사담당자 중 5급 이상 공무원에 해당하는 난민심사관은 단 4명에 불과한 실정이다. 즉, 「난민법」은 난민 면접, 사실조사 등 난민 심사에 필요한 핵심적 업무를 난민심사관에게 위임하고 있으나, 실무상으로는 대부분의 경우 이보다 직급이 낮은 주사 또는 주사보가 해당 업무를 담당하고 있는 것이다.

이러한 인력 구성을 갖춘 조직은 필연적으로 신속 위주의 심사를 지향할 수밖에 없다. 난민제도 시행에 있어 커다란 사회적 파장을 일으켰던 이른바 '난민 면접 조작 사건'[34]이 발생한 원인 중 하나로 법무부의 신속한 업무 추진 지침이 거론된 것도 같은 맥락으로 이해할 수 있다.[35]

---

34 2015년과 2016년에 난민신청자들을 대상으로 한 면접에서 면접조서를 허위로 작성한 사건으로 서울행정법원은 난민면접이 졸속으로 이뤄지고 진술이 왜곡돼 기재된 면접조서를 기초로 한 난민불인정결정을 위법하다고 판단하였다.(서울행정법원 2017. 10. 12, 2017구단4294) 법무부가 이 판결에 승복하여 판결이 확정되었다. 면접대상자였던 난민들은 면접을 담당한 공무원 개인에 대한 손해배상 청구소송도 제기하였다. 그러나 담당공무원의 중과실을 인정한 1심과 달리, 항소심은 피고인인 공무원의 중과실을 인정하지 않았고, 이에 불복한 원고의 상고에 대하여 2024년 4월 12일 대법원이 심리불속행기각 판결을 내림으로써 항소심 판결이 확정되었다.
35 김연주, 〈'난민면접 조작(허위작성) 사건'을 통해 확인한 한국 난민심사 제도운영의 문제점과 사건 문제제기 과정의 기록〉, 《공익과 인권》 20, 2020, 233~234쪽.

국가인권위원회는 난민인정 심사 절차상 국제 정세, 신청자 출신 국가의 인권 상황 검토, 심층 면접, 필요한 경우에는 보완 면접까지 거쳐야 하기 때문에 현실적으로 난민담당공무원 1명이 하루에 소화할 수 있는 인원은 한두 명 수준으로 추산하고 있다. 국가인권위원회 역시 2023년 11월 난민 심사가 지연될 수밖에 없는 "가장 크고도 현실적인" 이유로 전문성을 갖춘 심사 인력이 부족하다는 점을 지적하면서, 난민심사관 증원, 난민위원회 상설화 및 확대를 권고한 바 있다.[36]

난민전담공무원의 전문성

난민에 관한 업무는 난민 신청 안내, 면접일 조정, 서류 검토와 같은 일반 행정 업무에서부터 면접자의 출신 국가 정황 조사, 면접자 질문 구성 등과 같이 난민 관련 고유한 업무, 나아가 난민신청자가 난민기각결정에 대하여 소송을 제기하는 경우 이를 위한 변론 준비를 비롯한 송무에 이르기까지 다양한 성격의 업무 내용이 포괄적으로 요구된다. 따라서 난민전담공무원에게는 출입국 관리 행정 업무 외에 국제 난민레짐과 난민국제법에 대한 지식, 국내법과 판례, 해외 국가의 정치사회적 상황 및 문화적 배경 등에 대한 이해가 요구된다.[37]

---

36 국가인권위원회 보도자료, 〈공정하고 신속한 난민심사절차 위해 관련 인력 증원 및 난민위원회 상설화등 필요〉, 2023년 11월 20일자.
37 박서연·조영희, 〈한국의 난민심사 제도 발전 방향: 난민 전담 공무원의 전문성 향

정부는 2018년 제주 예멘 난민 사건을 계기로 민간 출신의 전문임기제 공무원을 선발하였다. 현재 이들은 [표 3]에서 확인할 수 있는 바와 같이 17명이 6급 상당으로 고용되어 활동하고 있다. 선발된 인원의 대다수는 국내외 기관에서의 업무나 학업 경력이 있으며 석사 이상의 학위, 변호사 자격증 등을 갖추고 있어 난민 문제를 이해하고 관련 업무를 수행할 수 있는 역량을 갖춘 것으로 평가된다.[38] 그러나 이들을 제외한 난민전담공무원은 기존 출입국관리직 공무원 출신으로 난민 심사의 특수성에 비추어 이에 특화된 교육이 필수적으로 요구된다.

법무부는 근래 법무부 예규인 「난민 이의신청 접수 및 처리에 관한 지침」을 개정하여(2023. 4. 18.), 난민조사관에 대한 교육을 의무화하고 필수적인 교육 내용을 명시하였다. 해당 지침에 따르면 신규 교육은 난민 이의신청제도의 이해, 난민법령, 이의신청인 출신국 권역별 조사 기법 등이, 전문교육 내용에는 국제 난민 인정 심사 실무, 난민 관련 결정례 및 판례, 난민 관련 세미나, 워크숍, 학술대회, 포럼, 연구모임 참여 등이 포함된다.

그러나 난민조사관은 난민위원회 위원장의 명을 받아 이의신청에 대한 조사 및 그 밖의 사무를 처리하는 자로서(「난민법」 제27조), 이들의 업무 영역은 1차 난민 결정에 대한 이의신청에 관

상을 위한 조직과 심사 현장 개선을 중심으로〉, 176쪽.
38 박서연·조영희, 〈한국의 난민심사 제도 발전 방향: 난민 전담 공무원의 전문성 향상을 위한 조직과 심사 현장 개선을 중심으로〉, 178쪽.

계된 사안들이다. 즉, 개정 예규의 적용 대상은 전체 난민전담공무원 중에서 총 12명의 난민조사관에 국한된 것으로, 1차 심사를 담당하는 공무원은 이 규정의 적용 대상에 속하지 않는다.

또한 앞서 살펴본 바와 같이 「난민법 시행령」은 난민심사관의 자격으로 난민 관련 업무에 2년 이상 종사하였거나 법무부장관이 정하는 난민심사관 교육과정을 마쳤을 것을 요한다. 즉, 교육 이수가 필수적 요건이 아니라 양자가 병렬적이고 선택적 관계에 있다. 게다가 '법무부장관이 정하는 난민심사관 교육과정'의 시행에 관해서는 법령적 차원의 근거도 마련되어 있지 않은 상태이다.

물론 법무부는 자체적으로 매년 난민전담공무원을 대상으로 교육을 실시해 왔다. 그러나 이러한 교육이 의무가 아닐 뿐 아니라, 교육 내용도 유엔난민기구가 제시한 기준에 미치지 못하며 전 난민전담공무원에게 획일적으로 진행된다는 문제가 있다.

유엔난민기구에 따르면 난민심사관의 역량을 갖추기 위한 교육 내용에는 인도주의 및 인권법, 국제 난민법과 같은 법률적 지식은 물론, 면접 기술, 국가 정황정보 조사 기법, 나아가 난민심사관이 겪게 될 어려움을 이해하고 이를 극복하기 위한 자기관리 방법 개발까지 포함되어야 한다.[39]

법무부가 시행한 2022년과 2023년의 교육 일정과 내용을 살펴보면 [표 4], [표 5]와 같다. 먼저 2022년 6회에 걸쳐 진행된 난민

---

[39] UNHCR, 《Procedural Standards, Unit 4: Adjudication of Refugee Status Claims》, 2020, 10쪽.

[표 4] 2022년 난민전담공무원 교육 내용 및 일정

진행일자	교육내용	참가인원
3.7.~3.8.	난민법의 이해, 난민면접의 실제 및 보고서 작성 난민 신청 접수 시 유의사항 인권감수성 교육 등	44명
4.14.~4.15.	난민이론, 난민면접의 실제 및 보고서 작성법 난민인정 사례 분석 및 국가 정황 강의 난민인정자 초청 강연	33명
6.30.~7.1.	난민이론, 난민면접의 실제 및 보고서 작성법 난민인정 사례 분석 등	32명
8.10.~8.11.	난민법의 이해, 난민면접의 실제 및 보고서 작성법 난민신청 접수 시 유의사항 국가 정황 정보 수집 및 분석 방법 등	38명
10.27.	난민이론, 난민면접의 실제 난민인정 및 인도적 체류 허가 사례 분석 등	32명
12.9.~12.12.	난민소송 주요 판례 분석 국가 정황 강의 난민인정자 초청 강연 등	39명

※ 자료: 난민인권센터 홈페이지.

[표 5] 2023년 난민전담공무원 교육 내용 및 일정

진행일자	교육내용	참가인원
3.13.~3.14.	난민이론 개관 난민 모의면접 및 보고서 작성법 UNHCR 전문가 초청 강연 – 국가 정황 정보 수집 및 자료 분석 방법	32명
4.24.~4.25.	난민 인식 개선 교육 아동 면접 시 유의사항 전문가 초청 강연 – 러시아 국가 정황	14명
6.9.	난민이론 및 특이사례 분석 난민전담공무원 직무 스트레스 완화 심리 지원 교육	10명
8.16.~8.18.	난민이론 개관 난민 모의면접 및 보고서 작성법 UNHCR 등 전문가 초청 강연 – 국가 정황정보 수집 및 자료 분석 방법, 수단 국가 정황	19명
9.18.~9.19.	난민이론 개관 전문가 초청 강연 – 아프리카 국가 정황, 유럽 난민 사례, 의사소통과 난민 통역	40명
12.7.~12.8.	출입국항 난민회부 절차 및 심사 유의사항 난민전담공무원 직무 스트레스 완화 심리 지원 교육 전문가 초청 강연 – 난민소송의 이해, 난민 공공외교	32명

※ 자료: 난민인권센터 홈페이지.

전담공무원 대상 교육은 주로 난민면접과 보고서 작성 등 실무 위주로 사실상 1, 2회 정도의 커리큘럼에 한정되어 있다. 이러한 내용들은 유엔난민기구가 제시한 기준, 인도주의나 인권법, 국가 정황을 비롯한 조사와 자료의 사용 기법 등 절차의 공정성과 질을 담보할 수 있는 교육이 포함되어 있다고 보기 어렵다. 2023년 교육 내용은 전년도에 비해 다양한 내용이 추가되었음을 확인할 수 있다. 특히 "아동 면접 시 유의사항"이나 "난민전담공무원 직무 스트레스 완화 심리 지원 교육"은 이전까지의 교육과정에서는 다루지 않았던 내용으로, 유엔난민기구가 제시하는 기준 중 일부를 포함하였다고 볼 수 있다. 그러나 여전히 젠더나 문화 감수성을 향상시키거나 팀워크 증진을 위한 교육은 미비하다. 또한 이러한 교육이 직책이나 경력과 상관없이 획일적으로 시행된다는 점에서 난민 관련 지식을 심화하기 곤란하다는 지적이 가능하다.

소결

지금까지 현행 난민 심사는 인적 조직과 전문성 면에서 신속하고 정확한 난민 심사를 담보할 수 없는 상황임을 확인하였다. 이러한 체계 하에서 '국가안전보장, 질서유지 또는 공공복리를 해쳤거나 해칠 우려'라는 두루뭉술한 배제 사유가 난민 심사 과정에서 어떤 방식으로 작동할 것인지를 예상하기는 어렵지 않다.

법무부가 우선적으로 추진해야 할 과제는 이러한 상황 하에서 비합리적인 난민 배제 사유를 추가하는 것이 아니라, 정상적인 심사가 가능하도록 인력을 충원하고 전문성을 향상시키는 것이다. 난민조사관뿐 아니라 난민전담공무원 전체에 대한 교육을 의무화하는 방향으로 법무부 예규를 개정하고, 난민심사공무원의 법정 자격으로서 급수 요건을 완화하는 한편, 교육 이수와 자격증 획득 요건을 강화할 필요가 있다. 법무부의 개정 근거는 이러한 전제 위에서 설득력을 갖출 수 있을 것이다.

개정안의 법리적 문제

테러리스트 유입 방지를 목적으로 하는 「난민법」 개정은 전체적인 난민 배제를 위한 프레임 하에서 실시된 통치 전략의 하나로 현행 난민제도에 비추어 사실성의 근거가 빈약함을 확인하였다. 이하에서는 미시적인 접근으로 개정안 자체의 법리적 문제점을 살펴본다.

불이익 처분과 명확성의 원칙

개정 법률안이 난민 배제 사유로서 추가한 "국가안전보장, 질서유지 또는 공공복리를 해쳤거나 해칠 우려가 있는 경우"는 이미 그 자체로 지나치게 추상적이고 모호해서 당사자에게 내려지는 불이익 처분의 준거로 적당하지 않다.

명확성의 원칙은 법적 안정성에서 도출된다. 법적 안정성이란 객관적으로 법적 투명성과 평화를 의미하고, 주관적으로는 제정된 법규범이 원칙적으로 모든 이에게 동일한 기준으로 작용하리라는 개인의 신뢰에 대한 보호를 의미한다.[40]

명확성 원칙의 판단 기준은 입법·행정·사법의 영역에서 국가기관마다 다르게 적용될 수 있으며,[41] 국가 형벌권의 근거가 되는 형사법은 다른 법률의 경우보다 고도의 명확성 원칙이 요구되는 등 법률에 따라 그 정도가 달라지기도 한다. 그러나 명확성의 원칙은 모든 법률의 위헌 여부를 판단하는 주요하고도 독자적인 심사 기준으로 기능하며,[42] 법치주의의 근본이라는 점에는 이견이 없다.

명확성 원칙의 목적 중 하나는 국가권력의 차별적이고 자의적 법률 해석을 방지하는 것에 있다.[43] 따라서 모든 법률은 사회 평균인이 그 법률에 의해 행위 지표를 설정할 수 있도록 형식적 측면에서는 언어적으로 명료해야 하며, 법의 내용적 예견이 가능해야 한다. 특히 대법원은 침익적 행정처분의 근거가 되는 행정법규를 해석할 때에는 "헌법상 요구되는 명확성의 원칙에 따라 그 근거가 되는 행정법규를 더욱 엄격하게 해석·적용해야 하고, 행

---

[40] 헌법재판소 1996. 2. 16. 선고 96헌가2, 96헌바7, 96헌바13 전원재판부 [헌집8-1, 51].

[41] 박찬권, 〈행위규범과 재판규범으로서 명확성원칙의 내용 및 기준〉, 《서울법학》 31(3), 2023, 46쪽.

[42] 표명환, 〈헌법재판소의 명확성원칙의 적용에 관한 고찰〉, 《법과 정책연구》 20(4), 2020, 31쪽 이하 참조.

[43] 박찬권, 〈행위규범과 재판규범으로서 명확성원칙의 내용 및 기준〉, 43~44쪽.

정처분의 상대방에게 지나치게 불리한 방향으로 확대해석이나 유추해석을 해서는 안 된다"고 판시함으로써 조금 더 엄밀한 기준을 제시하고 있다.[44]

난민은 국내에서의 체류, 「난민법」이 보장한 각종 사회보장권의 수급을 난민 심사 결정에 의존한다. 행정청의 난민불인정결정은 난민에 대한 중대한 불이익 처분으로서 그 근거는 수익적 행정처분의 경우보다 엄격한 명확성의 원칙이 요청된다.

"국가안전보장, 질서유지 또는 공공복리를 해쳤거나 해칠 우려가 있는 경우"는 지극히 추상적이고 광범위하다. 위임입법의 경우는 상위법규에서 어느 정도의 포괄성과 추상성을 내포하기 마련이지만, 해당 사유는 하위법규를 통해 구체적인 행위 양태를 명시하고 있는 것도 아니다. 다른 사유와 더불어 난민인정을 제한하는 직접적인 근거로 기능한다. 문언 자체의 모호성도 문제지만 동조 1호에서 4호까지의 다른 사유와 비교해서도 구체성의 차이가 현저하다.

법무부는 개정안의 취지 중 하나로 테러리스트의 유입 방지를 거론했다. 우리나라는 2019년 테러의 예방과 대응을 위하여 「테러방지법」을 제정했는데, 이 법은 제2조에서 구체적인 행위를 열거하는 방식으로 '테러'의 의미를 정의하고 있으나, 여전히 명확성의 원칙에 반하며 기본권 침해의 소지가 있다는 지적에서 자유

---

44 대법원 2021. 11. 11. 선고 2021두43491 판결 [공2022상,51].

롭지 않은 실정이다.[45] 「난민법」 개정안의 "국가안전보장… 해쳤거나 해칠 우려가 있는 경우"는 「테러방지법」에서 말하는 '테러'보다 더 포괄적인 개념이다. 당국의 재량적 해석이 얼마든지 가능하며 법적 안정성을 담보할 수 없는 수준이다. 헌법과 판례가 명확성의 원칙을 통해 수호하고자 하는 개인의 기본권, 법치주의의 근간을 심각하게 훼손하는 위헌적 조항일 수밖에 없다.

「난민협약」상 규정과 개정안

법무부는 지난 12월 난민법 개정안을 입법예고하면서 「난민협약」에도 개정안과 같은 배제 기준을 두고 있다고 주장함으로써 개정의 필요성을 강조하였다. 그러나 법무부가 근거로 든 「난민협약」의 관련 조항은 취지, 조문 사이의 관계, 구체적 요건 등에서 개정안과 근본적인 차이가 있다.

「난민협약」은 제33조 제1항에서 "체약국은 난민을 어떠한 방법으로도 인종, 종교, 국적, 특정 사회집단의 구성원 신분 또는 정치적 의견을 이유로 그 생명이나 자유가 위협받을 우려가 있는 영역의 국경으로 추방하거나 송환하여서는 아니 된다"고 하여, 강제송환금지원칙을 천명하였다. 이어 제2항에서 "체약국에 있는 난민으로서 그 국가의 안보에 위험하다고 인정되기에 충분한 상

---

45 제성호, 〈테러방지법상 테러 정의조항의 문제점과 개선방안〉,《법학논문집》47(1), 2023, 5쪽 이하; 백상진, 〈테러방지법상 테러 관련 개념에 관한 비판적 고찰과 개정 방향에 관한 연구〉,《한국경찰학회》24(5), 2022, 21쪽 이하 참조.

당한 이유가 있는 자 또는 특히 중대한 범죄에 관하여 유죄의 판결이 확정되고 그 국가공동체에 대하여 위험한 존재가 된 자"를 강제송환금지원칙의 적용이 되지 않는 대상으로 규정하고 있다.

강제송환금지원칙은 협약 당사국의 국내 적용 유보가 허용되지 않는 강행규범으로서 「난민협약」의 핵심 원칙이다.[46] 제33조 제1항은 난민인정 여부와 관계없이 모든 비호신청자에 대하여 강제송환을 금지하고 있다. 이러한 원칙의 취지와 제2항의 관계를 살펴볼 때, 해당 조항은 제2항에 속하는 경우를 제외하고는 어떠한 비호신청자도 강제송환의 대상이 되지 않는다고 이해하는 것이 적절할 것이다.

또한 제2항에서 말하는 강제송환금지원칙이 적용되지 않는 "국가공동체에 대하여 위험한 존재가 된 자"는 단순히 위험한 존재가 된 자가 아니라 "중대한 범죄에 관하여 유죄의 판결이 확정"되었어야 한다는 요건이 동시에 충족되어야 한다.[47] 그 밖에 국가의 안보에 위험하다고 인정되기에 충분한 상당한 이유가 있을 것을 요건으로 하여 국가에 입증책임을 부과하고 있다.

추방에 관한 제32조 역시 "체약국은 국가안보 또는 공공질서를 이유로 하는 경우를 제외하고 합법적으로 그 영역에 있는 난민을 추방하여서는 아니 된다"고 하여 추방 금지가 원칙임을 규정하고

---

46 노동영, 〈난민법 개정방향과 강제송환금지원칙〉, 《법과 정책연구》 19(3), 2019, 475쪽.
47 "a refugee … who, having been convicted by a final judgment of a particularly serious crime, constitutes a danger to the community of that country."

있으며, 추방을 할 때에도 "법률에 정하여진 절차에 따라 이루어진 결정에 의하여만 행하여진다. 국가안보를 위하여 불가피한 이유가 있는 경우를 제외하고 그 난민은 추방될 이유가 없다는 것을 밝히는 증거를 제출하고, 또한 권한 있는 기관 또는 그 기관이 특별히 지명하는 자에게 이의를 신청하고 이 목적을 위한 대리인을 세우는 것이 인정된다"고 하여 적법절차의 원칙과 추방 대상자의 이의신청권을 보장하고 있다. 즉, 체약국이 난민을 추방하기 위해서는 명확한 법적 기준을 제시하고 추방 결정에 대한 이의신청 절차를 확보할 것을 요구하고 있다.

요컨대, 「난민협약」 제32조 및 제33조를 근거로 "국가안보 또는 공공질서" 침해라는 막연한 이유를 직접적인 추방의 사유로 규정할 수 있다고 해석하는 것은 「난민협약」의 취지, 법률의 체계적 해석에 반하는 명백한 오도다.

근래 「난민법」 개정 움직임을 살펴보면, 정부는 잠재적 테러리스트 또는 난민제도를 악용하거나 남용하는 자들로부터 국내 질서와 안전을 수호하려는 의지를 강하게 드러내고 있다.

개정 법률안은 해당 안의 정당성, 위헌성 논란을 내포하고 있을 뿐 아니라, 임기만료로 폐기된 2021년 개정안과 더불어 향후 우리 난민정책이 어떻게 전개될 것인가를 암시하는 의미도 있다. 난민은 포괄적으로 배제될 것이며 신속하고 공정해야 할 난민 심사 절차에서는 '신속'이 더욱 강조될 것임을 시사한다.

난민정책 기조의 변화는 현재에 대한 충분한 인식과 반성에서 출발해야 한다. 정부가 예정하는 난민정책이 정당성을 갖추려면, 현재의 난민정책이 공정하고 빈틈없으며 정의로워야 하고, 그럼에도 불구하고 난민제도를 이용하여 우리 사회를 불안하게 만드는 수많은 잠재적 테러리스트가 실존해야 한다. 설령 개정의 필요가 있다고 하더라도 개정안은 위헌의 소지가 없어야 하며 법리적 다툼의 여지가 최소화된 상태여야 함은 물론이다.

그러나 난민은 거시적인 프레임 하에서는 시민과 적대적인 존재로서 배제해야 할 대상으로 여겨지고 있으며, 실제로 이주자를 대상으로 한 정책에서 가장 열악한 지위를 차지하고 있음을 확인하였다. 실증적인 측면에서 현재 난민 심사 체계는 난민과 테러리스트의 명확한 구분을 담보할 만큼 충분한 인적 구성과 전문성을 갖추지 못하고 있다. 법리적 측면에서 테러리스트 유입을 방지하기 위한 개정안은 위헌의 소지가 농후하다.

'잠재적 테러리스트로부터의 국가 질서 보호'라는 명목은 정책의 충실한 집행 이후에야 설득력을 갖출 수 있을 것이다. 법무부의 행보는 본래의 의무를 방기한 채, 대중의 불안에 의존한 통치에 기여한다는 비판을 면할 수 없다. 개정안은 즉각 폐기되어야 하고 현재 난민정책의 공정성과 난민에 대한 인도적 지원을 보장할 만한 세부 정책들을 고민해야 할 때이다.

참고문헌

미미 셸러, 《모빌리티 정의》, 최영석 옮김, 앨피, 2019.
장주영 · 허정원, 《이주민의 부모초청에 대한 연구》, 이민정책연구원, 2023.
팀 크레스웰, 《온 더 무브》, 최영석 옮김, 앨피, 2021.

김도혜, 〈교육 수혜자에서 초국적 청년 이주자로 – 해외 유학생 연구 동향을 통
    해 본 한국의 외국인 유학생 연구의 과제와 추진 방향〉, 《다문화콘텐츠연
    구》 31, 2019, 39~68쪽.
김상찬 · 김유정, 〈국제결혼 이주여성의 인권보호를 위한 법적 과제〉, 《법학연
    구》 43, 2011, 319~344쪽.
김연주, 〈'난민면접 조작(허위작성) 사건'을 통해 확인한 한국 난민심사 제도
    운영의 문제점과 사건 문제제기 과정의 기록〉, 《공익과 인권》 20, 2020,
    225~266쪽.
김종세, 〈난민법상 난민신청자와 인도적 체류자의 법적 지위〉, 《법학연구》
    23(2), 2023, 75~96쪽.
김태은, 〈외국인 유학생 유치 정책 'Study Korea 300K Project'에 대한 소고〉,
    《문화와융합》 45(12), 2023, 945~956쪽.
김현미, 〈어떻게 국민은 난민을 인종화하는가?〉, 《난민, 난민화되는 삶》, 갈무리,
    2020, 278~302쪽.
노동영, 〈난민법 개정방향과 강제송환금지원칙〉, 《법과 정책연구》 19(3), 2019,
    471~496쪽.
박서연 · 조영희, 〈한국의 난민심사 제도 발전 방향: 난민 전담 공무원의 전문성
    향상을 위한 조직과 심사 현장 개선을 중심으로〉, 《국가정책연구》 36(3),
    2022, 165~191쪽.
박찬권, 〈행위규범과 재판규범으로서 명확성원칙의 내용 및 기준〉, 《서울법학》
    31(3), 2023, 33~66쪽.
백상진, 〈테러방지법상 테러 관련 개념에 관한 비판적 고찰과 개정방향에 관한
    연구〉, 《한국경찰학회》 24(5), 2022, 21~47쪽.
백일순, 〈이동통치의 관점에서 본 난민 담론의 형성과 변화〉, 《문화역사지리》

34(2), 2022, 151~169쪽.

서선영, 〈난민과 이동통치 – 예멘 출신 난민 신청자들의 제주에서의 경험 연구 –〉,《공간과사회》32(4), 2022, 260~296쪽.

석하림·고민희, 〈이민정책의 파편화와 선별적 사회통합: 한국의 외국인 근로자 정책을 중심으로〉,《담론201》25(2), 2022, 103~138쪽.

신혜란, 〈이동통치와 불안계급의 공간전략〉,《공간과사회》27(4), 2017, 9~35쪽.

원숙연, 〈다문화주의시대 소수자 정책의 차별적 포섭과 배제: 외국인 대상 정책을 중심으로 한 탐색적 접근〉,《한국행정학보》42(3), 2008, 29~49쪽.

정기태, 〈현대국가에 있어서 행정의 역할변화와 보장국가적 책임〉,《공법연구》44(1), 2015, 457~491쪽.

정명주·김소윤, 〈외국인근로자 고용 정책변동에 따른 사회통합정책대상으로의 포용 가능성 탐색: 단기순환원칙의 고용정책을 중심으로〉,《한국거버넌스학회보》27(1), 2020, 57~92쪽.

정현주, 〈한국 이주정책에서 이주민의 시민적 계층화와 공간분화: 민족과 젠더에 따른 외국인노동자 체류자격 차등화를 중심으로〉,《한국지리학회지》9(3), 2020, 567~585쪽.

제성호, 〈테러방지법상 테러 정의조항의 문제점과 개선방안〉,《법학논문집》47(1), 2023, 5~34쪽.

최유, 〈제주예멘난민 이후 「난민법」 개정안의 입법동향에 관한 연구〉,《한국이민정책학보》5(1), 2022, 19~40쪽.

표명환, 〈헌법재판소의 명확성원칙의 적용에 관한 고찰〉,《법과 정책연구》20(4), 2020, 31-53쪽.

Gyuchan Kim, "The Migration Regime of South Korea: Three Axes of Civic Stratification." *OMNES: The Journal of Multicultural Society* 8(3), pp. 84-87.

국가인권위원회 보도자료, 〈공정하고 신속한 난민심사절차 위해 관련 인력 증원 및 난민위원회 상설화등 필요〉, 2023년 11월 20일자.

난민인권센터, 〈간단히 보는 2022년 국내 난민 현황〉. (https://nancen.org/2344)(접속일 2024년 9월 14일)

법무부 출입국·외국인정책본부 보도자료, 〈「난민법」 일부개정법률안 입법예고〉, 2023년 12월 12일자.

법무부, 《2023 출입국 · 외국인정책 통계연보》, 2024,

법무부 출입국 · 외국인정책본부, 〈제4차 외국인정책 기본계획〉, 2024.

이주현, 〈한동훈 장관이 말하는 "꼭 필요한 외국인"은 누구일까〉, 《한겨레》, 2023년 12월 19일자.

SBS NEWS, 〈최초공개 대한민국 난민보고서 난민 문제, 이것부터 보고 보자〉. (https://mabu.newscloud.sbs.co.kr/201807refugee/)(접속일 2024년 9월 14일)

UNHCR, 《Procedural Standards, Unit 4: Adjudication of Refugee Status Claims》, 2020.

UNHCR, 〈UNHCR's Comments on the Legislative Amendment Proposal to the Refugee Act of the Republic of Korea〉, 2022.

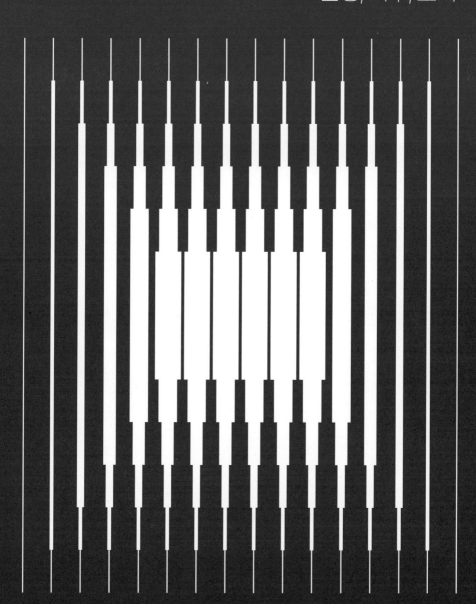

3부

모빌리티와 미래 세계의
현재적 조건
: 환경, 기후, 도시

전후 일본에서 모빌리티 테크놀로지의 발전과 그 환경 영향

: 이시무레 미치코의《고해정토》를 중심으로

우연희

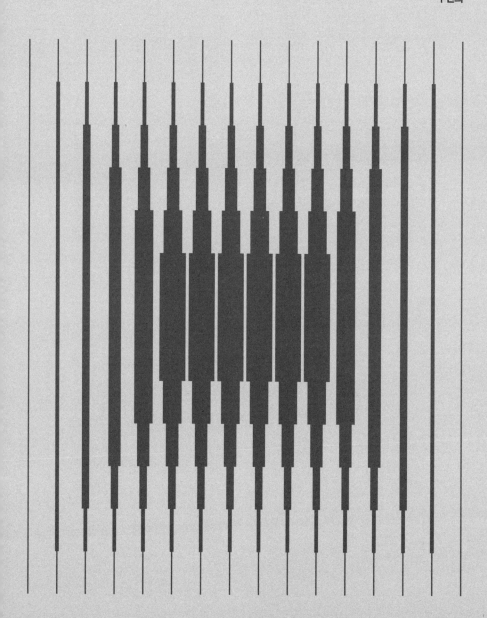

이 글에서는 기술 발달과 경제 발전으로 야기된 공해를 소재로 삼은 일본의 '전후' 소설을 대상으로 공해 사건의 발생과 공해병 재현 양상을 살펴보려고 한다. 일본은 고도 경제성장기에 세계적으로도 심각한 사례에 속하는 여러 가지 공해 문제를 겪었다. 미나마타병水俣病, 이타이이타이병イタイイタイ病과 같은 공해병公害病이 그 예이다. 기술과 산업의 발전은 경제를 성장시키고 우리의 생활을 윤택하게 했지만, 그 이면에서는 인간의 존엄성이 상실되고 자연환경이 파괴되는 결과로 나타났다.

근대화에 따른 공해와 환경파괴는 영국의 산업혁명 이후 각국에서 발생했다. 일본에서는 아시오足尾, 히타치日立와 같은 광독鑛毒 사건이 발생하는 등 전전戰前에도 심각한 공해가 발생했다. 그러나 1945년 이후의 공해와 환경문제는 그 이전과 양적·질적으로 달라졌다.[1] 전후의 도시화와 경제 발전으로 인해 대량생산과 유통·소비가 가능해지면서 공해의 범위와 그 규모 역시 커지게 된 것이다.

1945년 전쟁에 패한 일본은 황폐화된 일본을 재건하기 위해 한국전쟁을 발판으로 삼아 경제성장을 도모한다. 1968년 일본의 GNP는 서독을 추월해 서구 세계에서 미국 다음으로 제2위가 되었을 정도로 눈부신 경제 발전을 이루었다. 폐허 위 이룩한 경제성장에는 대량 이동과 대량생산을 가능하게 한 기술과 교통·운

---

1   미야모토 겐이치, 《공해의 역사를 말한다》, 김해창 옮김, 미세움, 2016, 2쪽.

송 시스템의 발달이 큰 역할을 했다. 이로 인한 거대 도시의 탄생과 무분별한 개발, 산업 발전은 공해, 산업재해, 도시빈민 문제 등을 야기했다.

전후 일본에서 발생한 공해병 중 1954년 규슈의 구마모토현熊本県 미나마타시水俣市를 중심으로 발생한 미나마타병은 일본의 공해 사건 중 가장 먼저 공해병으로 인정받았다. 공해의 원점이라고 불리는 미나마타병의 발생을 소재로 한 소설이 이시무레 미치코石牟礼道子의 《고해정토 나의 미나마타병苦海淨土 － わが水尿病》(1969)(이하《고해정토》)이다.

《고해정토》에 대한 선행 연구로 기록주의 문학으로 평가한 연구, 미나마타병을 근대 자본주의의 폐해로 보고 분석한 연구를 가장 먼저 들 수 있다. 《고해정토》는 근대 자본과 고향과의 관계를 비롯해 실제 자료들을 토대로 미나마타병을 소설로 기록한 점을 들어 기록주의 문학으로 높이 평가받는 작품이다. 또한 3·11을 떠올리며 타자의 죽음을 둘러싼 경계들에 주목하여 재난문학으로 분류되기도 한다. 사회구성주의적 입장에서 미나마타병의 발병과 공해병 인정의 전체적인 과정과 역사를 계보학적으로 살펴본 연구도 있다.[2] 《고해정토》에 대한 기존의 연구는 공통적으

---

2 김경인, 〈石牟禮道子《苦海淨土 わが水俣病》의 기록주의〉, 《일본연구》 18, 2012, 176~202쪽; 심정명, 〈경계를 묻는 문학적 실천: 이시무레 미치코《고해정토》로부터〉, 《비교문학》 66, 2015, 91~101쪽; 오미정, 《《고해정토》에 나타난 공해병과 양가주망 – 1인칭 여성 언어로 기록하기〉, 《아시아문화연구》 51, 2019, 135~158쪽; 오미정, 〈고도성장기의 반근대적 상상력 – 이시무레 미치코石牟禮道子의 《고해정토苦海淨土》를

로 산업과 경제 발전에 따른 공해가 인간의 삶에 미친 결과를 분석하는 것들이다. 이에 이 글은 인간이 중심적 역할을 담당한 환경의 불균형, 또는 파괴가 인간뿐만 아니라 동물, 식물, 광물, 대기를 포함한 '비인간non-human'[3]에도 커다란 영향력을 미친다는 점에 착안하여《고해정토》를 살펴보려고 한다.

본론에서는 일본의 고도 경제성장과 미나마타병의 발생을 살펴보고, 미나마타병이 발생한 사회의 구조적인 특징을 분석한다. 이어《고해정토》에 묘사된, 인간에게 발병하기 전에 비인간 존재에 드러나는 이상 현상을 추출해 보고 이를 생태비평의 관점에서 검토한다. 생태비평은 넓게는 인간과 비인간의 관계에 관한 연구라고 할 수 있다.[4] 인간의 욕구는 전 지구적인 환경오염과 생태계 파괴로 이어졌고 이는 인간뿐만 아니라 모든 생명체의 존립까지 위태롭게 만들었다. 이러한 환경문제는 과학적 측면에서 연구하고 검증할 뿐 아니라 문학과 철학 등의 문화적 측면으로도 분석할 필요가 있다. 따라서 이 글에서는 인간의 욕구로 인한 산업과 경제의 발달로 바다가 오염되었고, 이 오염된 바다의 영향으

중심으로),《日語日文學硏究》109, 2019, 269~290쪽; 유수정, 〈'공해의 원점'에서 보는 질병 혐오〉,《횡단인문학》11, 2022, 27~52쪽; 이영진, 〈'질병'의 사회적 삶: 미나마타병의 계보학〉,《일본비평》25, 2021, 260~297쪽; 結城正美,《苦海浄土》にみる 汚染と食の言説〉,《アジア遊學》143, 勉誠出版, 2011, pp.175~179.

3 산업혁명 이후 '인간'이 지구 시스템 전반의 기능에 균열을 가하는 지질학적 힘으로 작용해 왔고, 이 균열로 인해 고통을 짊어지고 나타나는 인간 이외의 '비인간' 존재라는 의미로 '비인간' 용어를 사용하고자 한다.

4 그럭 개러드,《생태비평》, 강규한 옮김, 서울대학교출판문화원, 2014, 15쪽.

로 인간에게 발병한 미나마타병을 그린 소설 《고해정토》의 연구를 통해 인간과 비인간의 얽힘을 확인하려고 한다.

'공해'라는 개념은 일본의 독자적인 개념으로 전후 1960년대 중반까지도 국어사전에 없었던 단어였다. 공해를 법 개념으로 처음 사용한 것은 1949년이지만, 일상어가 된 것은 1960년대부터이다. 이는 전전의 경우 공해는 국지적 현상으로 주로 농작물이나 수산물의 피해를 가리키는 의미였으나, 전후 경제적 손해에 건강·생명의 손실이라는 인격권의 침해를 일으키는 '사건'으로 변모했기 때문이다. 이러한 점은 1967년 「공해대책기본법」에 명기된 공해의 정의에 포함되어 있다. 공해란 "사업 활동 그 밖에 사람의 활동에 따라 생기는 상당 범위에 걸친 대기오염, 수질오염, 소음, 진동, 지반 침하 및 악취로 인해 사람의 건강 또는 생활환경에 관련된 피해가 생기는 것"[5]으로 규정되어 있다. 이 정의에서도 확인할 수 있듯이 《고해정토》의 출발점이 되는 바다 오염은 공해의 범주에 포함되며, 이는 흔히 건강이나 생계와 같이 인간에게 가해지는 직접적인 피해로만 제한되는 경향이 있다. 인간이 아닌 동물, 식물과 같은 비인간 존재와 그에 대한 피해는 간과하기 쉽다. 이에 이 글에서는 인간과 자연, 사회를 유기적 관계 속에서 파악하면서 인간이 지구환경 위기의 중심적 역할을 하는 존재라는 관점에서 공해와 《고해정토》를 분석하려고 한다. 먼저 공

5   미야모토 겐이치, 《공해의 역사를 말한다》, 10쪽.

해의 원점인 미나마타병이 고도성장, 도시화와 밀접한 관계에 있음을 확인하고, 미나마타병 발생의 구조적인 재현 양상을 분석한 뒤, 미나마타병을 둘러싼 인간과 비인간 존재의 관계성에 대해 살펴보려고 한다.

일본의 고도성장과 미나마타병의 발생

《고해정토》는 1950년대 중반 규슈九州 남쪽 해안 지방에서 산업공해로 인해 발생한 재앙, 미나마타병을 다룬 작품이다. 이 작품은 각각 완결적인 독립된 3부작으로 집필되었다. 1부는《고해정토 나의 미나마타병苦海浄土 わが水俣病》(1969), 2부는《신들의 마을神々の村》(2004), 3부는《하늘 물고기天の魚》(1972)로 1965년에 집필을 시작해서 2004년에 완결되었다. 1부《고해정토》는 미나마타병이 사회·정치적 문제가 되기 전 미나마타병 피해자들에 대한 서사, 2부《신들의 마을》은 환자 가족 29세대가 소송을 제기한 1969년부터 이듬해까지 '소송파'의 활동이 가장 사회의 주목을 받았던 시기를 다루고 있고, 3부《하늘물고기》는 1년 9개월에 걸친 짓소チッソ 도쿄 본사 점거를 담고 있다. 3부작 중 이 글에서는 1부《고해정토》를 중심으로 살펴보려고 한다.

《고해정토》 도입부에 묘사된 시라누이해 연안 지역의 마을은 몸이 휘고 죽음에까지 이르는 기이한 병이 찾아오리라고는 상상

미나마타병 환자발생지역(1972년 당시의 지도 · 자료에 의함)

※출처: 이시무레 미치코 지음,《고해정토 나의 미나마타병》,
김경인 옮김, 달팽이출판, 2004.

도 할 수 없을 만큼 평화롭고 한적하다. 신일본질소비료新日本窒素肥料(현재 짓소) 미나마타 공장에 인접해 있는 유도湯堂는 아이들이 바다에서 뛰어노는 함성이 가득한, 한적하지만 활기가 넘치는 바닷가 마을이다.

일 년에 한두 번, 태풍이나 와야 파도가 이는 조그마한 만灣을 둘러싸고 유도湯堂 부락이 있다.

가늘게 떨리는 속눈썹 같은 유도만의 잔물결 위로 작은 배와 정어리 망태 등이 떠 있다. 아이들은 발가벗은 몸으로 이 배에서 저 배로 뛰어다니거나 바닷속으로 풍덩 뛰어들며 놀았다.

여름이면 아이들이 질러 대는 소리가, 밀감 밭이며 협죽도俠竹桃, 몽글몽글 혹 달린 커다란 옷나무며 돌담 틈을 타고 집집으로 울려 퍼졌다.[6]

아이들이 노는 소리가 바다 위에도 마을의 구석구석에도 울려

---

6 이시무레 미치코,《고해정토 나의 미나마타병》, 김경인 옮김, 달팽이출판, 2007, 13쪽.

퍼지고 인간과 바다, 나무, 돌담이 어우러진 삶의 터전이 소설의 첫머리를 장식하고 있다. '가늘게 떨리는 속눈썹 같은 유도만의 잔물결'이 이는 바다는 아이들의 놀이터이자 어민들이 생계를 유지할 수 있는 삶의 터전이다. 그러나 이러한 모습은 인적이 끊기고 낡아 빠진 청년회관으로 시선이 옮겨지면서 미나마타병이 발생하기 전과 후의 마을 모습이 확연히 대비된다.

우물이 있는 평지를 따라 판자로 만든 벽에 마루방이 있는 마을회관-청년회관이 쓰러질 듯 간신히 버티고 서 있었다. 바닷바람이 스민 이 초라한 건물은 오랫동안 젊은이들이 사용하지 않은 탓에 휑하니 노인네들의 뼛속 깊이 사무친 외로움만이 스산하게 건물 안을 맴돌았다. 청년들의 발길이 끊어진 청년회관은 마을의 생기를 눈에 띄게 앗아가 버렸다.[7]

아이들은 놀이터 삼아 더 이상 바다에 나가는 일도 없고, 바다에서도 집에서도 어떤 소음도 들리지 않는 정적에 마을이 잠긴 듯하다. 신일본질소비료 미나마타공장이 들어서고 미나마타병이 퍼지면서 젊은이들이 마을에 어부로 남아 있지 않고 떠나 버린 탓이다. 신일본질소비료 공장은 수력발전에 의한 전기화학 회사로 출발하여 화학비료 외에 초산, 염화비닐을 만드는 유기합성화

---

7 이시무레 미치코, 《고해정토 나의 미나마타병》, 15쪽.

학의 톱 메이커였다. 신일본질소비료 공장의 발전은 미나마타의 발전이었고, 미나마타는 구마모토현에서 유수의 공업도시로 발전했다. 또한 신일본질소비료 공장은 전후 일본의 고도 경제성장을 지탱해 준 기업 중 하나였기에, 미나마타병은 전후 일본의 고도성장기의 공해라고 불린다.

일본은 한국전쟁을 발판으로 하여 1970년대 초까지 약 20년간, 평균 10퍼센트의 경제성장을 이루었다. 패전 후 일본에 기지를 둔 미군은 군수물자(마대, 모포, 면사, 트럭, 포탄, 강재 등)와 서비스(트럭·전자·함정의 수리, 기지의 건설 및 정비 등)를 일본에 발주했다. 1950년부터 1953년까지 미국이 일본에서 소비한 금액은 30억 달러에 달했다.[8] 한국전쟁에 필요한 군수물자 공급을 통해 성장의 발판을 마련한 이후 일본은 소득배증계획으로 대표되는 고도 경제성장의 시대에 진입하게 된다. 우리가 일본의 모습이라고 생각하는 현대 일본의 기본적인 생활 유형은 '고도 경제성장기'에 그 형태가 만들어졌다.[9]

고도 경제성장기에 진입한 일본은 눈부신 경제성장의 이면에 급격한 경제성장의 폐해들이 1960년대에 들어 사회 전반에 나타나기 시작했다. 1966년부터 1970년까지 5년간 GNP를 보면, 명목상의 성장이 2.23배, 실질성장이 1.74배가 되었다. 1968년 일본의 GNP는 서독을 추월해 서구 세계에서 미국 다음으로 제2위가 되

---

8 나카무라 마사노리, 《일본전후사 1945~2005》, 유재연·이종욱 옮김, 논형, 2006, 64쪽.
9 임경택, 〈'고도성장' 하 일본의 사회변동 고찰〉, 《건지인문학》 15, 2016, 301~302쪽.

었고, 이후에도 그 지위를 유지했다. 수질 및 대기오염과 기타 공해는 전후 부흥에 이은 고도 경제성장의 이면에서 이미 진행되고 있었지만, 성장이 최고조에 달한 시점에 도달해서야 겨우 사람들의 주목을 받게 되었다.[10]

전후 일본의 정치·경제·사회 시스템은 많이 변했다. 농업 중심의 산업구조가 공업, 특히 중화학공업 중심의 산업구조로 바뀌어 농촌인구가 급격히 도시에 집중됐다. 철도 중심의 교통체계에 자동차 수송이 더해지자 고속도로 등 도로망 정비가 진전돼 물자·인원의 대량·고속 수송이 시작됐다. 전전 일본인의 생활은 '자원절약', '아낀다'는 말이 모토였지만, 미국적인 대량 소비생활이 유입되어 사회적으로 유행하자 정반대로 '1회용품'이 권장되는 듯한 '풍요로운 시대'가 꿈이 되었다. 이러한 '경제 대국'을 만들어낸 경제·사회 시스템이 심각한 공해를 낳는 원인이 되었다.[11]

1945년에 끝난 전쟁에서 군수산업의 핵심을 담당했던 신일본질소비료 공장은 구마모토현 미나마타시에 자리를 잡았다. 조선질소비료 공장이 위치했던 흥남을 상실한 후 신일본질소비료 공장은 일본의 구마모토현 미나마타시에서 전후 고도 경제성장을 견인하는 화학공업 산업을 이어갔다. 1950년대 전반에 '고양이가 거꾸로 춤추면서 죽는다'는 소문이 미나마타시에 퍼지기 시작했다. 고양이, 조개, 물고기, 까마귀에 이어 그 피해는 사람에게도

10 이시카와 마스미, 《일본전후정치사》, 박정진 옮김, 후마니타스, 2012, 145쪽.
11 미야모토 겐이치, 《공해의 역사를 말한다》, 5쪽.

미쳤다. "1954년부터 산발적으로 사지경련 운동실조성 마비와 언어장애가 주된 증상인 원인 불명의 질환이 발견되기 시작했다."[12] 1956년 5월 1일 신일본질소비료 미나마타공장의 부속병원장 호소카와 하지메細川一 의사가 원인 불명의 질환 발생을 보건소에 보고했다. 이것이 '미나마타병의 공식 발견'이다.

미나마타병의 원인 물질은 메틸수은화합물이다. 신일본질소비료 미나마타공장에서 초산이나 가소제 등의 원료가 되는 아세트알데히드를 만들 때 촉매제로 무기수은을 사용하고, 그 과정에 생성된 메틸수은을 1966년까지 대부분 정제 처리도 하지 않은 채 미나마타만으로 방류했다. 미나마타만을 오염시킨 메틸수은화합물은 어패류의 체내에 축적되었고, 이 어패류를 지속적으로 섭취한 사람들에게 발생한 중추신경계의 중독성 질환이 바로 미나마타병이다.[13]

진보하는 과학 문명이란 보다 복잡하고 복합적인 야만 세계로 역행하는 폭력 지배를 가리키는 것이 분명하다. 동양의 덕성이 그 체질에 감추고 있는 전제주의와 서구 근대가 기술의 역사 속에서 관철해 온 합리주의의 더없이 황폐한 결합에 의해 일본 근대 화학 산업은 발전하였고, 이 열도의 골수에 파고든 썩은 종양의 한 부분을

---

12 이시무레 미치코, 《고해정토 나의 미나마타병》, 33쪽.
13 이시무레 미치코, 《신들의 마을》, 서은혜 옮김, 녹색평론사, 2015, 23쪽.

미나마타병 사건은 보여 주고 있었다.[14]

위의 인용문에서 미나마타병의 상징성을 명확히 확인할 수 있다. 3년이 걸려 몸에 나타나는 이상 증상의 원인 물질이 공장폐수에서 나온 유기수은임을 규명했지만, 신일본질소비료는 "유기수은이 어디서 왔는지 증명되지 않았다"[15]는 이유를 들어 공장 배수와의 인과관계를 인정하지 않았다. 진보하는 기술과 산업은 음으로 양으로 우리의 삶을 편리하고 합리적으로 변화시켰지만, 동시에 모르는 사이 우리의 생명과 삶의 터전을 파괴하는 큰 희생을 초래했다.

고도성장의 그늘, 배제된 인간

전후 고도 경제성장의 수혜는 도시에 집중되었고, 그 그늘은 지방의 하층민과 노약자들에게 집중적으로 나타났다.[16] 1964년의 도쿄올림픽, 1970년 오사카 만국박람회를 계기로 도심의 재개발이 진행되었다. 고속도로, 고속철도 등 교외와 도심을 연결하는

---

14 이시무레 미치코,《고해정토 나의 미나마타병》, 2007.
15 이영진,〈'질병'의 사회적 삶: 미나마타병의 계보학〉,《일본비평》 25호, 2021, 267쪽.
16 오미정,〈고도성장기의 반근대적 상상력 – 이시무레 미치코石牟礼道子의《고해정토苦海淨土》를 중심으로〉, 273쪽.

교통·통신망이 정비되었고 이에 따라 행정 기능과 상업 기능이 도심에 집중되었다. 도시 공업 부문에서 생산성이 향상되고 임금이 인상되자 농촌에서 도시로 인구가 대거 이동했다. 도시로의 인구 집중은 도심 외곽으로 뉴타운이 건설되는 결과로 나타났고, 자동차의 보급은 교외화를 한층 더 진전시켜 도시의 광역화를 초래했다. 도시에 거주하는 세대수가 증가하면서 이는 내구소비재와 전력에 대한 수요 확대로 이어져 경제성장과 인과관계를 이루었다. 이처럼 전후 대중소비사회를 맞이하여 도쿄와 같은 도시에서는 일본인들이 동경하던 '미국식 생활양식'이 실현되고 있었다. 반면에 지방의 경제개발이라는 이름 아래 신일본질소비료 공장이 세워졌던 미나마타 지역은 고도성장의 희생양이 되었다.

니가타현의 미나마타병까지 포함해, 이들 산업공해가 변방의 촌락을 정점으로 발생했다는 것은, 이 나라 자본주의 근대산업이 체질적으로 하층계급의 모멸과 공동체 파괴를 심화시켜 왔다는 것을 보여 준다. 그 집약적인 표현이라 할 수 있는 미나마타병의 증상을 우리는 직시하지 않으면 안 된다.[17]

고도 경제성장으로 미국식 생활양식과 풍요를 누리는 일본에서 화려함의 그늘이 집약되어 나타난 곳이 바로 미나마타였다.[18] 미

---

17 이시무레 미치코, 《고해정토 나의 미나마타병》, 276쪽.
18 오미정, 《《고해정토》에 나타난 공해병과 앙가주망 – 1인칭 여성 언어로 기록하기》,

나마타는 도시의 삶을 지탱하는 지방이자 일본의 주변부이고, 미나마타병 환자들은 가난한 어민, 아동, 노인, 여성이 대부분이었다. 조그만 배를 타고 바다로 나가 끼니로 먹을 생선을 잡고 밥 대신 물고기를 먹던 가난한 이들이 희생되었던 것이다. "미나마타병은 가난한 어부가 걸린다데. 그러니까 쌀밥도 제대로 못 먹고 영양실조에 걸린 사람들이 걸린다고들 하는데, 난 정말 부끄러워 고개를 못 들겠"[19]다는, 미나마타병에 걸린 손자를 둔 할아버지의 탄식은 지역사회 내에서도 구조적으로 미나마타병 발병을 기준으로 부유한 사람과 가난한 사람으로 구별하고 있었음을 보여 준다. 이들은 산업이 발달하고 경제가 성장하는 동시대의 일본 내에서 도시로 집중된 혜택을 받지 못하고 소외된 사람들이다.

미나마타병을 앓고 있는 모쿠타로와 할아버지와 같이 고도성장이 만들어 낸 마이너리티들의 대척점에 국가, 자본, 지역사회가 위치한다. 미나마타가 신일본질소비료 공장이라는 기업이 그 지역의 경제를 지탱하는 '기업촌'이 되면서, 기업에 주민이 의지하고 지배되자 피해자들은 오히려 차별받는 대상이 되었다. 기업이 일으킨 공해와 그 공해병은 은폐되었다.[20] 미나마타병은 신일본질소비료 공장이 일으킨 기업 공해인 동시에, 정부와 관료, 이를 지지하는 일부 학자들政官財의 복합체가 일으킨 시스템 공해라

139쪽.
19 이시무레 미치코, 《고해정토 나의 미나마타병》, 186쪽.
20 미야모토 겐이치, 《공해의 역사를 말한다》, 14쪽.

고 할 수 있다.[21] 이시무레는 미나마타병 환자 인정과 배상과 관련하여 일본 국가의 태도를 '기민棄民정책'이라 지적한다. 전후 부흥, 경제 발전이라는 대의명분 앞에 인권이나 약자의 생명은 경시되었다.[22]

의식의 고향이 됐든 실제의 고향이 됐든, 오늘날 이 나라 기민정책棄民政策의 각인을 받아 잠재적으로 폐기 처분된 부분이 없는 도시며 농어촌이 어디 있을까?[23]

공해병인 미나마타병이 처음 발견된 것은 1956년이었으나, 기업도 정부도 책임을 인정하지 않고 근본적인 대책을 세우지 않음으로써 피해가 확대되었다. 정부가 공식적으로 인과관계를 인정한 것은 10여 년이 지난 1968년이었다. 환경오염으로 인한 피해라는 것을 회피하고 진상 규명에 적극적이지 않았던 정부와 기업의 모습은 '전후'를 그 이전과 단절된 새로운 시대로 삼으려는 과거 일본의 모습과 닮아 있다. 미나마타병 피해자들은 신일본질소 비료 공장을 상대로 낸 소송에서 1973년에 첫 승소를 하고, 1980년 일본 정부를 상대로 배상청구 소송을 제기하여, 2004년에 국

---

21 미야모토 겐이치, 《공해의 역사를 말한다》, 6쪽.
22 하라다 마사즈미, 〈미나마타병, 아직 끝나지 않았다〉, 《고해정토 나의 미나마타병》, 331쪽.
23 이시무레 미치코, 《고해정토 나의 미나마타병》, 304쪽.

가와 구마모토현의 책임을 인정하는 판결을 받았다.[24] 1959년 처음 공식으로 미나마타병이 인정된 후 40년이 지나 국가와 지방자치단체, 기업의 책임이 인정된 것이다.

1968년 미타마타병이 국가에 의해 공해병으로 정식 인정되었지만 보상 문제는 해결되지 않았다. 거기에는 환자들에 대한 보상을 달갑게 여기지 않는 지역 주민들의 시선, 후생성厚生省의 중재안을 둘러싼 환자 가족들의 분열, 신일본질소비료의 소극적인 대응 등 여러 문제가 내포되어 있었다. 한편으로 "미나마타병을 말하면 공장이 망하고, 공장이 망하면 미나마타시는 없어지고 만다는 것이다. 시민이라기보다는 메이지 말기 미나마타 마을의 주민 의식, 신흥 공장을 우리 품 안에서 키워 냈다는 벽촌 공동체의 환상"[25]에 지역 주민들이 사로잡혀 있었던 것이다. 즉, 지역사회에서는 가난한 어민들에 대한 멸시 외에도 지역 경제를 떠받치고 있는 회사가 철수하면 지역사회가 붕괴될지도 모른다는 두려움이 팽배했다. 미나마타병 환자들은 중앙과 지방의 구도에서 배제된 존재이자 지역 내에서도 멸시와 원망의 대상이 되었던 것이다. 한편 미나마타병을 앓고 있던 환자와 그 가족들은 눈에 띄는 배제된 존재였지만, 인간이 아닌 메틸수은화합물로 오염된 바다와 이 오염된 물을 먹고 사는 물고기·조개, 이들을 먹이로 하는

---

24 오미정, 〈고도성장기의 반근대적 상상력 – 이시무레 미치코石牟礼道子의《고해정 토苦海淨土》를 중심으로〉, 278쪽.
25 이시무레 미치코,《고해정토 나의 미나마타병》, 275쪽.

새와 고양이들은 인간들의 중앙과 지방의 대결 구도에 끼지도 못하는 비인간 존재이다. 다음 장에서는 《고해정토》에 묘사된 메틸수은화합물로 균형이 깨어진 인간이 아닌 비인간 존재의 모습을 중심으로 살펴보겠다.

'인간'과 '비인간'이라는 존재

《고해정토》는 작가 스스로 '기록주의'라고 부르는 작업을 통해 쓰여졌다. 일부는 1960년 1월 《서클촌》에 발표, 같은 해 《일본 잔혹이야기》에 실렸고, 1965년 12월부터 1966년까지 《구마모토 풍토기》에 '바다와 하늘 사이에'라는 제목으로 연재되었다. 1970년 고단샤에서 발행되고 제1회 오야 소이치大宅壮一 논픽션상으로 선정되어 화제를 모았다. 그러나 이시무레는 《고해정토》가 '논픽션' 장르에 속하지 않는다는 이유로 수상을 거부했다.[26] 초기에는 미나마타병을 일으킨 공해의 비참함을 묘사한 르포, 고발서로 받아들여지는 경향이 강했으나 이후에는 1인칭 시점의 '사소설'로 널리 인정받았다. 소설의 문체를 '사소설적 논픽션'이라 하여 1970년대 기록문학 시대의 선두에 놓이는 작품으로 평가받기도 한

---

26 黒井千次·石牟礼道子対談, 〈都市の襞を這うもの―天の魚をめぐって〉, 《展望》, 1975. 4; 유수정, 〈'공해의 원점'에서 보는 질병 혐오〉, 36쪽에서 재인용.

다.[27] 《고해정토》는 새댁이라 불리는 1인칭 기록자의 목소리로 서술되는데, 미나마타병을 앓고 있는 환자 등 등장인물의 심리 묘사와 동시에 기록적인 문체도 존재한다. 의사인 호소카와 하지메 細川一 박사의 보고서, 구마모토 의학회 잡지, 중의원 농촌수산위원회의 현지 조사 보고, 정례 미나마타시 회의록, 신문 기사 등이 기록적인 문체에 해당한다. 이와 같이 다른 종류의 서술이 하나의 작품 안에 공존하는 것은 작가의 사회문제에 대한 저항과 참여의 방법으로 생각된다.

이처럼 《고해정토》는 미나마타를 중심으로 한 괴질의 발생부터 공해로 인한 병으로 인정받기까지의 서사를 담고 있다. 여기에는 사회적으로 투쟁하는 인간의 서사가 중심으로 그려진다. 이에 대한 연구 역시 인간이라는 피해자, 환자를 중심으로 해서 진행되어 왔다. 그러나 인간에게 그 피해가 나타나기 전에 사람들이 삶의 터전으로 삼아 왔던 바다, 함께 살아가는 동물들에게 먼저 이상 증상이 나타났다는 점을 간과해서는 안 된다.

《고해정토》에는 인간 몸에서 병이 발현되기 이전에 바다와 '비인간'인 동물들이 먼저 이상 징후를 보였음이 명확히 그려져 있다. 전후 일본의 공해 문제에는 그 기저에 지역·국토의 변용이 있고, 지구환경의 변화가 있[28]음을 기억해야 한다. 1968년 9월 일본 정부

---

27 斎藤美奈子, 《日本の同時代小説》, 岩波親書, 2018, 48~49쪽; 오미정, 《고해정토》
    에 나타난 공해병과 앙가주망 – 1인칭 여성 언어로 기록하기〉, 147쪽에서 재인용.
28 미야모토 겐이치, 《공해의 역사를 말한다》, 13쪽.

는 미나마타병의 원인이 신일본질소비료 미나마타공장이 바다로 흘려보낸 폐수에 함유된 메틸수은임을 공식 인정한다. 이는 바다로 흘러 나간 메틸수은을 물고기와 조개가 흡수하고, 그 물고기와 조개를 새와 고양이에 이어 인간이 먹음으로써 먹이사슬로 인해 바다에서부터 인간에게까지 질병이 전해진 것이다. 처음에 어민들은 휴어기에 반드시 해야 하는 '배 바닥을 태우는 수고로움'을 하지 않아도 된다는 편리함 정도로 바다의 변화를 체감했다.

반농반어가 많은 나가시마 어민들은 휴어기, 그러니까 농번기가 되면 실제로 7, 8년 전부터 일부러 배를 몰아 햐쿠겐 항구에 방치해 두었다. 다음 고기잡이 때까지 어부들이 꼭 해 두어야 할 일 중에 배 바닥을 태우는 일이 있다. 배 밑바닥에 더덕더덕 붙은 굴 껍질과 거기에 기생하는 벌레들을 떼어 내기 위해서다. 뭍으로 끌어올린 선체를 경사지게 눕혀 놓고 그 밑에 장작을 지피는데, 이때 배가 타지 않도록 주의하면서 떼어 내야 한다. 간단하지만 막상 하려고 하면 여간 귀찮은 일이 아니다.

그 수고를 덜기 위해서 일부러 햐쿠겐 항구까지 배를 끌고 와서 그곳에 방치해 두었다. 아주 말끔하게 벌레나 굴 껍질이 떨어졌다. 햐쿠겐 항구에 있는 '회사'의 배수구 근처에 묶어 두기만 하면 항상 배 밑바닥이 가뿐해진다고 했다.[29]

---

29 이시무레 미치코, 《고해정토 나의 미나마타병》, 74~75쪽.

어민들에게는 휴어기에 배 밑바닥에 붙은 굴과 갯강구와 같은 벌레들을 떼어 내는 일이 다음 조업의 준비 작업이다. 그런데 불을 피워 태우지 않고 햐쿠겐 항구에 있는 '회사'의 배수구 근처에 묶어 두기만 해도 붙어 있던 굴 껍질과 벌레들이 깨끗하게 떨어져 나가는 것을 어민들은 이상하게 생각했다. 이윽고 밤낚시를 간 어민들이 바다에서 이상한 덩어리를 목격하게 되는 지경에까지 이른다.

햐쿠겐 배수구에서 검고 뻘겋고 퍼런색 같은, 무슨 기름덩어리 같은 것이 방석만 한 크기로 흘러나와요. 그것이 하다카 여울 쪽으로 흘러가죠. …

하다카 여울이라고, 미나마타만으로 드나드는 바닷길이 코이지섬과 보즈가 반도 사이를 잇고 있는데, 그 바닷길이 말이지 뽀골뽀골 떠내려가는 거라! 그 부근에서 물고기들이 그런 식으로 헤엄을 치고 있었던 거요. 근데 그 기름 같은 덩어리가 창을 던지는 어깨나 손에 착 달라붙는데, 그게 달라붙으면 거기 피부가 홀러덩 벗겨질 것 같아서 얼마나 기분이 나쁘다고, 그게 엉겨 붙으면! 그럼 얼른 깨끗한 바닷물을 떠서 씻어 내느라 바빴지. 낮에는 본 적이 없어.[30]

매번 밤에만 보이던 끈적끈적한 기름같은 덩어리(이물질)들은

---

30 이시무레 미치코, 《고해정토 나의 미나마타병》, 78쪽.

'회사'에서 바다를 향한 배수구로 내보낸 것이었다. 눈에 보이지 않는 오염 물질은 만내灣內에 침전물로 쌓이고, 그물에 딸려 오는 진흙의 형태로 육지에 사는 인간들에게 그 모습을 드러낸다. "그 물눈에 끈적끈적하게 달라붙은 진흙은 푸른색을 띤 암갈색으로 코를 찌르는 특유의 강한 악취"[31]를 풍기며 그 모습을 드러냈다.

　밤바다에 나가서 등을 켜고 밤낚시를 하는데, 물안경으로 안을 들여다보면서 창으로 고기를 낚지요. 그럼 바다 밑바닥 물고기들이 이상한 몸짓으로 헤엄을 친단 말이야. 뭐랄까, 연극에서 보면 쥐약 먹고 죽을 때처럼, 왜 소설에도 나오잖아, 독을 마시고 엎치락뒤치락하는 걸 뭐라고 하잖아. 전전 뭐라고 하는데, 맞다 맞다! 전전반측輾轉反側. 꼭 그런 모양으로 헤엄을 치더란 말예요. 바닷속 모래나 바위 모서리에 부딪혀서는 제 몸을 뒤집고 또 뒤집고 하는 거 있죠. 참 묘하게도 헤엄친다 생각했지요.[32]

　오염 물질들은 바다에서 덩어리의 형태로 목격되었다가 해저의 침전물로 쌓이고 여기저기 부딪히면서 몸을 뒤집어 가며 헤엄치는 물고기로 현전한다. 어민들은 숭어, 새우, 전어, 도미 등의 어획량 감소로 그 변화를 체감한다. "1950년부터 53년까지 48만 9,800킬로그램이었던 미나마타어협의 수확량은, 1955년에는 3분

31　이시무레 미치코, 《고해정토 나의 미나마타병》, 78쪽.
32　이시무레 미치코, 《고해정토 나의 미나마타병》, 78쪽.

의 1인 18만 3,700킬로그램으로 감소하고 1956년에는 11만 9백 킬로그램까지 격감"[33]했다. 어민들의 생활은 극도로 궁핍해져 어망을 팔고 배를 팔고, 빚이 없더라도 그날 먹을 양식이 없어 애를 태울 지경이었다. 바다 밑에 가라앉아 있던 미나마타만의 이변이 지상으로 드러나 어민들의 생계에 이어 건강과 목숨까지 위협하기 시작한다.

이 무렵 마을의 새끼 고양이들은 아무리 잘 돌봐 주어도 잘 자라지 않고, '희귀병 물고기'뿐만 아니라 흰 배를 드러내고 떠오르는 물고기가 무수히 많았다. 간석지의 조개류도 입을 벌리고 죽고 까마귀조차도 눈을 뜬 채 해변에서 죽어 갔다. 생명의 보고라 여겨지는 바다가 죽음과 악취로 뒤덮여 갔다. 이 바다에서 조업을 하던 어민들에게서 물건을 쥐지 못하고, 걷지 못하고, 걸으려고 하면 꼬꾸라지고 말을 잘 하지 못하는 증상이 나타났다. 혀가 마비되고 눈이 점점 보이지 않고 귀가 들리지 않으며 전신경련을 일으키기도 했다. 미나마타병을 앓은 사람들은 "거의 죽어 가고 있는 사람들의, 하지만 아직은 숨을 쉬고 있는 그런 모습, 너무 당혹스럽고 이러지도 저러지도 못할 납득하기 어려운 모습"[34]을 하고 있다. "일종의 유기수은의 작용 때문에 발성과 발음 기능을 박탈당한 인간의 목소리"가 내는 작은 신음 소리가 가득한 환

33 　이시무레 미치코, 《고해정토 나의 미나마타병》, 80쪽.
34 　이시무레 미치코, 《고해정토 나의 미나마타병》, 124쪽.

자들이 수용된 병동은 "비린내 나는 동굴"[35]과 같다.

'일종의 유기수은'은 "사람들이 마음 놓고 있는 일상생활 속에, 숭어잡이나 맑게 갠 바다의 바다낚시나 야광충이 춤추는 밤낚시로 방심한 틈을 타서 사람들의 먹거리인 신성스런 생선과 더불어 사람들 체내 깊숙이 침투하고 말았던 것이다."[36] 눈에 보이지 않는 형태로 바닷가에 사는 어민들의 주식인 생선과 함께 미나마타만 사람들의 몸에 흡수되었다. 무기물이 유기물인 생선으로 이동하고, 이 생선을 먹은 인간에게 영향이 미치는, 그 연결 고리를 가시적으로 확인할 수 없지만, 분명히 무기물과 유기물, 비인간과 인간에게 연결되고 이동하고 있다. 인간의 몸 안에 들어온 '일종의 유기수은'은 환자의 구부정한 등으로 가시화된다. 그것은 "침입자를 향해 전력을 다해 잡아당긴 활처럼 휘어져 있"[37]어서, 마치 물리적인 힘이 가해진 것처럼 보일 정도로 기괴한 모습이다.

인간과 비인간은 유기적으로 연결된 관계임에도 불구하고 그 상호관계성을 부정하고 무시한 결과는 인간에게 어떠한 모습으로 나타났는가. '일종의 유기수은'은 인간의 몸을 휘어지게 했고 식사도 배설도 하지 못하게 만들었다. 무기물이 침입한 인간의 몸은 자신의 의지로 그 어떤 것도 할 수 없는 기괴한 모습을 갖게

---

35 이시무레 미치코,《고해정토 나의 미나마타병》, 125쪽.
36 이시무레 미치코,《고해정토 나의 미나마타병》, 128쪽.
37 이시무레 미치코,《고해정토 나의 미나마타병》, 29쪽.

되었다. 인간은 동물 및 식물, 유기체적 존재들과 더불어 지구에서 함께 살아가고 있을 뿐만 아니라, 비유기체적 존재들과 더불어 삶을 이루어 가는 존재이다. 인간은 혼자서 존재할 수 없으며, 다른 존재들로 연장하면서 얽히고 연결된 관계의 연결망을 구축하고 발휘하는 존재인 것이다.[38] 이는 인간이 단독으로 존재할 수 있는 것처럼 보이지만, 사실은 '비인간'인 존재와 시간과 공간을 공유하고 얽혀서 같은 영향권 안에서 살고 있음을 뜻한다.

《고해정토》는 근대 자본주의의 재해인 공해를 그린 소설이다. 미나마타병이 상징하듯이 20세기 생태, 환경의 파괴로 인한 재해에는 자본주의라는 근대 시스템의 문제, 기술과 산업의 발전에 따른 문제가 복잡하게 얽혀 있다. 이 작품은 단순한 공해의 피해자를 그렸다기보다 경제성장과 고도화하는 산업 문명의 결과로 출현한 사회적이고도 구조적인 문제를 고발하고 있다. '생태'를 뜻하는 'eco'가 집을 뜻하는 희랍어 'oikos'에서 왔다는 점을 생각하면, 생태위기는 우리가 살고 있는 집이 위험에 처해 있음을 뜻한다. 현대사회에 팽배해 있는 인간이 자연을 지배·착취해야 한다는 관념을 극복하기 위해 우리는 지배와 위계질서를 생산하는 사회의 도덕적 변화와 제도 변화를 고민해야 한다.[39] 이시무레는

---

38 박일준, 〈우리는 '비'인간 가족이다〉, 《기독교철학》 34호, 2022, 36쪽.
39 환경문제가 근대 이후 인간이 자연을 정복의 대상으로 생각한 것에서 기인한다고 보았던 심층생태론에 반해, 사회적 차원의 문제로 보고 인간이 다른 인간을 억압하

공해병을 낳은 전후 일본을 직시하고 사회의 변화를 위해 《고해정토》를 쓰는 작업을 통해 행동으로 참여했다. 이시무레는 수십 년 동안 환자들의 죽음과 어려움을 목격하며 '신들의 마을'에 살던 미나마타 사람들의 부서진 삶을 《고해정토》로 재현해 냈다.

《고해정토》를 통해 도시의 삶이 풍요로워지고 윤택해지는 데 비해, 고도 경제성장을 뒷받침해 온 신일본질소비료 미나마타공장이 위치했던 지방 미나마타는 도시와는 정반대 길을 걸어왔음을 확인하였다. 그 지역 어민들은 오히려 먹을 것과 생계를 걱정하고, 오염된 바다는 동물부터 인간에게까지 장애와 죽음의 공포로 엄습해 왔다. 바다 오염의 결과는 동물과 가난하고 권력이 없는 어민들에게 가장 먼저, 그리고 가장 격렬하게 후유증과 증상을 드러냈다. 이시무레는 "일본 자본주의가 번영이라는 이름 아래 잔혹하게 먹어치우고 있는 것은 다름 아닌 개인의 생명 그 자체"[40]라고 말한다. 이 작품은 단순한 반공해소설, 사회고발문학이라고 하기에는 부족하다. 지금까지 《고해정토》를 인간에게 나타난 미나마타병 인정을 위한 투쟁을 중심으로 보았다면, 이 글에서는 바다로부터 인간으로 이어지는 사슬의 중간 과정에도 주안점을 두고 인간과 비인간 존재의 연결망을 드러내는 작품으로 분석했다.

고 착취하는 구조가 근본적으로 시정되어야 한다는 주장이 머레이 북친의 사회생태론이다. 박준건, 〈생태적 세계관, 생명의 철학〉, 《인문학연구》 5, 1999, 80쪽에서 재인용.

[40] 이시무레 미치코, 《고해정토 나의 미나마타병》, 303쪽.

그런 점에서 《고해정토》는 생명과 자연에 본질적으로 적대적일 수밖에 없는 '근대'의 틀을 넘어, 구성체로서 다른 구성체들과 상호작용하는 존재로서의 인간을 여실히 드러내는 작품이다.

참고문헌

그릭 개러드, 《생태비평》, 강규한 옮김, 서울대학교출판문화원, 2014.

김경인, 〈石牟禮道子《苦海淨土 わが水俣病》의 기록주의〉, 《일본연구》 18, 고려
    대학교 글로벌일본연구원, 2012, 176~202쪽.

나카무라 마사노리, 《일본전후사 1945~2005》, 유재연·이종욱 옮김, 논형, 2006.

미야모토 겐이치, 《공해의 역사를 말한다》, 김해창 옮김, 미세움, 2016.

박일준, 〈우리는 '비'인간 가족이다〉, 《기독교철학》 34, 2022, 33~66쪽.

박준건, 〈생태적 세계관, 생명의 철학〉, 《인문학연구》 5, 1999, 69~87쪽.

심정명, 〈경계를 묻는 문학적 실천: 이시무레 미치코《고해정토》로부터〉, 《비교
    문학》 66집, 2015, 91~101쪽.

오미정, 《《고해정토》에 나타난 공해병과 앙가주망－1인칭 여성 언어로 기록하
    기〉, 《아시아문화연구》 51, 2019, 135~158쪽.

오미정, 〈고도성장기의 반근대적 상상력－이시무레 미치코石牟禮道子의《고해
    정토苦海淨土》를 중심으로〉, 《日語日文學硏究》 109, 2019, 269~290쪽.

유수정, 〈'공해의 원점'에서 보는 질병 혐오〉, 《횡단인문학》 11, 2022, 27~52쪽.

이시무레 미치코, 《고해정토 나의 미나마타병》, 김경인 옮김, 달팽이출판, 2007.

이시무레 미치코, 《신들의 마을》, 서은혜 옮김, 녹색평론사, 2015.

이시카와 마스미, 《일본전후정치사》, 박정진 옮김, 후마니타스, 2012.

이영진, 〈'질병'의 사회적 삶: 미나마타병의 계보학〉, 《일본비평》 25, 2021,
    260~297쪽.

임경택, 〈'고도성장' 하 일본의 사회변동 고찰－"고도대중소비사회"의 형성을
    중심으로〉, 《건지인문학》 15, 2016, 301~329쪽.

黒井千次·石牟礼道子対談, 〈都市の襞を這うもの——天の魚をめぐって」, 《展望》,
    1975. 4.

斎藤美奈子, 《日本の同時代小説》, 岩波親書, 2018.

結城正美, 《《苦海浄土》にみる汚染と食の言説〉, 《アジア遊學》 143, 勉誠出版,
    2011, pp. 175~179.

'느린 폭력'의 감각적 구체화와 고통의 이동

: 루시 커크우드의 《아이들The Children》 연구

박해리

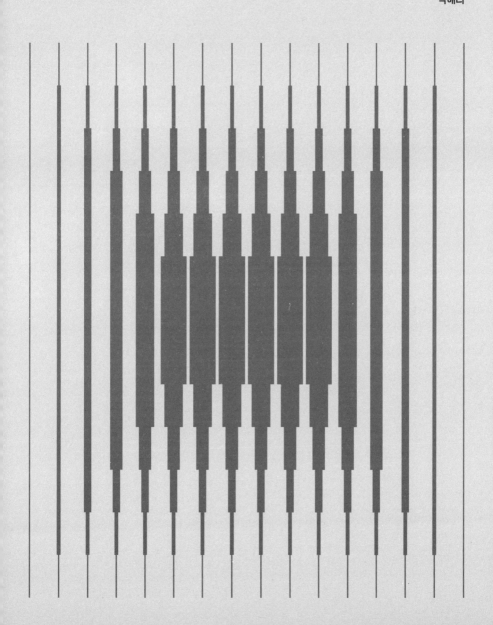

이 글은 《현대영미드라마》 제37권 2호(2024.08)에 게재된 원고를 수정하여 재수록
한 것이다.

2016년도 영국 런던의 로얄 코트 극장과, 2017년 미국 맨해튼 극장에서 초연된 루시 커크우드Lucy Kirkwood의 〈아이들The Children〉은 2011년 후쿠시마 원자력발전소 사고를 모티브로 했다는 점에서 많은 조명을 받아 왔다. 〈아이들〉은 영국 동쪽 연안에서 원자력발전소 누출 사고가 난 지 40년 후를 배경으로 한 퇴직 핵물리학자들에 관한 이야기이다. 특히 이 작품은 원자력발전 누출 사고를 중심 소재로 하여, 인간으로 인해 발생한 환경재앙으로 정신적·육체적 후유증을 겪고 있는 60대의 세 인물―로즈, 헤이즐, 로빈―의 삶을 중점적으로 다룬다.

커크우드는 초연 후 있은 작가와의 질의응답 시간에 핵발전소 사고란 일종의 유용한 은유일 뿐이라고 말하며, 이 극은 기후변화와 위기에 관한 이야기임을 강조한다:

이 극은 인류가 맞닥뜨려야 할 인류의 멸종에 관한 것이기에 쉽게 이야기하기 어려운 기후변화에 관한 극이다. 기후변화와 인류 멸종은 … **자본주의사회에 사는 우리에게는 금기시되는 주제이다. 자본주의사회에서 우리는 더 많은 것을 가지길 원하고, 더 성장하길 원하며, 더 커지길 원하지만**, 우리가 사는 행성은 유한하다. 이 극은 더 많은 것을 가지길 원하는 것과 실제 가진 것 또는 가질 수 있는 성생활, 아이, 식량, 전기 등과 같은 유한한 것들과의 사이에서 우리의 투쟁

을 이야기한다.[1] (필자 강조 및 번역)

　이러한 이유로 〈아이들〉은 기후변화로 인한 환경재앙의 파괴적 결과를 사실적으로 재현한 극으로 분석되곤 한다. 예를 들어 아리안 드 월Ariane de Waal은 〈아이들〉이 기존의 구원적이고 미래지향적인 기후변화에 관한 극과는 달리, 기후변화로 인한 인간의 종말과 지구의 전멸을 받아들이게 하는 극이라 주장한다.[2] 줄리아 호이디스Julia Hoydis[3] 또한 〈아이들〉은 기후위기와 인간의 유한성에 대해 다루는 극이며, 기후변화의 즉각적이고 눈에 보이지 않는 느린 폭력의 위험성을 등장인물의 질병을 통해 사실주의적으로 재현한 극이라고 분석한다.[4]

　이러한 입장과 달리 이 글은 〈아이들〉을 기후변화의 재앙적 결과—인간의 종말과 유한성 등—을 사실주의적으로 재현한 극으로 단순하게 결론짓기보다는 작품이 어떻게 기후변화에 대한 자본주의적 사고의 문제점을 드러내고, 기후변화의 위험성에 대한

1　Lucy Kirkwood, "*The Children*: Q&A with Playwright Lucy Kirkwood." YouTube, uploaded by The Royal Court Theatre, 8 Dec. 2016, 00:05:00-00:06:44.

2　Ariane de Waal, "More Future? Straight Ecologies in British Climate-Change Theatre," *JCDE* 9.1, 2021, p. 56.

3　Julia Hoydis, "A Slow Unfolding 'Fault Sequence': Risk and Responsibility in Lucy Kirkwood's *The Childern*," *JCDE* 8.1, 2020, p. 96.

4　이외에도 〈아이들〉에 대한 선행 연구는 생태적 아포칼립티시즘을 분석한 앤드류 버튼 Andrew Burton의 "Ecological Apocalypticism in Ella Hickson's *Oil*, Lucy Kirkwood's *The Children*, and Duncan Macmillan's *Lungs*"와 〈아이들〉의 등장인물들의 상반된 감정에 대해 분석한 페타 타잇Peta Tait의 "Emotionally Uninhabitable? Dramatising Environmental Destruction and Contamination"이 있다.

감각적 이해를 도모하는지를 집중적으로 살펴보고자 한다. 왜냐하면 〈아이들〉은 커크우드가 강조하였듯이, 소비·생산·성장만을 촉진하는 현 신자유주의 사회에서 인지하고 느끼기 어려운 기후변화로 인해 만연하는 피해와 고통을 무대 위에 구현하여 관객들로 하여금 감각적으로 경험하게 하기 때문이다. 따라서 롭 닉슨Rob Nixon의 '느린 폭력slow violence'을 가져와 〈아이들〉의 기후변화의 느린 폭력성과 신자유주의 이념의 상관관계, 즉 신자유주의의 인간중심주의와 현재주의가 어떻게 기후변화의 느린 폭력을 가속화하는지 드러내고 그 위험성을 느끼게 하는지에 대한 극작술적 방식을 탐구하고자 한다.

프린스턴대학의 인문환경과 교수인 롭 닉슨은 환경적 재난과 생태적 재앙의 보이지 않는 영향들을 설명하기 위해 '느린 폭력'이라는 역설적 표현을 사용한다. 닉슨은《느린 폭력과 빈자의 환경주의Slow Violence and the Environmentalism of the Poor》에서 기후변화, 녹아내리는 지구 빙권, 독성 물질의 이동, 생물 증폭, 산림 파괴, 전쟁으로 인한 방사능 물질 피해, 해양 산성화 등과 같은 즉각적이지 않고 뒤늦게 그 결과가 나타나는 느린 폭력에 대한 무관심과, "맞다. 다만 지금은 아니다. 아직은 아니다(yes, but not now, not yet)"[5]와 같은 앞만 보고 달려가는 터보자본주의에서 우리의 태도에 대해 살펴볼 필요가 있다고 주장한다.

---

5   Rob Nixon, *Slow Violence and the Environmentalism of the Poor*, Cambridge: Harvard UP, 2011, p. 30.

미국의 사회학자이자 문화이론가인 로런 벌랜트Lauren Berlant가
《잔혹한 낙관Cruel Optimism》에서 주장한 바에 따르면, 현대 신자유
주의 세계는 "고통의 일상the ordinariness of suffering"과 "규범 설정의
폭력the violence of normality"으로 특징지어지며, '현재now'의 잔혹성
에 대한 의문들을 '다음later'으로 유예시킨다.[6] 미국 예술비평가이
자 수필가인 조너선 크래리Jonathan Crary는 《초토화된 지구Scorched
Earth: Beyond the Digital Age to a Post-Capitalist World》에서 신자유주의의 유
예성을 신자유주의의 '현재주의presentism'로 지칭하며, 신자유주
의란 '지금now'을 특권화하고 '즉시성instantaneity'과 '즉각적 이용
성immediate availability'의 환영을 조장한다고 주장한다.[7] 종합하자면,
신자유주의 체제는 끝없는 자본축적을 위해 지금 당장의 자본 재
생산만을 중요시하며 기후변화 위기를 부차적인 문제로 치부하
거나, 자연 시간이 치유해 줄 것이라는, 또는 미래의 기술 발전이
해결해 줄 것이라는 유예의 태도로 책임을 회피하며 위기를 일상
화한다.

이러한 관점에서 커크우드의 〈아이들〉은 기후변화의 느리지만
지속적이고 파괴적인 폭력성을 연극적으로 구현할 뿐만이 아니
라, 신자유주의의 기후변화 위기에 대한 인간중심주의적이고 현
재주의적 이념의 문제점을 드러내는 극으로 볼 수 있다. 왜냐하

---

6 Lauren Berlant, *Cruel Optimism*, New York: Duke UP, 2011, p. 28.

7 Jonathan Crary, *Scorched Earth: Beyond the Digital Age to a Post-Capitalist World*, London: Verso, 2022, p. 53.

면 〈아이들〉은 등장인물들과 형식적 요소들을 이용해 느린 폭력이 궁극적으로 함의하는 바인 신자유주의 사회의 기후위기의 일상화와 그 속에서 우리의 태도를 제시하기 때문이다. 이에 본 연구는 커크우드의 〈아이들〉을 닉슨의 '느린 폭력' 개념과 벌랜트와 크래리의 신자유주의에 대한 비평적 관점을 가져와 〈아이들〉이 기후변화를 악화시키는 자본주의적 원인에 대한 인식과 비판적 인지를 촉진하는 방식을 분석, 탐구해 보고자 한다.

먼저 닉슨의 느린 폭력 개념을 통해 커크우드가 이 작품에서 환경재앙으로 변화된 세계를 어떻게 구현하는지, 특히 등장인물들을 통해 기후변화의 비가시적, 무정형/무형의 폭력을 어떻게 가시화하는지 분석할 것이다. 다음으로 극의 형식적 요소들—무대 소품, 장치, 음향효과, 열린 결말—이 신자유주의 체제 하에서 인지하기 어려운 기후변화 폭력의 위험성을 어떻게 감각적 (시각적, 청각적)으로 형상화하는지 분석하여, 이를 바탕으로 커크우드 작품의 기후변화 위기의 신자유주의적 이념에 대한 연극적 저항성에 대해 논의할 것이다.

기후변화에 대한 일상적 망각

〈아이들〉은 40년 전 해일로 인해 발생한 원자력발전소의 방사능 누출 사고 이후, 피폭 지역에서 조금 떨어진 영국 동쪽 해안 지역의 작은 집에 살고 있는 헤이즐과 로빈 부부의 집에 로즈가 갑작스럽게 방문하는 이야기로 시작된다. 로즈, 헤이즐, 로빈은 모두 은퇴한 핵물리학자로 사고가 발생하기 전까지 원자력발전소에서 함께 일했던 동료이다. 40년 만에 이루어진 이들의 재회는 반가움보다는 놀라움과 경계의 분위기를 풍기는데, 로즈의 방문이 헤이즐과 로빈 부부에게 재난의 기억과 피해를 상기시키기 때문이다.

〈아이들〉의 무대 배경인 헤이즐의 부엌은 환경재앙의 지속성을 보여 준다. 부엌 곳곳은 홍수와 지진의 흔적들로 가득하다. 하지만 헤이즐은 마치 40년 전의 사고와 사고 이후 지속되는 재난들을 잊은 듯 요가를 하며 일상을 보내고, 남편 로빈은 농사에 전념하는 듯하다. 로즈의 갑작스러운 방문은 이러한 헤이즐과 로빈의 환경재앙에 대한 적응과 망각을 깨뜨려 버리기에 헤이즐은 두려움을 느낀다: "아니 기분이 좋지 않아. 왜 그런지 모르겠는데 정말 무서워졌어(No but, I feel terrible. I don't know why I got so frightened, just [⋯])."[8]

로즈가 헤이즐에게 사고 이후 사고 발생 지역에서 얼마 떨어지지 않은 곳으로 집을 옮긴 이유에 대해 묻자 헤이즐은 마음의 평화를 위해서라고 답한다: "비록 조금 떨어진 것뿐이지만 우리의 마음의 평안에는 완전히 다른 세계를 만들어 줘(it's just that little bit

---

8   Lucy Kirkwood, *The Children*., Kindle ed. Nick Hern, 2016, p. 8

extra but it makes a world of difference to our peace of mind)."[9] 헤이즐은 과거 환경재난 사고의 끔찍함으로부터 심리적으로 벗어나기 위해 거처를 옮기고, 매일 요가를 하며 평범한 일상을 보내려 한다. 헤이즐은 매일 요가를 하는 이유에 대해 다음과 같이 설명한다:

헤이즐: 죽음에 다가가고 있다는 것을 의식적으로 아는 사람이 어떻게 행복해질 수 있겠니? 우리 나이대의 사람들은 이겨 내야 한다고

로지, 너도 이겨 내야 해.

로지: 밀려오는 조수를 막아라.

헤이즐: 우리 나이에도 선택권이 있어. 슬리퍼를 질질 끌고 다니며, (신문) 일요판에서 앞 후크 브라를 주문하면서 둔화되는 걸 택하거나, 아니면 계속 열정적으로 움직이는 걸 택하거나. 너도 알다시피 우리 삶은 끝이 아니라, 새롭고 흥미로운 장의 시작이라 생각해야 해.

로지: 내가 정말 감탄하는 신조야.

헤이즐: 성장하지 않는 것은 살지 않는 거야.

로지: 맞아.

헤이즐: 내 말은 성장하지 않을 거라면, 살지 마.

---

9   Lucy Kirkwood, *The Children*., p. 16.

HAZEL. How can anybody consciously moving towards death, I mean by their own design, possibly be happy? People of our age have to resist –you have to resist, Rose.

ROSE. Hold back the tide.

HAZEL. You have a choice, don't you, exactly, at our age which is that you slow down, melt into your slippers, start ordering front-fastening bras out of Sunday supplements, or you make a committed choice to keep moving you know because you have to think: This is not the end of our lives but a new and exciting chapter.

ROSE. That's a philosophy I really admire.

HAZEL. If you're not going to grow: don't live.

ROSE. Exactly.

HAZEL. No, I mean, if you're not going to grow, don't live.[10]

헤이즐은 미래에 다가올 죽음보다는 현재의 성장을 중요시하는데, 이는 지금을 특권화하여 즉시성/즉각적 이용성을 중요시하는 신자유주의의 현재주의적 이념을 내면화한 주체의 모습으로 볼 수 있다. 헤이즐은 로즈에게 "성장하지 않을 거라면 살지 마"를 세 번이나 반복하며 말한다. 삶을 위협하는 끊임없는 환경재앙 속에 살아가고 있음에도 불구하고, 헤이즐은 지금 당장의 성

---

10 Lucy Kirkwood, *The Children*, pp. 18-19.

장에 대한 애착을 보여 준다.

　로런 벌랜트는 《잔혹한 낙관》에서 '위기 일상성crisis ordinary'에 관해 말한 바 있다. 이는 현 신자유주의 사회의 특징으로 볼 수 있으며, 삶을 위협하는 위기들이 닥쳤을 때 그 위기에 적응하는 것만으로도 일종의 성취가 되는 상황을 말한다.[11] 이 관점에 따르면, 헤이즐은 경제적, 정치적, 사회적 불안정과 같은 위태로움이 지속되는 신자유주의 사회에서 위기가 일상이 된 신자유주의적 주체의 한 모습을 표상한다고 볼 수 있다. 신자유주의적 주체들은 신자유주의가 조장하는 환영—경제적·사회적 상태의 상승, 직업의 안정성, 정치적·사회적 평등 등—이 위기로 인해 실현 불가능해졌음에도 불구하고 이에 대한 애착을 유지하는 잔혹한 낙관의 상태를 경험한다. 잔혹한 낙관이란 위기가 초래하는 비참하고 잔인한 사태를 그저 두고보면서 익숙한 애착 체계에 편승하는 감정 현상을 뜻한다.[12] 삶을 잠식당하면서도 잔혹한 낙관에서 벗어나기 힘든 이유는 애착이라는 형식이 계속 살아간다는 것의 의미, 삶에 무언가 지속적인 의미가 담겼다고 느끼게 해 주기 때문이다.[13] 헤이즐은 잔혹한 낙관의 상태의 신자유주의 주체의 모습을 보이는데, 그녀에게는 원전 사고와 사고 이후의 지속적인 환경재난으로 위기가 일상이 된 상황에서 '성장'의 내용이 무엇

11　Lauren Berlant, *Cruel Optimism*, p. 3.
12　Lauren Berlant, *Cruel Optimism*, p. 3.
13　Lauren Berlant, *Cruel Optimism*, p. 24.

이든 간에 '성장'에 대한 애착의 유지가 위기 상황에 대한 적응이 자 살아간다는 것의 의미를 제공하기 때문이다.

구체적으로 헤이즐은 신자유주의 사회의 성장과 축적을 지향 하는 이념에[14] 의해 '성장grow'에 대한 애착을 가진 듯하다. 헤이즐 은 로즈에게 "성장하지 않을 거라면 살지마"를 반복적으로 말하 는 것 외에도, 원전 사고 후 농사를 짓는 이유에 대해 "계속 활동 적으로 사는 것이 중요하기 때문(it's important to keep active)"[15]이 라고 설명한다. 로즈는 헤이즐에게 젊은 세대들을 대신해 이미 오래 산 자신들 세대가 핵발전소로 다시 돌아가야 한다며 같이 희생하자고 권유한다. 이에 로즈는 "나는 늙지 않았어(I AM NOT OLD)"[16]라며 거부하고, 자본과 사회적 생산력이 다했다는 이유 로 불필요하고 없어도 되는 존재로 취급하는 것에 분개한다: "그 녀(로즈)는 당신(로빈)도 유통기한이 지나 없어도 되는, 쭈글한 총 알받이라고 말하고 있는거야, 이 빌어먹을 나라에서(She[Rose] is saying you[Robin] are past your sell-by date, you are dispensable, shrivelled-up cannon fodder, this bloody COUNTRY)."[17] 인간을 자본 생산 능력으로 평가하는 신자유주의 세계에서 60대 여성인 헤이즐은 자본과 사 회재생산 능력이 떨어져 필요 없는 존재로 격하되지 않기 위해

---

14   이에 대해서는 조엘 웨인라이트Joel Wainwright와 제프 만Geoff Mann의 《기후 리 바이어던Climate Leviathan: A Political Theory of Our Planetary Future》 56쪽 참조.

15   Lucy Kirkwood, *The Children*, p. 22.

16   Lucy Kirkwood, *The Children*, p. 60.

17   Lucy Kirkwood, *The Children*, p. 60.

'성장'에 집착하며, 위기에 적극적으로 저항하지 않고 적응하려 한다. 현 세대와 다음 세대 아이들을 위해 자신들이 원전으로 돌아가 잘못을 바로잡고 희생하자는 로즈의 권유는 헤이즐의 신자유주의적 삶의 방식, 즉 위기에 적응함으로써 느끼는 성취와 '성장'과 '활동active'에 대한 애착의 유지에 지장을 주기에 그녀는 분노한다.

로빈 또한 헤이즐처럼 위기에 적응한 모습을 보인다. 헤이즐이 "로빈은 소들에게 몹시 애착을 느껴(Robin is deeply attached to the cows)"[18]라고 말하듯이, 로빈은 농장이 봉쇄 지역에 있음에도 불구하고 소들에게 애착을 가지고 그들을 돌보기 위해 매일 그곳을 드나드는 위기의 일상성의 면모를 보인다. 하지만 로즈의 방문과 제안은 로빈을 변화시킨다. 처음에는 로즈가 현재 핵발전소에서 일하고 있는 젊은 세대들을 대신해 자신들이 돌아가 희생하자고 제안하자, 로빈은 "하지만 그건 그들의 일이야. 그걸 대비해 훈련받은 거(But it's their job. It's what they're trained for)"[19]라며 거절의 태도를 보인다. 하지만 로빈은 로즈가 방사능 피폭 피해에 육체적으로 고통받고 있는 모습을 보고 환경재난 상황에 대한 두려움을 로즈에게 고백하고, 헤이즐에게 감추었던 정신적·육체적 고통을 숨김없이 드러낸다. 이후 로즈의 제안에 "나는 발전소로 갈거야

---

18   Lucy Kirkwood, *The Children*, p. 24.
19   Lucy Kirkwood, *The Children*, p. 54.

(I'm going to the power station)"[20]라며 응한다.

그렇다면 로즈는 처음부터 발전소로 돌아갈 계획을 하고 있었을까? 로즈 또한 헤이즐과 로빈처럼 환경재난으로 인한 위기의 삶에 적응하려 노력한 듯하다.

… 물론 [사고를] 잊으려 했지만, 떨쳐 버릴 수가 없었어. (헤이즐에게.) 해일이 일어난 뒤에 나도 너처럼 생각했어. 간단했으니까. … 그런데 지금은 65세 이상의 20명 팀을 찾고 있는 중이야. (발전소에서 일하고 있는) 젊은 친구들을 되돌려 보내고 그 일을 (우리가) 맡기 위해서. 왜냐하면 그 친구들은 여전히 기회가 있고 삶의 가능성이 있잖아. 과학위원회에 연락이 닿아서 내 계획에 대해 이야기했더니 정부와 이야기하는 것이 가장 빠르다 해서 정부와 (원전) 운영회사들과 내 계획에 대해 논의했고, 2주 전에 승인받았어. 그래서 나는 지금 사람들을 모으고 있어.

[...] And of course I dismissed it but I couldn't shake it off... (To HAZEL.) It was like you with the house after the wave. It was so simple. [...] Right now I'm a looking for a team of twenty people over the age of sixty-five. To take over and let the young ones go, while they still have the chance, while there's still the possibility of, well, life.

I still have contacts at the Science Council so I flew back and I took it to them

---

20   Lucy Kirkwood, *The Children*, p. 76.

and they, I think fast-tracked is the word and, so what happened is I've been in talks with the Government, and the operating company and two weeks ago they approved the proposal. So now I've been..gathering people.[21]

신자유주의의 사회에서 '성장'에 애착을 가지고 위기의 일상화에 적응하려는 헤이즐과, 현재의 위기는 현 세대 사람들이 책임져야 할 일이라며 무관심의 태도를 보여 주었던 로빈과 달리, 로즈는 비록 40년이라는 시간을 흘려보냈지만 60대가 된 지금 환경재앙의 잔혹함을 직시하고, 그에 대한 책임을 행동으로 옮기려 한다.

더군다나 로즈가 자신의 계획에 대해 정부와 논의하였다는 대사는, 로즈가 제시하기 전까지 정부는 원전 사고에 대해 뚜렷한 대안과 조치를 취하지 않았음에 대한 폭로이기도 하다. 과거 원전 사고에 대하여 책임을 지고 싶다는 퇴직한 핵물리학자(로즈)의 연락을 받은 뒤 그녀의 개인적 희생을 '승인'한 정부의 이야기에서, 정부는 어떠한 책임을 지고 있지 않고 회피와 방관의 태도를 취하고 있었음을 알 수 있다. 또한 원전 사고 이후 40년이 지난 현재, 여전히 식량 부족과 전기 문제를 겪고 있는 헤이즐·로빈 부부의 모습과, 과거의 발전소에서 또 다른 피폭이 발생하고 있다는 로즈의 대사는 과거 원전 사고에 대한 원인과 영향, 그리

---

21 Lucy Kirkwood, *The Children*, p. 55.

고 보상 여지에 대한 정부의 면밀한 조사와 피난민에 대한 대응이 이루어지지 않았음을 암시한다. 이는 환경재앙을 포함한 기후변화 위기에 대해 유예적이고 책임을 회피하는 신자유주의 체제의 태도와 닮아 있다. 궁극적으로 로즈의 제안은 환경재앙에 대한 정부와 기업의 신자유주의적 대응―자본의 끝없는 생산과 확장을 위해 기후변화 위기에 대한 책임 회피, 유예, 개인의 희생에 대한 방관―의 문제점을 드러내고, 기후변화 폭력에 대한 명백한 자본주의적 해결책이 없음을 깨닫게 한다.

요컨대 헤이즐, 로빈, 로즈는 기후위기를 일상화하고 망각을 조장하는 오늘날 신자유주의 사회 주체들의 특징―환경재앙과 위기에 대한 망각, 적응, 무관심, 행동 지연, 개인 책임화―을 보여 줌으로써 환경재난에 대한 우리들의 보편적 태도를 인지하게 한다. 커크우드는 신자유주의의 주체들의 특징을 구현하는 데에만 그치지 않고 신자유주의의 기후변화에 대한 대응과 이념에 대한 비판적 이해와 의식을 도모하기 위해 다양한 극작 기법을 사용한다. 그렇다면 커크우드는 어떤 극작 기법을 사용하며, 관객들의 인지를 어떻게 변화시키는가?

기후변화의 느린 폭력 가시화

〈아이들〉은 극의 시작부터 기후변화의 폭력에 관해 이야기하지 않는다. 세 인물의 40년 만의 재회로 이야기가 시작되는 만큼, 이들 간의 과거 관계와 갈등이 극의 주 이야기인 듯 진행된다. 마릴린 스테시오Marilyn Stasio는 〈아이들〉은 '비밀 이야기가 있어I've-got-a-secret storytelling'의 방식으로 구성된 극으로, 작가가 미묘하지만 너무 미묘하지 않은 단서를 관객들에게 계속 제공하여 관객들이 이야기를 추리하게끔 만들고, 극의 말미에 결정적 사실을 밝힘으로써 관객들의 예상을 뛰어넘는 작품으로 논평한다. 스테시오의 논평처럼 〈아이들〉은 로빈과 과거 그와 불륜 관계였던 로즈, 그리고 이들의 관계를 알고서도 눈감아 온 로빈의 아내 헤이즐의 40년 만의 재회에서 발생하는 미묘한 삼각관계를 이야기하는 듯하지만, 극의 중간중간 세 인물이 원전 사고 이후 정신적·육체적 고통을 겪고 있음을 (미묘하지만 너무 미묘하지 않게) 보여 주고, 극의 말미에 로즈가 헤이즐과 로빈 부부를 방문한 진짜 목적이 원전으로 돌아가 또 다른 사고 발생을 막기 위해 함께 희생하자라는 것임을 밝힘으로써, 이 극이 단순히 삼각관계로 인한 갈등이 아니라 환경재앙의 피해와 위험에 관한 극임을 관객들 스스로 알아차리게 한다. 다시 말해 〈아이들〉은 환경재앙의 피해와 위험을 등장인물들을 통해 가시화하여 기후변화의 느린 폭력에 대한 이해를 도모한다.

〈아이들〉은 헤이즐이 로즈의 코피를 닦아 주는 장면으로 시작한다. 헤이즐의 집 부엌에 갑작스레 등장한 로즈는 코피를 흘리고 있고, 그녀의 티셔츠 또한 코피로 젖어 있다. 이는 로즈가 원전 사고의 피폭으로 인해 후유증을 앓고 있음을 시각적으로 보여주는 일종의 첫 단서이자 극 주제인 환경재앙의 느린 폭력의 복선이다. 극이 진행될수록 로즈가 피폭 피해의 후유증을 겪고 있음이 더욱 명백히 드러난다. 구체적으로 극의 중간 부분 로즈와 로빈의 포옹 장면은 로즈의 피폭 피해로 인한 육체적 고통을 간접적으로 확인시켜 준다. 집으로 돌아와 로즈와 재회하게 된 로빈은 헤이즐이 잠시 자리를 비운 사이 로즈와 함께 과거 연인 사이였을 때의 추억을 떠올리며 대화한다. 대화 중 로빈은 로즈를 껴안는데, 이때 로즈의 가슴 부분이 달라졌음을 느낀다:

> *로빈은 로즈를 껴안으려 한다.*
>
> *로즈는 로빈을 계속 밀어낸다.*
>
> 로즈: 하지 마. 하지 말라고. 제발 하지 마.
>
> *로빈은 로즈의 몸이 달라진 것을 느낀다*
>
> 로빈: 로즈?
>
> *로즈는 로빈의 팔을 비틀어 떼어 낸다.*
>
> *그러나 로빈은 로즈의 손을 잡는다.*
>
> *그리고 그녀를 다시 끌어당겨 안는다.*
>
> *로빈은 로즈의 가슴을 느낀다.*
>
> *과학적으로, 성적이 아닌.*
>
> 로즈: 아니야. 나 괜찮아. 미국에 있을 때였어. 의료 서비스가 지금 이곳보다 훨씬 나았지. 나 이제 멀쩡해. 8개월째야. 왼쪽 가

슴은 예방 차원이었어. 로빈, 그만해.

로빈은 한 발짝 물러서고, 굉장히 속상해한다.

> *ROBIN throws his arms round her.*
>
> *She tries to keep him at arm's length.*
>
> ROSE. Don't. No don't. Please don't.
>
> *ROBIN feels something different in her body.*
>
> ROBIN. Rose?
>
> *She twists out of his arms.*
>
> *But he grabs her hand.*
>
> *He pulls her back.*
>
> *He feels her chest.*
>
> *Scientific, not sexual.*
>
> ROSE. It's not, I'm alright. It's, it was in America, the health care's much better than here now. I'm clear. Eight months. The left one was just a preventative_ thing, Robin, don't
>
> *ROBIN steps away, very upset.*[22]

로빈이 유방암으로 인해 절제된 로즈의 가슴을 "과학적으로, 성적이 아니"게 느끼고 "속상해하는" 장면은, 로즈의 신체적 고통

---

22 Lucy Kirkwood, *The Children*, pp. 37-38.

을 로빈의 역할을 맡은 배우의 표정과 몸 연기를 통해 간접적으로 가시화한다. 로즈가 항암 치료로 인해 머리가 빠진 모습을 어쩔 수 없이 보여 주게 되는 장면 또한 그녀가 여전히 피폭 피해에서 벗어나지 못했음을, 환경재앙의 장기적이고 지속적인 파괴성, 즉 느린 폭력 피해의 증후를 시각적으로 다시 한 번 확인시켜 준다.

환경재앙의 느린 폭력은 로즈뿐만 아니라 로빈의 신체를 통해서도 가시화된다. 원전 사고 이후 발전소 근방의 봉쇄 지역에 남겨진 소들을 돌보기 위해 로빈은 매일 봉쇄 지역을 드나든다. 그 결과 로빈은 피폭에 상당히 노출되었으며, 기침과 피를 토해 내는 퍼포먼스가 이를 여과 없이 보여 준다.

원자력발전소 폭파 사고 이후 40년이 흘렀지만, 로즈와 로빈은 여전히 피폭으로 고통받고 있다. 헤이즐은 로즈와 로빈과 같이 피폭에 의한 육체적 고통을 겪고 있는 모습을 직접적으로 보여 주지 않지만, 정신적으로 고통받고 있음이 그녀의 언어에서 표면적으로 드러난다. 헤이즐은 환경재앙으로 인한 원전 사고의 기억을 떠올릴 때 "나는 더 이상 견딜 수가 견딜 수가 없었어(I couldn't I couldn't stand it any longer)"[23]라고 말하며 말을 더듬거나 대화의 주제를 바꾸려고 시도한다. 헤이즐에게 환경재앙은 일종의 트라우마로 작용한다.

트라우마란 "주체가 완전히 예기치 못한, 절대적으로 준비되지

---

23 Lucy Kirkwood, *The Children*, p. 15.

않은 무언가의 폭력적 난입(the violent intrusion of something radically unexpected, something the subject was absolutely not ready for)"[24]에 의해 발생하는 것으로서, 헤이즐에게는 환경재앙과 원전 사고가 예상치 못한, 완전히 받아들일 준비가 되지 못한 폭력적 난입의 무언가이다. 헤이즐은 원전 사고의 끔찍한 기억을 지워 버리기 위해 발전소에서 10마일 떨어진 곳으로 거처를 옮기고, 심리적 거리를 두기 위해 요가하기, 요거트 먹기 등과 같은 루틴 반복에 의존하는 거리두기 또는 '무감각해지기'[25]와 같은 트라우마 후 증상을 보여 준다.

특히 원전 사고 이후 40년 만에 이루어진 로즈의 갑작스러운 방문은 헤이즐의 트라우마와 트라우마 후 증상을 증진시킨다. 발전소로 함께 돌아가서 원전 사고에 대한 책임을 지자는 로즈의 제안에 헤이즐은 말을 반복하고 더듬으며 불안감과 분노를 드러낸다: "내가 가장 분개하는 건 우리가 죄책감을 느낄 거라는 너의 어조와 너의 기대. .대. . 라. .라 라고. 우리가 왜 죄책감을 느껴야 해? 난 내 몫을 다 했다고. 나 나 나 나 나/나는(And what I resent most is is is is is your tone your expectation that we will feel guilty. What am I supposed to feel guilty about? I've done my bit. I I I I I/ I,.)"[26]

24　Slavoj Žižek, *Living in the End Times*, London: Verso, 2011, p. 292.
25　이에 대해서는 케이트 코딩턴Kate Coddington의 "Contagious Trauma: Reframing the Spatial Mobility of Trauma within Advocacy Work", p. 71을 참조.
26　Lucy Kirkwood, *The Children*, p. 61.

로즈와 함께 발전소로 돌아갈 것이라는 로빈의 결정에 헤이즐은 당황해하며 이들을 봉쇄 지역으로 태워 줄 택시 기사에게 전화를 한다. 로즈의 제안에 분개하며 단호히 거절하던 헤이즐은 택시 기사와의 통화에서는 상반된 감정을 보여 준다. 헤이즐은 말을 더듬으며 불안감을 드러내고 발전소로 돌아가지 않을 거라고 외치던 자신의 결정에 대해 내적으로 갈등하는 모습을 내비친다: 〔봉쇄 지역으로 태워 줄 사람은〕 "로빈이랑 우리의 친 친 친구야, 나도 갈지도 몰라. … 아직 결정하지 못했어, 알지, 나도 알아(Robin and a a a a friend of ours, I might do. […] I haven't decided yet, I know, I know.)"[27] 헤이즐은 택시 기사와 통화한 후 그녀의 딸 로렌에게 전화가 걸려 오자 불안과 슬픔의 감정을 감추려 애쓴다. 헤이즐은 자신의 감정이 드러나는 것을 두려워하며 회피하기 위해 로렌의 전화를 로빈에게 넘겨준 뒤, "단지, 내 루틴이 있을 뿐이야(Just, I have my routine)"[28]라고 말하며 요가 동작을 행하기 시작한다.

이처럼 세 인물 모두는 환경재앙의 폭력으로 인해 정신적, 육체적 고통을 겪고 있다. 등장인물들의 대사와 행위에서 드러나는 이들의 고통은 기후변화의 '느린 폭력성'을 구체화하는 역할을 한다. 닉슨은 '느린 폭력'은 즉각적으로 눈에 보이는 폭력이 아닌, 오랜 시간에 걸쳐 커다란 파괴를 일으키는 위협이라고 정의한

---

27 Lucy Kirkwood, *The Children*, p. 85.
28 Lucy Kirkwood, *The Children*, p. 88.

다.[29] 〈아이들〉의 등장인물들은 40년 전 시작된 환경재앙의 폭력이 눈에 보이지 않은 채 여전히 활개를 치면서 이들에게 끈질기게 살아 있음을 보여 준다. 환경재앙 폭력의 피해를 겪고 있는 시간이 얼마나 길어질지 예측하기 힘든, 파괴 범위가 어디까지인지 측량하기도 예상하기도 어려운 환경재앙의 '느린 폭력'을 등장인물의 육체적·정신적 외상을 통해 보여줌으로써, 관객들이 환경재앙의 느린 폭력성을 인지하고, 이로 인한 고통을 간접적으로 느끼게 한다.

줄리아 호이디스는 〈아이들〉이 비핵화denuclearization에 대한 극이 아닌, 인간중심주의적 발전의 파괴성과 그로 인해 발생하는 기이한 재난들, 그리고 느리게 지속되는 손상들에 관한 극이라고 주장한다.[30] 호이디스의 주장처럼 〈아이들〉은 환경재앙의 느린 폭력을 등장인물들을 통해 가시화하여 기후변화에 대한 인간중심주의적 태도 또한 고찰할 수 있게 한다.

사전적 의미로 인간중심주의anthropocentrism란 인간을 다른 존재와 구분되는 유일하고 우월한 존재로 여기는 사상을 뜻한다.[31] 인간 우월주의 또는 인간 예외주의로도 지칭되는 인간중심주의는 인간과 자연을 분리하여 사고하는 서구의 이분법적 담론에서

---

29 Rob Nixon, *Slow Violence and the Environmentalism of the Poor*. p. 27.

30 Julia Hoydis, "A Slow Unfolding 'Fault Sequence': Risk and Responsibility in Lucy Kirkwood's *The Childern*," p. 86.

31 "Anthropocentrism." *Oxford English Dictionary*, Oxford UP, 2024. (https://www.oed.com/dictionary/anthropocentrism_n?tab=meaning_and_use#264795140)

비롯된다. 호주의 철학자이자 생태페미니스트인 발 플럼우드Val Plumwood는 서구의 인간과 자연의 이분법적 담론은 인간을 동물·식물을 포함한 인간 외의 모든 생명과 비생명체보다 우월한 존재로 간주함으로써 이들에 대한 인간의 의존을 부인하고, 이용과 착취를 정당화하면서 인간의 자연, 생태, 환경 파괴에 대한 책임을 거부한다고 주장한다.[32]

로즈, 로빈, 헤이즐의 정신적·육체적 고통의 가시화는 자연, 생태, 환경에 대한 인간중심주의적 사고를 해체시키는 데 기여한다. 로빈은 원전 사고 이후 봉쇄 지역에 남겨진 소들을 돌보기 위해 매일 피폭 지역에 간다고 했지만, 사실 소들은 이미 오래전에 전멸했으며 그들을 땅에 묻어 주기 위해 매일 드나들었다고 로즈에게 고백한다. 고백 후 로즈는 로빈의 방사능 수치를 측정하고, 로빈이 피폭되었음을 알려 준다. 이들의 대사와 행위는 동물뿐 아니라 인간 또한 환경재앙으로 인한 고통과 죽음을 피해 갈 수 없는 취약한 존재임을 깨닫게 한다. 커크우드는 인간은 동물, 식물, 모든 자연, 생명, 비생명체, 행성planet을 착취하고 지배할 수 있는 우월한 주체가 아닌, 이들과 같이 행성에서 살아가는 유한한 생명체일 뿐임을 환경재앙의 느린 폭력으로 손상되어 가는 등장인물들을 통해 인지시킨다.

---

32 Val Plumwood, "Ecofeminist Analysis and the Culture of Ecological Denial," *Feminist Ecologies: Changing Environments in the Anthropocene*, edited by Lara Stevens et al. London: Palgrave Macmillan, 2018, pp. 98-103.

문학이론가이자 페미니즘 비평가인 가야트리 스피박Gayatri Spivak
은 신자유주의 세계화는 인간이 행성을 통제하고 이용할 수 있다
는 환상을 형성한다고 주장한다.[33] 지리학자인 조엘 웨인라이트
Joel Wainwright와 제프 만Geoff Mann 또한 신자유주의의 근본적 원천
인 자본의 확장과 축적은 행성을 판매와 소비를 위한 생산수단이
자 상품으로 끊임없이 전환할 것을 요구한다고 논한다.[34] 스피박,
웨인라이트와 만의 관점에서, 신자유주의는 인간중심주의를 근
간으로 하여 기후변화에 대한 인간의 책임을 부인하고, 인간 외
의 모든 자연 생명체를 비롯한 행성을 자본 생산과 축적을 위한
도구로 간주한다고 볼 수 있다. 다시 말해 웨인라이트와 만의 "기
후변화와 씨름하려는 모든 실질적인 시도는 자본주의와 맞붙어
싸워야만 한다"[35]라는 주장처럼, 기후변화에 대응하기 위해서는
신자유주의적 자본주의의 원인인 인간중심주의와 환경재앙 위기
의 일상화를 다뤄야만 한다.

따라서 〈아이들〉은 기후변화 위기에 극적으로 대응하는 극으
로 볼 수 있다. 커크우드는 극의 처음부터 등장인물들의 정신적·
신체적 고통이 환경재앙으로 인한 것임을 밝히고 재현하기보다

---

[33] Gayatri Chakravorty Spivak, *Death of a Discipline*, New York: Columbia UP, 2003, pp.
72-73.

[34] Joel Wainwright and Geoff Mann, *Climate Leviathan: A Political Theory of Our Planetary
Future*, London: Verso, 2018, p. 215.

[35] Joel Wainwright and Geoff Mann, *Climate Leviathan: A Political Theory of Our Planetary
Future*, p. 213.

는, 환경재앙과 기후변화로 인해 위기가 일상이 된 삶—식량 부족, 수질오염, 정전, 동물·식물의 파괴—을 무대와 등장인물들의 대화를 통해 점차적으로 밝혀냄으로써 기후변화 위기의 위협감을 점점 더 깊고 어둡게 느끼게 하여 뇌리에서 떠나지 않게 한다. 또한 등장인물들의 육체적·정신적 외상을 포옹, 기침, 말 더듬기, 요가 등과 같은 인물들의 퍼포먼스로 보여 줌으로써, 관객들로 하여금 이들의 고통이 환경재앙의 느린 폭력에 의한 것임을 느끼게 하여, 신자유주의의 인간중심주의적 사고에 대해 고찰 또는 비판적 관점을 가지게 한다.

윤리의 대상을 인간만이 아닌 생명공동체 전체로 확장해야 한다고 주장한 작가이자 생태학자인 알도 레오폴드Aldo Leopold는 인간은 오직 스스로 볼 수 있는 것에 대해서만 윤리적 태도를 취할 수 있다고 주장한다.[36] 더군다나 모든 생명, 비생명체를 자본 생산과 확장의 도구로 여기는 신자유주의 자본주의 체제에서는 기후변화로 인한 인간, 동식물, 자연, 행성의 파괴가 일상적으로 계속되고 피해들이 쌓여 가지만 피해들이 즉각적으로 눈에 보이지 않기에 간과되거나 미래의 일로 유예되곤 한다. 커크우드의 〈아이들〉은 해일로 파괴된 원자력발전소의 방사능 유출 사고를 은유적 기반으로 하여, 기후변화의 극적이지도 즉각적이지도 않지만 점점 더 불어나고 축적되며, 그 영향력이 넓은 시간 규모에 걸

---

36 이에 대해서는 롭 닉슨의 《느린 폭력과 빈자의 환경주의》 40쪽을 참조.

쳐 모든 생명과 비생명체를 파괴하는 느리지만 잔혹한 폭력성을 등장인물들의 고통으로 가시화하여, 기후변화의 느린 폭력에 대한 관객들의 포착과 지각적 이해를 도모한다.

더 나아가 커크우드는 등장인물들뿐 아니라 극의 형식적 요소들을 통해서도 기후변화의 느린 폭력을 무대 위에 구현한다. 〈아이들〉만의 독특한 서사 구조와 무대 설정은 관객들에게 기후변화에 대한 전과 다른 유의 증언, 즉 보이지 않는 풍경에 대한 증언을 제공한다. 그렇다면 〈아이들〉은 어떠한 형식적 특징을 가지며, 형식적 요소들은 어떻게 기후변화의 비가시적이고 무정형/무형의 느린 폭력에 대한 이해를 고취시키는가?

기후변화의 느린 폭력 형상화

기후변화는 눈에 보이지 않게 오랜 시간 동안 느리게 지속되고, 그 결과 또한 장기적으로 나타나기에 하나의 장면으로 형상화하기 어렵다. 커크우드는 비가시적이고 무정형/무형인 기후변화의 느린 폭력의 위협을 감각적으로 느끼게 하려고 다양한 연극적 방식을 동원한다. 커크우드는 로열 코트 극장에서 진행된 작가와의 질의응답 시간에 〈아이들〉의 서사 방식에 대해 다음과 같이 언급한다:

이 극은 오랜 시간 지속되어 온 비상 사태들에 대해 다루기 때문에 메트로놈적으로 진행되지 않아요. … 이 극의 시간 구조를 보면, 이 극에는 많은 시간이 존재해요. … 그곳에는(무대 공간인 헤이즐의 부엌) 많은 역사가 있어요.

It's not really the metronome that the play's running on because it's dealing with emergency situations which have been coming a long time, […] There's been a lot of time in the play if you look at the timeline of the play. […] There's a lot of history there in the room.[37]

그녀의 말처럼 〈아이들〉은 오랜 시간 지속되어 온 기후변화와 그로 인한 파괴와 피해, 커크우드의 말대로 "비상 사태들"을 다루기 때문에 규칙적이고 예측할 수 있는 메트로놈 방식으로 전개되지 않는다. 〈아이들〉은 다양한 무대 소품과 장치, 음향효과를 이용하여 시간과 공간의 경계를 허물어뜨리며 점점 늘어나고 확산하는 기후변화의 느린 폭력을 극적으로 형상화하여 관객들이 이를 경험케 한다.

구체적으로 〈아이들〉의 무대장치와 소품들은 환경재앙의 느린 폭력에 대한 감각적 인지를 자극하는 역할을 한다. 커크우드는 무대 지시문에서 무대에 대해 다음과 같이 묘사한다: "방은 약간 기울어져 있다. 아래 바닥은 침식되어 있는 상태이다. 그러나

---

37 Lucy Kirkwood, "*The Children*: Q&A with Playwright Lucy Kirkwood," 00:03:00-45.

[그림 1] 루스 커크우드 〈아이들〉. 제임스 맥도널드 연출, 로열 코트 극장, 2016. 조한 펄손 Johan Persson 촬영.

이 상태는 육안으로는 보이지 않아야 하며, 구형 물체가 식탁 위에 놓여 있을 때에만 명백해진다(The room is at a slight tilt. The land beneath it is being eroded. But this should not be obvious to the naked eye, and only becomes apparent when, for example, something spherical is placed on the kitchen table.)"[38] 2016년 로열 코트 극장의 〈아이들〉(제임스 맥도널드James Macdonald의 연출, 미리엄 부에더Miriam Buether의 무대 디자인)은 이를 잘 반영한 듯하다.

무대 장소인 헤이즐의 부엌은 자세히 보지 않으면 알아차릴 수

---

[38] Lucy Kirkwood, *The Children*, p. 7.

없을 정도로 전체적으로 아주 미세하게 기울어져 있다. 부엌 등과 벽의 찬장이 약간 기울어진 채 천장과 벽에 달려 있고, 가구들에는 약간의 손상된 흔적이 관찰된다([사진 1] 참조). 하지만 커크우드의 무대 지시문 설명처럼 식탁과 싱크대에는 구형 물체들이 올려져 있지 않기에 바닥의 기울어짐을 단번에 알아차리기 어렵다. 로버트 루소Robert Russo는 2016년 로열 코트 극장의 〈아이들〉 무대에 대해 "많은 전 지구적 문제처럼, 기울어짐은 분명하지만, 편재되어 있기에 정확히 외면 가능하다(Like so many global problems, the slant is noticeable but avoidable precisely because of its ubiquity)"[39]고 논평한다. 루소의 지적처럼 헤이즐의 미세하게 기울어지고 손상된 부엌은 홍수와 지진과 같은 환경재앙이 지속적으로 발생하였음을 보여 준다. 하지만 모든 곳이 기울어져 있고, 조금씩 손상되어 있기에 주의 깊게 관찰하지 않는 이상 이를 감지하기 어렵고 이내 익숙해지거나 잊기 쉽다. 이처럼 〈아이들〉은 일상 어느 곳에나 편재하여 쉽게 익숙해지고, 외면하고, 망각하기 쉬운 환경재앙의 느린 폭력성을 무대장치를 통해 무대에 구현한다.

무대의 기울어짐, 즉 환경재앙의 흔적들이 눈에 익숙해져 자각하지 못할 때쯤, 무대 음향과 소품들이 환경재앙의 느린 폭력을 관객들에게 지속적으로 상기시킨다. 헤이즐은 물을 찾는 로지에게 수도꼭지가 아닌 플라스틱 컨테이너에 담긴 물을 건넨다. 로

---

39 Robert Russo, "Review: Won't Somebody Please Think of *The Children*?" *Stage Left*, 12 Dec. 2017. Web. 6 May. 2024.

지를 위한 차를 준비할 때에도 "미안 차를 바로 끓일 수 없어. 여기는 아직도 일정 시간 동안 정전이 되거든(Sorry I can't make you a fresh one. We're still on scheduled blackouts round here)"[40]이라며 보온병에 담긴 물을 사용한다. 이외에도 헤이즐이 석유램프에 불을 붙이는 장면과 로지에게 샐러드를 주며 오늘은 할당량이 많아서 운이 좋다면서 방사능 검사를 한 것이니 안심하고 먹으라고 하는 장면은 전기 공급과 식량 부족 문제 등과 같은 환경재앙으로 인한 피해들이 지속되고 있음을 보여 준다.

특히 등장인물들의 빈번한 방사능 측정기Geiger counter 사용은 환경재앙의 일상화와 위험성을 동시에 보여 주는 역할을 한다. 로빈은 피폭 지역에서 가져온 세발자전거의 방사능 수치를 측정하기 위해 방사능 측정기를 자연스레 사용한다. 방사능 측정기는 이후 로빈의 방사능 수치를 측정하는 데에도 사용된다. 죽은 소들을 묻어 주기 위해 피폭 지역에 매일 드나들었다는 로빈의 말을 듣고 로즈는 방사능 측정기를 꺼내 로빈에게 사용하는데, 관객들에게 수치는 보이지 않지만 측정기에서 삐 소리가 나며 방사능이 감지되었음을 알린다.

물, 샐러드, 석유램프, 자전거, 방사능 측정기와 같은 소품들이 환경재난의 일상성과 위험성을 인지시키는 역할을 하였다면, 극 중반부에 갑작스레 무대 바닥에 물이 범람하는 장면은 기후변화

---

40 Lucy Kirkwood, *The Children*, p. 14.

로 인한 환경재앙의 예측 불가능성을 구현한다. 세 인물이 과거의 추억을 떠올리며 함께 춤을 출 때, 화장실 문 밑 틈에서부터 물이 갑자기 쏟아져 나와 부엌 바닥이 물로 가득하게 된다. 홍수를 떠올리게 하는 이 장면은 기후변화의 느린 폭력을 등장인물들과 관객들에게 보여 주어 어디서 일어날지 예상할 수 없는, 시공을 넘어 느리게 확산하고 있는 기후변화의 느린 폭력성의 위험을 일깨운다.

마이클 빌링턴Michael Billington은 2016년 로열 코트 극장의 〈아이들〉 리뷰에서 〈아이들〉은 "진정으로 불안감을 주는 포스트아포칼립 극a post-apocalyptic play that is a genuinely disturbing play"[41]이라고 논평한다. 빌링턴의 '불안감을 주는/교란시키는disturbing'이라는 표현처럼 〈아이들〉은 원전 사고 이후 40년이 지나 안정화된 세 등장인물의 평화로운 일상을 보여 주는 듯하지만, 무대 세트·소품·장치 등을 이용해 기후변화의 폭력성을 구현하여 평화로운 일상의 분위기를 교란시키고 파괴한다. 〈아이들〉의 형식적 요소들은 환경재앙의 위험과 위협을 예상치 못한 곳에서 구현하여, 환경재앙의 느린 폭력에 대한 관객들의 감각적 자각을 끊임없이 촉진한다.

게다가 〈아이들〉의 마지막 장면은 기후변화의 느린 폭력의 축적성과 가속화를 시각과 청각적으로 구현하는 역할을 한다. 극이

---

41 Michael Billington, "*The Children* Review – Kirkwood's Slow-burning Drama Asks Profound Questions," *The Guardian*, 25 Nov. 2016.

진행되면서 점차 드러나던 환경재앙의 흔적들은 극의 말미에 또 다른 환경재앙을 암시하는 장면으로 빠르게 전환되며 끝이 난다:

열려진 문 사이로
바다와 파도 소리가 로빈의 빗질 소리와 여성들의 호흡 소리와
뒤섞인다.
이로부터 한 파도 소리가 매우 점차적으로 들리기 시작한다.
파도 소리는 점점 더 커지고
우리에게 들이 닥친다.
정적.
멀리서, 교회의 종이 울린다.
마치 물속에서 들리는 것처럼.
소리는 왜곡되었지만 오해의 여지가 없다.
끝.

Through the open door

the sound of the sea and waves breaking

mixes with the movement of ROBIN's broom

and the women

as they try to keep breathing

Out of this, very gradually, the sound of a wave building.

It grows and grows

It crashes upon us.

Silence.

Distantly, a church bell rings.

As if from under the water.

The sound distorted but unmistakable.

End.[42]

   무대 지시문의 서술처럼 세 등장인물은 그들의 일상의 공간에서 일상 행위를 수행하던 도중 환경재앙을 다시 한번 맞이한다. 국가와 커뮤니티/기업이 방치한 환경위기 문제를 자발적으로 해결하기 위해 헤이즐과 로빈의 도움을 요청하러 온 로즈의 방문은 결국 또 다른 환경재앙의 발생으로 무색하게 된다.

   더군다나 무대와 관객석을 가득 채우는 파도 소리는 관객들에게 환경재앙의 위험과 위협에 대한 불안감과 공포를 조성한다. 커크우드는 결말 부분의 무대 지시문에서 "파도 소리가 우리에게 들이닥친다"라고 서술한다. 여기에서 '우리'라는 지칭은 파도 소리의 수신자에 등장인물들뿐만 아니라 관객들 또는 독자들을 포괄시킴으로써 기후변화의 느린 폭력에 누구도 자유로울 수 없음을 느끼게 한다. 다시 말해 결말의 파도 소리는 무대와 관객석의 경계를 허물어뜨리며 감각적 이미지로 작용하여, 관객들로 하여

---

[42]   Lucy Kirkwood, *The Children*, pp. 88-89.

금 기후변화로 인한 환경재앙이 극의 등장인물들에게만이 아닌 자신들이 속한 세계, 즉 모든 곳에서 일어나고 있으며 또는 앞으로 일어날 수 있다고 느끼게 한다.

결론적으로 극의 결말은 기후위기의 느린 폭력─점점 더 불어나고 축적되며, 그 영향력이 예측할 수 없을 정도로 빠르게 퍼져 나가고 확산되는 폭력─에 대한 관객들의 감각적 반응과 정치적, 윤리적 의식을 이끌어 낸다. 로즈의 "우리가 발전소를 지었잖아. 아니 적어도 도왔으니, 우리가 책임을 져야,([W]e built it, didn't we? Or helped to, we're responsible,)"[43]로 시작된 원전 사고와 환경재앙에 대한 책임을 둘러싼 등장인물 간의 갈등과 비극적 결말은 관객들로 하여금 기후위기에 대한 개인적·사회적 책임에 대해 질문하고 사유하게 한다. 기후위기는 개인이 책임을 질 수 있는 문제인가? 기후위기에 대한 사회적 책임은 어떻게 이루어지고 있으며, 어떻게 이루어져야 하는가? 현 신자유주의 체제에서 기후변화에 대한 인지와 대응은 어떻게 이루어지고 있는가?

신자유주의 사회에서 기후변화의 현실에 대한 인지는 기후변화로 인한 재앙들이 경제 시장에 영향을 줄 때, 특히 기업과 소비자의 비용이 증가할 때에만 이루어지기 시작한다.[44] 신자유주의 체제의 시장주의는 자본의 순환과 축적만을 중시하여, 이에 따라 발생한 기후변화와 그로 인한 위기들을 부차적 문제로 치부하

---

43 Lucy Kirkwood, *The Children*, p. 54.

44 Andrew Hoffman, *How Culture Shapes Climate Change Debate*, Stanford UP, 2015, p. 86.

거나, 또는 북반구의 신자유주의 자본 국가들이 기존 지배를 영속화하기 위한 수단으로(예: 온난화 수준 합법화) 이용하면서 되려 기후위기를 불가피한 것으로 위장시킨다. 그 결과 기후변화로 인한 생태적 변화와 피해는 가속화되고 쌓여 가지만 (더 많은 자본 생산과 축적을 위한) 지금, 현재, 여기를 특권화하는 신자유주의 사회에서는 당장 눈앞에 보이지 않는 기후위기의 위험이 간과되거나 잊힌다.

커크우드의 〈아이들〉은 이러한 신자유주의 세계에서 기후변화에 대한 우리의 인식 변화를 극작술면에서dramaturgically 도모한다. 〈아이들〉은 기후변화의 보이지 않는 폭력을 가시화하고 형상화하여, 기후변화를 악화시키는 주요한 자본주의적 원인에 대한 인식과 비판적 인지를 촉진하기 때문이다. 신자유주의 세계의 현재주의적이고 인간 예외적인 환영에서 벗어나게 하기 위해 〈아이들〉은 등장인물들의 고통을 가시화하여 관객들로 하여금 기후변화의 느린 폭력을 관찰하게 하고, 무대 소품과 장치, 음향효과와 같은 다양한 극의 형식적 요소들을 이용해 느린 폭력을 감각적으로 경험시킨다. 점점 커지는 파도 소리로 끝나는 디스토피아적 결말은 관객들에게 기후변화 위기의 시공간적 불문성과 가속화를 감각적으로 느끼고 감정적으로 살아나게 하는 순간을 제공하여, 기후변화의 느린 폭력의 위험성에 대한 '이해'를 증진시키며 기후위기에 대한 '전 지구적 의식'을 고취한다. 커크우드의 〈아이들〉은 궁극적으로 우리로 하여금 현 신자유주의 체제 내에서 감각적으로 인지하기 힘든 기후변화의 느린 폭력을 마주하게 하여 기후변화에 대한 인식의 변화와 집단적 저항을 추동하는 역할을 한다.

〈아이들〉은 환경재앙으로 인해 발생한 원자력발전소 사고 이후의 삶에 대한 극이다. 〈아이들〉에서 원전 사고는 기후변화로 인한 느린 폭력의 한 징후를 보여 주는 하나의 표면적 사건으로, 커크우드는 이를 소재로 하여 기후변화로 인한 피해들의 만연을 구현하여 기후변화의 위기와 위험에 대한 침묵과 망각에 저항한다. 〈아이들〉은 등장인물들의 대화와 행위, 무대장치, 소품, 음향과 같은 극의 다양한 형식적 요소를 이용해 시공간의 경계를 허물어뜨리며 축적되고 가속하는 기후변화의 느린 폭력을 무대 위에 가시화하고 형상화한다. 이는 감각적으로 인지하기 힘든 기후변화의 느리지만 분명한 폭력을 관객들로 하여금 끊임없이 느끼고 경험하게 하여, 기후변화 위기에 대한 정치적 의식을 도모하는 커크우드의 극작 기법으로 볼 수 있다.

〈아이들〉에 관한 인터뷰에서 커크우드는 극 제목인 '아이들'은 누구를 지칭하느냐는 질문에 '무력한powerless'한 존재로 등장인물, 관객, 그리고 우리 모두가 '아이들'에 해당한다고 답한다.[45] 즉, '아이들'은 헤이즐과 로빈의 자녀 또는 로즈가 걱정하는 현 세대만

---

45 Lucy Kirkwood, "Playwright Lucy Kirkwood Gives Us the Scoop on The Children," YouTube, uploaded by Broadwaycom, 13 Dec. 2017, 00:00:39-00:01:00.

을 지칭하는 것이 아닌, 세대 · 젠더 · 인종 · 계급 · 지역 등의 경계를 지워 버리는 포괄적 범주로서, 기후변화의 느린 폭력에 무력한 인간공동체 모두를 지칭한다고 볼 수 있다. 요컨대 〈아이들〉은 기후변화의 느린 폭력에 대한 감각적 인지와 현 신자유주의 세계의 인간중심주의적, 현재주의적 이념에 대한 정치적 이해와 비판을 도모하기 위해 환경재난에 대한 등장인물들의 정신적 · 신체적 무력함을 가시화하고 다양한 무대 기법을 통해 기후변화 위기의 지속성과 시공간적 불문성을 형상화한다. 기후변화 위기는 단순히 개인적 책임으로 해결될 문제가 아니라, 인간 사회에서의, 그리고 지구에서 인간을 비롯한 비인간(동물, 식물을 포함한 모든 생명체)의 위치와 관계를 생각하는 방식을 다시 형성하는 환경적 · 문화적 · 정치적 현상으로서 이해되어야 한다. 이것이 커크우드가 연극적 도구와 상상력을 동원하여 기후변화의 느린 폭력을 무대 위에 가시화하고 형상화하는 이유이며, 생태 · 환경위기에 대한 일상화된 침묵과 무뎌진 감각을 자극하는 이유가 아닐까.

참고문헌

롭 닉슨, 《느린 폭력과 빈자의 환경주의》, 김홍옥 옮김, 에코리브르, 2020.
조엘 웨인라이트 · 제프 만, 《기후 리바이어던》, 장용준 옮김, 앨피, 2023.

"Anthropocentrism." *Oxford English Dictionary*, Oxford UP, 2024. (www.oed. com/search/dictionary/?scope=Entries&q=anthropocentrism&tl=true)

Berlant, Lauren, *Cruel Optimism*, New York: Duke UP, 2011.

Billington, Michael, "*The Children* Review – Kirkwood's Slow-burning Drama Asks Profound Questions," *The Guardian*, 25 Nov. 2016. (https://www. theguardian.com/stage/2016/nov/25/children-review-lucy-kirkwood-royal-court)

Burton, Andrew, "Ecological Apocalypticism in Ella Hickson's *Oil*, Lucy Kirkwood's *The Children*, and Duncan Macmillan's *Lungs*," *Brief Encounters* 1.5, 2021.

Coddington, Kate, "Contagious Trauma: Reframing the Spatial Mobility of Trauma within Advocacy Work," *Emotion, Space and Society* 24, 2017, pp. 66-73.

Crary, Jonathan, *Scorched Earth: Beyond the Digital Age to a Post-Capitalist World*, London: Verso, 2022.

Hoffman, Andrew, *How Culture Shapes Climate Change Debate*, Stanford UP, 2015.

Hoydis, Julia, "A Slow Unfolding 'Fault Sequence': Risk and Responsibility in Lucy Kirkwood's *The Childern*," *JCDE* 8.1, 2020, pp. 83-99.

Kirkwood, Lucy, *The Children*, Kindle ed. Nick Hern, 2016.

Nixon, Rob, *Slow Violence and the Environmentalism of the Poor*, Cambridge: Harvard UP, 2011.

"Playwright Lucy Kirkwood Gives Us the Scoop on The Children," YouTube, uploaded by Broadwaycom, 13 Dec. 2017. (https://www.youtube.com/watch?v=2JF_H-LDfFA)

Plumwood, Val, "Ecofeminist Analysis and the Culture of Ecological Denial,"
　　Feminist Ecologies: Changing Environments in the Anthropocene, edited by Lara
　　Stevens et al. London: Palgrave Macmillan, 2018, pp. 97-112.

Russo, Robert, "Review: Won't Somebody Please Think of *The Children*?"
　　Stage Left, 12 Dec. 2017. Web. 6 May. 2024. (https://www.stageleft.
　　nyc/blog/2017/12/12/review-wont-somebody-please-think-of-the-
　　children)

Spivak, Gayatri Chakravorty, *Death of a Discipline*, New York: Columbia UP,
　　2003.

Stasio, Marilyn, "Broadway Review: *The Children*," Variety. 14 Dec. 2017.
　　Web. 7 May. 2024. (https://variety.com/2017/legit/reviews/the-
　　children-review-broadway-play-1202641588/)

Tait, Peta, "Emotionally Uninhabitable?: Dramatising Environmental
　　Destruction and Contamination," *Modern Drama* 67.2, 2024, pp. 196-216.

"*The Children*: Q&A with Playwright Lucy Kirkwood," YouTube, uploaded
　　by The Royal Court Theatre, 8 Dec. 2016. (www.youtube.com/watch?
　　v=68eFaUKABMc)

Tiehen, Jeanne, "Climate Change and the Inescapable Present," *Performance
　　Philosophy* 4.1, 2018, pp. 123-38.

Trevers, Elyse, "Review: *The Children*," StageBuddy. 19 Dec. 2017. Web. 20
　　May, 2024. (https://stagebuddy.com/theater/theater-review/review-the-
　　children)

Wainwright, Joel and Geoff Mann, *Climate Leviathan: A Political Theory of Our
　　Planetary Future*, London: Verso, 2018.

Waal, Ariane de, "More Future? Straight Ecologies in British Climate-
　　Change Theatre," *JCDE* 9.1, 2021, pp. 43-59. .

Žižek, Slavoj, *Living in the End Times*, London: Verso, 2011.

카를로스 모레노의 '15분 도시'에 대한 고찰

이용균

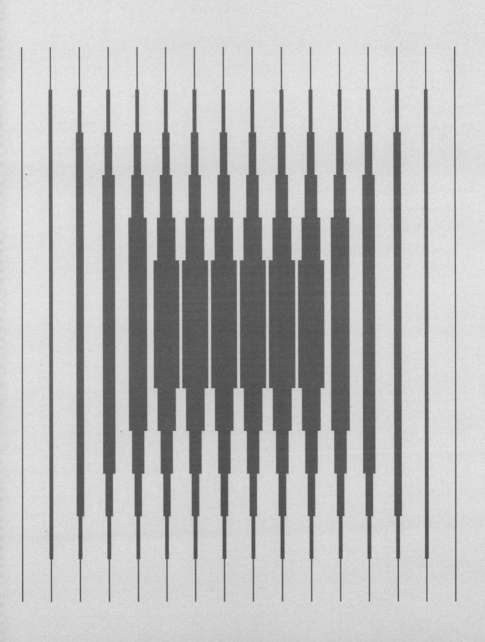

이 연구는 2024년 《한국도시지리학회지》 12월호에 투고된 〈'15분 도시'의 핵심 개념 과 실천에 대한 비판적 고찰〉을 수정한 것이다.

15분 도시란?

최근 메트로폴리스의 도시계획에서 가장 주목 받는 학자 중 한 명은 아마도 프랑스의 시스템 과학자이자 복잡계 연구자이며, 도시계획과 정책을 연구하는 카를로스 모레노Carlos Moreno일 것이다. 2016년 모레노가 제시한 '15분 도시La Ville du Quart d'Heure'란 도보와 자전거로 15분 이내에 도시 삶에서 필요한 서비스를 집중시켜, 이동 시간 단축과 자동차 이용 감소를 통해 도시공간을 구조적으로 변형시키고 삶의 질을 개선하자는 운동이다.[1] 코로나-19 팬데믹 상황에서 부상하기 시작한 '15분 도시'는 현재 전 세계가 주목하는 도시계획과 정책, 그리고 도시 담론으로 대두되고 있다.

코로나-19 팬데믹은 전 세계적으로 경제·사회·정치·문화에 막대한 영향을 미쳤으며, 이는 도시계획에도 상당한 파장을 가져왔다. 팬데믹 상황에서 근거리에서 서비스를 제공받는 것이 중요하다는 주장이 제기되었고,[2] 2020년 프랑스 파리의 시장 선거에서 15분 도시가 핵심 정책으로 채택되었으며, 같은 해 세계 주요 40개 도시가 참여하는 'C40 기후리더십 그룹'이 15분 도시를 도시계획의 핵심 어젠다로 채택하면서, 모레노의 15분 도시는 전

---

[1] 카를로스 모레노, 《도시에 살 권리》, 양영란 옮김, 정예씨, 2023.

[2] C. Moreno, Z. Allam, D. Chabaud, C. Gall, F. Pratlong, "Introducing the 15-Minute City: Sustainability, resilience and place identity in future post-Pandemic cities," *Smart Cities* 4, 2021, pp. 93-111.

세계적 관심을 받게 되었다.[3]

15분 도시는 프랑스 · 미국 · 네덜란드 · 스페인 · 오스트레일리아 · 일본 · 중국 등의 대도시, 그리고 우리나라의 서울 · 부산 · 제주 등에서 도시계획의 핵심 어젠다로 떠올랐다. 2016년 이 개념이 제시된 후 몇 년 사이에, 15분 도시는 도시계획의 새로운 메타포, 상상력 또는 실천이 되고 있다. 15분 도시가 출현한 배경에는 도시에 산다는 것이 단순한 생존이 아닌 인간다운 삶을 영위하는 것이란 담론이 자리하고 있다. 모레노는 앙리 르페브르A. Lefebvre의 '도시에 대한 권리the right to the city'를 수정하면서,[4] '살아 있는 도시에서 근거리에 살기living in proximity in a living city'를 탐색한다. 15분 도시는 바로 1968년에 제시된 르페브르의 '도시에 대한 권리'를 21세기의 도시 생활권 개념에 맞게 수정한 것이라 할 수 있다.

모레노는 르페브르의 '도시에 대한 권리'가 자본과 주거를 중심으로 설명한다고 비판한다. 모레노는 지금의 도시가 추구할 것은 삶의 질을 근본적으로 보장하는 주거 · 일 · 소비 · 건강 · 돌봄 · 교육 · 문화 등과 같은 도시의 기본 서비스에 대한 근접성이라고

---

3 김형준, 〈15분 도시의 개념과 적용에 관한 연구〉, 《한국산학기술학회논문지》 24(6), 2023, 134~139쪽; 이성근 · 최민아, 〈파리 15분 도시계획과 2040 서울도시기본계획의 보행생활권 계획 특성 비교〉, 《프랑스문화연구》 58, 2023, 73~97쪽; E. Papadopoulos, A. Sdoukopoulos, I. Politis, "Measuring compliance with the 15-minute city concept: State-of-the-art, major components and further requirements," *Sustainable Cities and Society* 99, 2023, p. 104875.

4 앙리 르페브르, 《도시에 대한 권리》, 곽나연 옮김, 이숲, 2024.

본다.[5] 도시는 시민을 중심에 놓고 건설되어야 하며, 시민권이 보장될 때 일상의 마주침이 이루어지는 사회적 공간에서 공동의 삶이 보장된다는 것이다. '살아 있는 도시living city'를 만든다는 것은 공동의 자산을 위해 투쟁하는 것과 같다면서, 도시에 살 권리는 지금까지와는 다른 도시의 리듬을 통해서, 다중심적 삶의 구축을 통해서, 일과 주거의 새로운 관계 정립을 통해서 가능하다고 주장한다.[6]

모레노는 왜 15분 도시에 주목하는가? 그가 주목한 것은 도시 문제의 근본적 원인을 해결하고 지속가능한 도시를 실천하는 것이다. 모레노에 의하면, 인간이 한정된 영역에 거주한다는 것은 자신의 존재감을 확인시키려는 의지가 있기 때문이고, 인류의 역사는 도시 발전의 역사와도 같다는 것이다.[7] 도시는 왕국·제국·국민국가·국가보다 더 오래 존속했는데, 이는 도시가 본질적으로 다른 사회공간적 구조보다 지속가능하기 때문이란 것이다.

하지만 현재의 도시는 다양한 문제와 위기에 직면해 있다. 20세기 중반부터 나타난 도시화와 교외화에 따른 거주지의 분리, 공공공간의 축소, 사회적 불평등의 심화, 생태계 파괴 등이 그것이다. 도시 거주자 간 상호교류가 적어지면서, 장소애topophilia와

---

5 카를로스 모레노, 《도시에 살 권리》, 2023.

6 C. Moreno, "Living in proximity in a living city," *Glocalism: Journal of Culture, Politics and Innovation*, 2021, p. 3.

7 카를로스 모레노, 《도시에 살 권리》, 2023.

문화정체성이 약화되는 삭막한 현실에 놓여 있다는 것이다. 이러한 위기 상황에서, 모레노는 밀도와 근접성에 기초한 15분 도시로의 전환이 여러 도시문제를 해결할 실마리라고 주장한다. 2020년 이후 15분 도시가 GIS 분석을 비롯한 도시계획, 도시 연구 및 도시정책 등에서 선풍적인 인기를 끌면서, '15분 도시 패러다임'이 나타났고 많은 도시의 핵심 정책이 되고 있다.

그러나 15분 도시는 유토피아적 개념이라는 지적이 대두되면서,[8] 이에 대한 개념과 실천의 한계에 대한 비판이 나오고 있다.[9] 본 연구는 모레노가 제시한 15분 도시를 핵심 개념과 실천을 중심으로 검토하고, 이에 내재한 이슈와 한계를 비판적으로 고찰하고자 한다.

---

8 A. Nurse, A. Calafiore, R. Dunning, ⟨15-minute cities: How to separate the reality from the conspiracy theory⟩, 《The Conversation》, 2023년 2월 18일자. 최근 15분 도시에 대한 음모론이 전 지구적 관심을 불러 일으켰는데, 그 배경에 모레노의 주장이 자동차 사용을 금지하거나 시민을 특정 지구에 가두는 사회주의 정책이라거나, 개인의 자유를 침해하는 운동이라는 등의 주장이 놓여 있다. 이러한 음모론은 주로 보수적 성향의 정치인과 시민이 주도하는 것으로 보인다. 음모론자들이 주장하는 15분 도시에 대한 비판은 본 연구의 범위를 넘어서는 것으로, 본 연구에서 다루는 이슈와 한계는 실제 도시가 경험하는 15분 도시계획의 구상과 실천에 대한 것이다.

9 K. Mouratidis, "Time to challenge the 15-minute city: seven pitfalls for sustainability, equity, livability, and spatial analysis," *Cities* 153, 2024, p. 105274; L. Guzman, D. Oviedo, V. Cantillo-Garcia, "Is proximity enough? A critical analysis of a 15-minute city considering individual perceptions," *Cities* 148, 2024, p. 104882.

시간-도시주의와 지속가능한 도시

모레노는 도시를 시공간의 결합체로 인식한다. 이러한 도시공간에 대한 인식적 토대는 복잡성 사고complexity thought로부터 연유한다. 도시공간은 단순히 물리적 공간과 사회적 공간으로 구분될 수 없는 복합공간이라는 것이다. 모레노는 도시공간을 시간과 공간의 결합체인 시간-도시주의 관점에서 접근하며, 도시공간의 밀도와 근접성을 도시적 삶에서 시민의 권리를 충족시키기 위한 선결 조건으로 본다. 또한 시민의 권리는 경제적·사회적·생태적 지속가능성이 담보될 때 가능하며, 도시에 살 권리는 지속가능한 도시를 통해 추구될 수 있다고 주장한다.

시간-도시주의

시간-도시주의는 도시 삶의 질이 교통에 투자된 시간, 특히 자동차 이용 시간에 반비례한다는 것을 기본 철학으로 하여,[10] 불필요한 것에 소요되는 시간을 단축시키고 필요한 것에 소요되는 시간을 증대시키는 것에 관심을 둔다. 시간-도시주의는 근대도시의 성장에 의해 파괴된 공동체 의식을 복원하고, 인간다운 삶을 영위하는 데 필요한 주거·일·상업·건강·교육·여가 등 필요 서

---

10 C. Moreno, Z. Allam, D. Chabaud, C. Gall, F. Pratlong, "Introducing the "15-Minute City": Sustainability, resilience and place identity in future post-Pandemic cities," pp. 93-111.

비스를 도시 생활권이 제공하는 것에 토대를 둔다.

미셸 푸코는 세상에 대한 우리의 경험은 시간을 통한 역사적 발전을 통해서가 아니라 세상 자체, 그리고 세상과 교차하고 연결되는 네트워크에 의해 구성된다고 본다.[11] 푸코적 해석에 의하면, 시간-도시주의는 도시공간에서 인간 삶의 경험을 의미한다. 현대문학과 철학은 시공간의 개념에 주목하는데, 이는 고대 그리스어의 시간chronos과 공간topos(장소) 개념의 결합인 크로노토포스 chronotopos이다.[12] 크로노토포스는 시간과 공간이 상호작용하는 방식에 주목한다. 한편, 모레노의 시간-도시주의는 크로노토피아 chronotopia를 강조한다. 이는 시간과 유토피아utopia라는 공간의 결합이다. 즉, 이상적인 시간-공간이 결합된 세상을 추구하는 것이 크로노토피아이다.

모레노는 도시 내 필요한 서비스가 근거리에 있다는 것은 이동 시간 감소로 좀 더 창조적인 일에 투자하는 시간을 증대시키고 내면적 성찰의 시간도 증가시키면서, 궁극적으로 도시공간의

---

11 M. Crang, "Time: Space", in Cloke, P. and Johnston, R. (eds.), *Spaces of Geographical Thought: Deconstructing Human Geography's Binaries*, London; Sage, 2005, pp. 199-229.

12 고대 그리스에서 시간 개념은 두 가지로 이해된다. 크로노스chronos는 연속적이고 양적인 시간으로 측정할 수 있는 개념이며, 카이로스kairos는 질적인 시간으로 기회의 순간, 결정의 순간 등을 의미한다. 크로노토포스는 현대문학과 철학에서 자주 거론되는 개념으로, 특히 미하일 바흐친이 이 개념을 체계화했다. M. Crang (2005) 앞의 글 참조. 이는 시간과 공간이 단순한 배경이 아니라 사건과 인물이 상호작용하는 방식으로 묘사되는 요소임을 강조한다. 예를 들어, 어떤 사건이 일어나는 공간(예: 서울, 강원도 정선 등)과 그 사건이 일어나는 시간(예: 1970년대, 광산 개발 등)은 서로 밀접한 관계를 맺고 있다는 관점이다.

발전을 견인한다고 본다. 이처럼 시간과 공간의 결합으로 시간에 따라 달라지는 시공간 차원을 모레노는 크로노토피아라 하였다. 15분 도시를 만든다는 것은 시민이 자신의 시간을 사용하는 데 있어 도시가 무엇을 제공해야 하는지를 요구하는 것이다.[13]

한편, 이상적인 시공간의 구성은 도시공간에 대한 애정을 생산하는데, 모레노는 이를 장소topos에 대한 사랑philia이란 의미로 토포필리아topophilia라 하였다.[14] 도시적 삶에서 인간의 권리가 추구되면, 시민은 자신이 사는 도시에 소속감과 애착을 갖게 된다는 것이다. 모레노에 의하면, 15분 도시는 개인과 공동체를 위한 효용성을 증대시키고, 거주하는 공간에 대한 자부심과 애착을 부여하며, 도시 삶의 생동적 리듬을 제공한다.[15]

지속가능한 도시

지속가능한 발전sustainable development은 현재와 같은 성장을 추구하면서도 제도적 장치를 통해 사회적 형평성을 이룩할 수 있고,

---

[13] 카를로스 모레노, 《도시에 살 권리》, 2023.

[14] Y-F. Tuan, *Topophilia: A Study of Environmental Perceptions, Attitudes, and Values*, New York: Columbia University Press, 1974. 토포필리아topophilia는 장소topos와 사랑philia을 결합한 개념으로, 특정 장소에 대한 애착이나 사랑을 의미한다. 이 개념은 지리학자 이푸 투안Yi-Fu Tuan이 체계화한 것으로, 장소는 의미를 통해 감정적으로 연결되어 있고, 경험과 기억이 장소를 특별하게 만들며, 이는 인간이 환경과 상호작용하는 방식에 영향을 미치고, 개인과 공동체의 정체성을 형성하는 토대라고 본다. 토포필리아는 특정한 장소에 대해 가지는 소속감, 애착, 애정 등을 표현하는 개념으로, 장소와 인간의 상호작용을 감정적 차원에서 설명하는 관점이다.

[15] 카를로스 모레노, 《도시에 살 권리》, 2023.

지구적 차원에서 생태계를 보호함과 동시에 미래 세대의 발전도 배려하는 것이다.[16] 하지만 지속가능한 발전은 다양한 측면에서 비판에 직면하였다. 특히 자원의존적이고 소비지향적이며 대량생산 방식을 고수하는 현재의 경제시스템이 지속가능한 사회를 담보할 수 없다는 주장이 제기되었다.[17] 이에 대해 모레노는 15분 도시가 지속가능한 발전의 취지를 살리면서, 동시에 이 문제를 해결하는 방안이라고 주장한다. 15분 도시는 생태·계급·평등의 측면에서 문제로 제기되는 취약성vulnerability을 극복하고, 위기 상황에 직면하지 않도록 사회시스템의 균형 감각인 회복력resilience 을 강조하는 도시계획을 추구한다는 것이다.

팬데믹을 거치면서 지속가능한 커뮤니티 개발에 대한 이슈가 부상한 가운데, 15분 도시는 포스트팬데믹 시대를 위한 좀 더 건강하고 지속가능하며 회복력 있는 도시 생활의 비전을 제시한다.[18] 이를 위해 모레노는 지속가능발전목표SDGs 중 11번째 어젠다, 즉 "도시와 도시 거주지는 모두를 위해 열려 있고 안전하고 회복탄력적이며 지속가능한 공간이 되어야 한다"에 주목한다. 이는 도시에 살 시민의 권리가 지속가능한 도시에 초점을 두어야

---

16 제프리 삭스, 《지속가능한 발전의 시대》, 홍성완 옮김, 21세기북스, 2015.

17 이용균, 〈지속가능한 개발의 한계와 대안적 지속가능성의 탐색〉, 《한국도시지리학회지》 24(2), 2021, 1~17쪽.

18 Z. Allam, M. Nieuwenhuijsen, D. Chabaud, C. Moreno, C., "The 15-minute city offers a new framework for sustainability, liveability, and health," *The Lancet: Planetary Health* 6(3), 2022, pp. e181-e183.

함을 의미한다.

모레노는 에드가 모랭E. Moran의 복잡성 사고를 수용하면서,[19] 지속가능한 도시(계획)는 경제적 효율성, 사회적 형평성, 생태적 지속성을 상호교차적이고 복잡성의 관점으로 실천 가능하다고 본다. 생태적인 것과 사회적인 것의 교차점은 '살기 편한 세계'이고, 생태적인 것과 경제적인 것의 교차점은 '존속 가능한 세계'이며, 사회적인 것과 경제적인 것의 교차점은 '공정한 세계'이다.[20] 즉, 살기 편하고, 존속 가능하며, 공정한 세계가 서로 만나고 교차하는 것이 '지속가능한 세계'인 것이다.

이는 지리학자 제이슨 무어J. Moore가 《생명의 그물 속 자본주의》에서 강조한 것과 유사한 관점이다.[21] 무어는 모든 종과 환경의 관계를 상호의존적 관계로 해석하고, 동시에 환경이 종에 미치는 영향을 발생학적 관계에서 해석할 것을 주장한다. 이 관점을 수용하면서, 모레노는 지속가능한 도시란 상호의존적 생명의 그물web of life을 형태화한 것이라 주장한다.

이처럼 모레노가 기후위기, 인류세, 약탈적 자본주의에 주목하면서 지속가능한 도시를 강조하는 이유는 현대의 도시가 생태·평등·발전의 측면에서 '취약한 상태'에 직면하였고, 이러한 위기 상황에 대응하기 위해선 '회복력'이 필요한데, 그 해결이 15분 도

---

19 에드가 모랭, 《복잡성 사고 입문》, 신지은 옮김, 에코리브르, 2012.
20 카를로스 모레노, 《도시에 살 권리》, 2023.
21 제이슨 무어, 《생명의 그물 속 자본주의》, 김효진 옮김, 갈무리, 2020.

시라는 것이다. 나 홀로 자동차, 자동차가 발생시키는 오염, 모두를 위한 공공공간을 점유한 도로, 주차장과 편의 시설 등은 모두 자동차에 의한 그리고 자동차를 위한 것이다. 모레노는 자동차가 변형시킨 생태와 도시공간을 자연과 어우러진 삶의 공간으로 변혁시키는 실천이 필요한데, 이는 지속가능한 도시의 실천을 통해 가능하다고 본다.

15분 도시의 핵심 개념

15분 도시는 도시공간의 최적화를 지향한다. 모레노는 밀도와 근접성을 15분 도시의 핵심 개념으로 제시하였고, 팬데믹을 거치면서 다양성과 디지털화를 핵심 개념에 추가하였다. 밀도, 근접성, 다양성, 디지털화는 15분 도시의 구성·역할·가치 등을 이해하는 토대이다.

밀도

지리학, 도시계획, 도시공학 등에서 밀도density는 중요한 개념이다. 근대의 도시계획에서 밀도는 초고층 건물의 밀집과 관련된 것이나, 모레노가 15분 도시에서 강조하는 밀도는 '적정 인구밀도'의 개념과 유사한 것으로 단위면적당 일정 수 이상의 거주 인

구를 가질 때 밀도가 있다고 본다.[22]

　도시공간의 밀도는 여러 도시연구자 또는 도시 담론을 통해 강조되었다. 제인 제이콥스는 도시공간이 제대로 작동하기 위해서는 도시 활동을 유발할 수 있는 적정 규모의 인구, 그리고 다양한 기능과 용도로 구성된 도시공간의 밀도가 중요하다고 하였다.[23] 뉴어바니즘new urbanism 또는 압축도시compact city는 도시 토지의 고밀도 이용을 강조한 것으로, 혼합적 토지 이용, 다양한 오픈 스페이스, 주거 · 소비 · 문화의 복합공간(예: 주상복합건물)이 도시 기능의 효율을 제고한다고 본다.[24] 모레노는 이러한 주장을 참조하여, 적정 인구가 충족되어야 도시공간에서 시민을 위한 삶의 질이 개선될 수 있다고 본다.

　모레노는 15분 도시를 계획할 때 적정인구와 도시공간의 밀도가 핵심 요소라고 주장한다. 특히, 저층 건축물의 밀도와 지속가능한 도시의 결합을 강조하며, 만약 도시가 초고층 중심의 고밀도로 조성된다면 과소비와 자원의 과다 사용을 통한 부정적 지속가능성을 야기할 것이라고 우려한다.[25] 이보다 저층의 주택 · 학교

22　C. Moreno, Z. Allam, D. Chabaud, C. Gall, F. Pratlong, "Introducing the "15-Minute City": Sustainability, resilience and place identity in future post-Pandemic cities," pp. 93-111.

23　J. Jacobs, *The Death and Life of Great American Cities*, New York: Vintage Book, 1961.

24　티머시 비틀리, 《그린 어바니즘: 유럽의 도시에서 배운다》, 이시철 옮김, 아카넷, 2013.

25　C. Moreno, Z. Allam, D. Chabaud, C. Gall, F. Pratlong, "Introducing the "15-Minute City": Sustainability, resilience and place identity in future post-Pandemic cities," pp. 93-111.

· 쇼핑센터 · 은행 · 관공서 등이 한 공간에 밀집될 때, 도시 활동과 서비스가 효율적으로 작동한다는 것이다.

모레노가 밀도에서 강조하는 것은 보행성walkability이다. 그는 도보 이동이 자동차 이용으로 인한 통행 거리 증가와 에너지 사용 증가에 따른 각종 도시문제를 효율적으로 해결하는 첩경이라고 본다.[26] 도시공간의 밀도가 낮으면 도보와 자전거 이동이 제한되고, 이는 자동차 의존성을 증가시킨다는 것이다.

이처럼 최적 밀도는 생활권 내에서 필요한 서비스를 제공할 뿐만 아니라 이들 서비스를 상호 공유하는 데 중요한 요소이다. 예를 들어, 학교는 방과 후 지역 주민을 위한 휴식 공간, 운동 공간, 평생학습 공간 등으로 사용될 수 있다. 이처럼 최적 밀도를 갖춘 생활권은 주민에게 필요한 서비스를 공평하게 공급함과 동시에, 제공되는 서비스의 질과 비용 측면에서 다양한 혜택을 제공한다는 것이 15분 도시의 주장이다.

근접성

근접성proximity, 즉 주민의 거주 공간 근거리에서 생활에 필요한 서비스가 제공되면 이동 시간을 줄이고 다양한 서비스 기능이 발

---

26 N. Salingaros, "Compact city replaces sprawl", in A. Graafland, L. Kavanaugh, and P. Gerards (eds.), *Crossover: Architecture, Urbanism, Technology*, pp. 100–115, 010 Publishers: Rotterdam, 2006; C. Moreno, Z. Allam, D. Chabaud, C. Gall, F. Pratlong, "Introducing the "15-Minute City": Sustainability, resilience and place identity in future post-Pandemic cities," pp. 93-111.

[그림 1] 15분 도시의 근접성 개념

식료품 판매 등 상업 활동 보장 — 생필품 조달

수요가 많은 곳에 저렴한 주거 시설 제공 — 주거

모든 수요를 충족시킬 수 있는 스포츠 활동과 보건의료 활동 지원 — 건강

15분 도시

각 동네마다 다양한 일자리를 제공하고 일자리의 균형을 맞춤 — 일

인종, 계급, 연령 등 다양한 문화적 배경을 존중하는 교육 — 교육

자아 실현 — 여가와 문화의 접근성 제고, 만남과 공적 교류의 공간 확대

※ 자료: 카를로스 모레노, 《도시에 살 권리》를 토대로 필자 정리.

달하는 조건을 형성할 뿐 아니라, 궁극적으로 그 효과가 경제적·사회적·환경적 측면에 고무적 영향을 미친다는 것이 모레노의 주장이다.[27] 주거·일·자아실현·교육·건강·생필품 조달 등의 도시 기능이 근접한 공간에서 이루어진다면, 도시 활동과 삶을 영위하는 데 여유가 증가하고, 사회적 관계가 촉진되며, 공동체에 대한 관심이 증대하면서, 장소에 대한 애착도 커진다는 것이다([그림 1] 참조).

모레노의 15분 도시란, 곧 수요가 많은 곳에 저렴한 주거 시설을 배치하고, 각 동네마다 다양한 일자리를 제공하여 도시 전체

---

27 C. Moreno, Z. Allam, D. Chabaud, C. Gall, F. Pratlong, "Introducing the "15-Minute City": Sustainability, resilience and place identity in future post-Pandemic cities," pp. 93-111.

적으로 일자리의 균형을 맞추고, 여가와 문화가 근접한 공간에서 이루어져 만남과 교류의 공간을 확보하는 것이다. 또한, 다양한 문화적 배경을 존중하는 교육을 근거리에서 제공하고, 스포츠와 보건의료 활동도 생활권 내에서 공급하고, 식품 등의 소비를 근 거리에서 이용 가능하도록 하는 근접성 기반의 도시를 의미한다. 이처럼 필요한 편의 시설을 근거리에 배치하는 도시계획은 도시 의 역동성을 키운다고 모레노는 주장한다.

근접성은 또한 주민의 사회적 상호작용을 촉진하면서 건강한 공동체와 살기 좋은 도시를 건설하고 공원, 공공공간 및 도시 인 프라에 대한 서비스의 질도 향상시킨다는 것이다.[28] 이런 점에서 근접성은 인간 규모에 적합한 도시를 새롭게 구상하고 주민의 사 용에 적합한 도시를 상상하는 토대를 제공한다. 이처럼 근접성 기반의 생활권 조성은 지속가능한 도시를 담보하는 조건이 된다.

다양성

15분 도시에서 강조하는 다양성은 두 가지로 구분되는데, 하나 는 물리적 다양성 또는 하드웨어 다양성으로 주거 · 상업 · 여가 시 설이 혼합된 도시공간을 구성하는 것이고, 다른 하나는 문화 다

---

28 C. Moreno, Z. Allam, D. Chabaud, C. Gall, F. Pratlong, "Introducing the "15-Minute City": Sustainability, resilience and place identity in future post-Pandemic cities," pp. 93-111; A. Nurse, A. Calafiore, R. Dunning, 〈15-minute cities: How to separate the reality from the conspiracy theory〉, 《The Conversation》, 2023년 2월 18일자.

양성 또는 소프트웨어 다양성으로 서로 다른 문화와 사회적 관계들의 혼합이다.[29]

복합 용도의 도시공간 조성은 경제활동과 사회적 관계에 활력을 불어넣는다. 예를 들어, 제인 제이콥스는 다양한 계급이 한 공간에 섞여 거주하는 것이 도시가 추구할 최고의 이상이라 하였다.[30] 그녀에 의하면, 이상적 도시공간은 다양성을 가지면서 기능적으로 분리되지 않는 혼합지구에 의존하는데, 그 이유는 서로 다른 시대와 유형의 기능들이 혼합되어야 서로 공존하는 도시적 삶이 유지된다는 것이다. 도시공간의 다양성은 충분한 주거 공간을 제공하고, 주민 간 포용성을 촉진하며, 이를 통해 생활권의 최적 밀도와 근접성도 보장할 수 있다.[31] 생활권이 다양할수록 공공공간이 많아지고, 다목적의 창조적 공공공간이 창출된다는 것이다.

한편, 도시공간의 혼합은 문화의 다양성도 가져온다. 문화는 사회를 구성하고 그 의미를 부여하는 과정으로, 주민이 서로 적응하고 변화하는 과정에서 문화의 다양성이 증대한다. 이러한 생활권이 만들어 내는 문화란 추상적인 어떤 것이 아니라 우리가 살아가는 일상이다. 우리가 살고 있는 지역 자체가 문화인 셈이

29 C. Moreno, Z. Allam, D. Chabaud, C. Gall, F. Pratlong, "Introducing the "15-Minute City": Sustainability, resilience and place identity in future post-Pandemic cities," pp. 93-111.

30 J. Jacobs, *The Death and Life of Great American Cities*, 1961.

31 C. Moreno, Z. Allam, D. Chabaud, C. Gall, F. Pratlong, "Introducing the "15-Minute City": Sustainability, resilience and place identity in future post-Pandemic cities," pp. 93-111.

다. 이런 점에서 문화는 장소를 기반으로 형성되고, 인간 및 비인간 주체들과 맺는 관계에 의해 구성된다. 15분 도시에서 문화의 다양성은 사회적 관계의 다변화와 포용성을 증대시키고, 주민과 방문자에게 매력적인 공간으로 변화하며 경제적으로 활기찬 도시 구조를 형성한다고 모레노는 주장한다.

이런 점에서 문화의 다양성은 15분 도시에서 제공하는 서비스의 질을 제고하는데, 이는 다양성의 증가가 지역사회의 참여와 상호작용을 촉진하는 기회를 제공하기 때문이라고 설명된다.[32] 이처럼 모레노는 생활권 내 다양한 문화의 존재가 사회적 결속을 강화하고 사회자본social capital이 발전하는 원동력이라고 주장한다.

디지털화

15분 도시의 핵심 개념은 밀도와 근접성이었으나, 코로나-19 팬데믹을 거치면서 도시 기능과 서비스의 디지털화가 강조되었다.[33] 이는 스마트 도시smart city의 핵심 개념이 15분 도시에 접목된 것으로 보이는데, 스마트 기술과 디지털 기반의 도시 관리는 15분 도시의 생활권을 효율적으로 작동시키는 데 필수적 요소로 인식되고 있다. 예를 들어, 빅데이터와 사물인터넷과 같은 디지

---

32 K. Brookfield, "Residents' preferences for walkable neighbourhoods," *Journal of Urban Design* 22(1), 2017, pp. 44–58.

33 C. Moreno, Z. Allam, D. Chabaud, C. Gall, F. Pratlong, "Introducing the "15-Minute City": Sustainability, resilience and place identity in future post-Pandemic cities," pp. 93-111.

털 기술은 도시계획 및 정책 담당자가 실시간으로 데이터에 접근할 수 있게 하며, 주민이 원하는 도시 서비스를 효율적으로 사용하도록 지원한다. 또한, 시민이 계획과 의사 결정 과정에 적극적으로 참여하고 도시 에너지의 소비를 줄이면서 기후변화에 대처하도록 하며, 교통 체증을 완화함과 동시에 공공 안전 또한 도모할 수 있게 한다는 것이다.[34]

이처럼 모레노는 15분 도시를 구성함에 있어 다양한 스마트 기술의 도입과 활용이 중요하다고 본다. 예를 들어, 디지털 도구와 솔루션을 통한 자전거 공유와 센서 배치는 자전거 타기 경험을 증가시키며, 이는 생활권의 안전과 보안에도 긍정적 영향을 미친다.[35] 또한, 디지털화는 쇼핑, 전자화폐 거래, SNS 등의 활용을 촉진하면서, 다양한 도시 서비스의 현지화에 큰 영향을 미친다. 이는 재택근무 등 근무 환경의 다변화를 통해 이동을 축소하고, 생활권 내 다양한 여가 활동을 증가시키는 등의 고무적 결과를 가져온다. 이처럼 디지털화는 생활권 내 주민의 참여와 제공되는 서비스의 질을 향상시키고, 자동차 이용 감소를 통한 비재생 에너지 의존도를 낮추며, 15분 도시의 역동성을 제고한다.

---

34 A. Khavarian-Garmsir, A. Sharifi, M. Abadi, Z, Moradi, "From garden city to 15-minute city: a historical perspective and critical assessment," *Land* 12, 2023, pp. 1-15.

35 C. Moreno, Z. Allam, D. Chabaud, C. Gall, F. Pratlong, "Introducing the "15-Minute City": Sustainability, resilience and place identity in future post-Pandemic cities," pp. 93-111.

15분 도시의 실천

생활권

산업화와 도시화는 주거지역의 확대(예: 교외화)를 가져왔고, 자동차로 주민의 일상적 필요를 해결되는 도시 구조를 낳았으며, 일상적 도시 체계는 공간적·시간적으로 확장되었다.[36] 15분 도시의 핵심 개념인 밀도를 실천하는 방법이 바로 생활권walkable neighborhood(또는 보행통행권)의 조성이다.

15분 도시는 현재의 도시 구조를 개선하여 생활권(근린지구) 중심으로 변화시키고, 직장·문화·여가·휴식·소비·교육의 기능과 관련 서비스를 도보와 자전거로 쉽게 접근할 수 있도록 배치하는 것이다. 생활권 또는 보행통행권은 근거리에서 거주하고, 일하고, 소비하고, 배우고, 여가를 즐기고, 치료받는 것이 가능하게 하는 것이다.[37]

생활권 조성에서 가장 중요한 것은 적정인구를 포함한 도시공간의 밀도이다. 도시의 밀도가 높아지면 대중교통의 이동 시간과 자동차 의존도가 모두 낮아질 수 있다. 특히 저렴한 주택이 많이 제공되면 자동차 이동은 감소할 수 있다. 모레노는 밀도 있는 근

---

36 A. Poorthuis, M. Zook, "Moving the 15-minute city beyond the urban core: The role of accessibility and public transport in the Netherlands," *Journal of Transport Geography* 110, 2023, p. 103629.

37 이성근·최민아, 〈파리 15분 도시계획과 2040 서울도시기본계획의 보행생활권 계획 특성 비교〉, 73~97쪽.

[그림 2] 15분 도시의 생활권

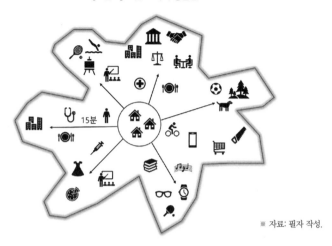

※ 자료: 필자 작성.

접성 속에 거주한다는 것은 도시의 자연, 광장, 거리, 카페, 놀이 터, 사무실, 공연장, 쇼핑센터, 병원 등에서 발산되는 각종 형태의 활력을 공유하는 것이라고 주장한다.[38] 생활권은 도시가 감각적으로 느낄 수 있는 것을 우리 눈앞에 구체화시킨다는 것이다.

노르웨이 오슬로의 사례에서 볼 수 있듯이, 밀도 있는 보행생활권은 도시 기능의 현지화를 촉진하고, 차량 이용 감소와 탄소 배출을 줄이는 효과를 가져올 수 있다.[39] 이처럼 15분 도시계획의 실천에서 중요한 요소는 인구 규모에 맞는 생활권을 조성하는 것이다.

---

38 카를로스 모레노, 《도시에 살 권리》, 2023.

39 K. Mouratidis, "Time to challenge the 15-minute city: seven pitfalls for sustainability, equity, livability, and spatial analysis," p. 105274.

다중심 도시

모레노의 15분 도시는 도시공간의 중심화centralization를 해체하여, 다수의 생활권으로 분리하는 다중심 도시poly-centered city로의 전환을 의미한다. 여러 개의 중심을 지닌 도시를 건설한다는 것은 필요한 서비스를 생활권 단위로 분산 배치함으로써 사회적 네트워크의 활성화를 통해 지역(생활권)공동체의 가치를 창출하고 사회적 불평등을 해소하는 등 이상적 도시, 즉 크로노토피아로 변화하는 과정이다. 즉, 제대로 역할을 수행하지 못했던 도시 기능에 활력을 불어넣어 살아 있는 도시로 변모시키는 것이 다중심 도시의 비전이다.[40]

도시는 인간, 자연, 사물의 복잡한 관계에 의해 구성되고 작동한다. 모든 도시는 지구 생태계의 영향을 받고, 지구 생태계에 영향을 미친다. 전체 육지 면적의 5퍼센트도 되지 않는 면적에 모든 도시가 존재한다. 어떤 도시는 도시계획이 우수하고 경제성장과 사회발전의 토대가 양호하고, 어떤 도시는 이에 미치지 못한다. 모레노는 도시공간의 발전 수준에 영향을 미치는 근본 요인을 탐색한다.

모레노에 의하면, 도시 안에는 주거·음식·생태·교육·문화·정치·교통·건강·에너지·폐기물·엔터테인먼트·산업·공동체·사업 등과 관련된 다양하고 복잡한 연결·흐름·관계의 네트워크가 작동하고, 이들은 매우 복잡하고 변화가 심한 상호작용을 하

---

[40] 카를로스 모레노,《도시에 살 권리》, 2023.

므로 도시공간 전체를 관통하는 역학을 이해하는 관점이 필요하다.[41] 현대사회에서 도시의 기능은 점점 복잡하고 다양해지고 있는데 건물은 수직화되어 가고, 경제활동의 다변화가 나타나고, 서비스의 다양화, 도시공간의 젠트리피케이션화, 도시 인프라의 증가와 도시공간의 분리가 심화되고 있다. 이는 환경적 위협, 사회계급의 분화와 고착화, 문화정체성과 가치관의 변화 등 사회공간적 도시문제를 낳는다.

15분 도시는 인간 규모의 도시 디자인human scale urban design을 통해 현재의 도시문제를 해결하고자 하는데, 이를 위해 인간의 필요와 특성을 반영하는 도시계획이 수립되어야 한다. 이는 차량 중심의 도시 구조를 인간 중심의 도시 구조로 변화시켜 보행로와 자전거도로에 대한 투자 확대로 이어지는, 곧 다중심 도시로의 전환이다.[42]

인간 규모의 도시 디자인에서 중요한 것은 생활권 내부, 생활권 간, 그리고 인접 지역 간 연결성connection을 고려하는 것이다. 특히, 고립된 생활권이나 게토의 주민이 더 넓은 생활권에 포함될 수 있도록 연결성을 제고하는 것이 중요하다. 이는 대중교통을 통한 연결성 증대, 대중교통과 도보 및 자전거 이용의 결합 등의 방법을 통해 추구될 수 있을 것이다.

---

41 카를로스 모레노,《도시에 살 권리》, 2023.
42 C. Moreno, Z. Allam, D. Chabaud, C. Gall, F. Pratlong, "Introducing the "15-Minute City": Sustainability, resilience and place identity in future post-Pandemic cities," pp. 93-111.

따라서 다중심 도시는 도시를 여러 생활권으로 구분할 뿐만 아니라, 주변 농촌 지역과의 연결 속에 생활권을 조성한다. 상당수의 인구가 도시 주변 농촌에 거주한다는 것은 지속가능한 도시를 위해 자동차 이용을 줄임과 동시에, 인접 지역과의 교통 연결성과 접근성도 중요하다는 것을 의미한다.[43] 다중심 도시는 단순히 자동차의 의존을 줄이면서 환경오염을 감소시키는 도시계획이 아니라,[44] 복잡성의 관점에서 도시의 기능을 이해하고 살아 있는 도시를 만드는 과정이다. 모레노는 숨을 쉴 수 있는 도시, 인간이 교류할 수 있도록 서로를 감싸는 도시, 분리된 것을 다시 연결시키고 자연과 사회가 서로를 함께 구성하는 도시가 다중심 도시의 핵심이라 주장한다.[45]

복합용도지구와 소셜믹스

모레노는 15분 도시계획에서 토지 이용의 혼합에 의한 복합용도지구 조성과 문화적 다양성을 통한 소셜믹스social mix를 강조한다.[46] 복합용도지구 조성이 다양한 문화·인종·계급의 상호작

43 A. Poorthuis, M. Zook, "Moving the 15-minute city beyond the urban core: The role of accessibility and public transport in the Netherlands," p. 103629.
44 E. Knap, M. Ulak, K. Geurs, A. Mulders, S. van der Drift, "A composite X-minute city cycling accessibility metric and its role in assessing spatial and socioeconomic inequalities: A case study in Utrecht, the Netherlands," *Journal of Urban Mobility* 3, 2023, p. 100043.
45 카를로스 모레노, 《도시에 살 권리》, 2023.
46 C. Moreno, Z. Allam, D. Chabaud, C. Gall, F. Pratlong, "Introducing the "15-Minute City": Sustainability, resilience and place identity in future post-Pandemic cities," pp.

용을 촉진한다는 것이 모레노의 주장이다. 이는 흔히 소셜믹스로 표현된다. 소셜믹스는 다양성이 상호작용하여 도시 삶의 긍정적 효과를 가져온다는 것으로, 이를 통해 기회·권리·부의 평등이 가능하다고 본다.[47] 예를 들어, 복합용도지구 내에 주거 공간과 일터가 함께 있으므로 다양한 계층이 서로 연대하기 쉽고, 이동 거리가 짧아 개인 시간이 많아지며, 이것이 삶의 질적 향상으로 이어진다는 것이다.[48]

부연하자면, 일자리의 현지화는 사회적 관계를 확대하고, 다양한 계급과 시민 간 마주침의 기회를 확대하고, 로컬의 안전과 쾌적함 또한 개선한다. 한 공간에서 경제적·문화적·사회적 상호작용이 전개되고 여러 기능이 혼합될 때, 다양한 인종과 계급이 교차하고 마주치는 기회가 증대된다. 소셜믹스는 공존과 만남, 사회 통합, 세대 간 접촉, 성평등, 문화 교류를 견인하는 핵심이다.

복합용도지구 조성은 다목적형 공간의 조성과 자원 공유의 효과를 가져온다. 사용되지 않는 유휴 공간이 다른 용도로 사용될 수 있는 것이다. 예를 들어, 나이트클럽은 낮 시간에 스포츠센터로 활용될 수 있다.[49] 이처럼, 모레노는 복합용도지구의 조성과 소셜

93-111.

[47] G. Casarin, J. MacLeavy, D. Manley, "Rethinking urban utopianism: The fallacy of social mix in the 15-minute city," *Urban Studies*, 60(16), 2023, pp. 3167-3186.

[48] A. Khavarian-Garmsir, A. Sharifi, M. Abadi, Z, Moradi, "From garden city to 15-minute city: a historical perspective and critical assessment," pp. 1-15.

[49] 카를로스 모레노, 《도시에 살 권리》, 2023.

믹스로 도시공간이 시민 주도의 참여 공간이 된다고 주장한다.

유비쿼터스 도시

15분 도시의 실천에서 반드시 필요한 요소는 유비쿼터스 도시를 추진하는 것이다. 한곳에 거주하면서 먹고, 마시고, 즐기고, 일하고, 소비하고, 이동하고, 치료를 받고, 배우고, 운동하고, 여가를 즐기는 모든 활동이 이제 디지털을 통해 가능한 시대가 되었다. 디지털화가 만든 도시공간이 다름 아닌 유비쿼터스 도시이다.

여기와 저기가 디지털에 의해 연결된 도시는 실시간으로 데이터를 생산하고 소비하는 세계이다. 모레노는 기술이 사회적 관계를 재창조한다고 보는데, 이는 21세기의 사물이 기술-사회-노하우의 연결로 만들어진 통합체이기 때문이란 것이다.[50] 15분 도시는 물리적 세계, 사회적 세계, 디지털 세계가 서로 관계를 맺고 섞인 공간이다.

또한 15분 도시는 시민 기술civic tech의 세계이다. 기술이 시민의 사회적 관계와 소통을 낳고, 이러한 관계들이 새로운 형태의 민주주의를 창조한다.[51] 모레노에 따르면, 더 큰 참여정치, 도시 자원의 커먼즈 정치화는 기술이 상업 논리에 의해 도시를 장악하는 것을 방지하고, 시민 참여 중심의 공공서비스 제공을 실현하며, 시민이 디지털 기술을 통해 표현의 자유를 성취하고 공익을 보호

---

50 카를로스 모레노, 《도시에 살 권리》, 2023.
51 카를로스 모레노, 《도시에 살 권리》, 2023.

하는 순기능을 수행한다.

이처럼 디지털은 서비스 공급의 주된 제공자 또는 행위자가 되고 있다. 디지털을 가장 효율적으로 이용하고, 디지털 기술이 인간과 생태를 위해 제대로 작동할 수 있는 곳이 바로 15분 도시라고 모레노는 주장한다.

15분 도시에 대한 비판

개념적 한계

① 개념의 모호성

15분 도시는 여러 문제가 있지만, 전 세계적으로 유명세를 타면서 도시정책의 새로운 슬로건으로 부상하고 있다.[52] 특히 밀도와 근접성을 강조한 도시계획이 독창적이라는 점이 주목을 끄는데, 15분 도시가 독창적이라는 주장에 대한 반대 의견도 많다.[53] 19세기 하워드Ebenezer Howard가 제시한 전원도시garden city, 20세기 초반 페리Clarence Perry의 근린주구neighborhood unit, 카츠Peter Katz의 뉴

---

52 G. Pozoukidou, Z. Chatziyiannaki, "15-Minute City: Decomposing the new urban planning eutopia," *Sustainability*, 13(2), 2021, p. 928.

53 K. Mouratidis, "Time to challenge the 15-minute city: seven pitfalls for sustainability, equity, livability, and spatial analysis," p. 105274.

어바니즘new urbanism에서 이 개념이 사용되었다는 것이다. 모레노의 주장은 이들 연구에 대한 수정본이라고 할 수 있다.[54]

15분 도시는 언뜻 도시에 대한 개념으로 인식되기 쉬우나, 엄밀하게 보면 이 개념은 도시 내 지구 단위 또는 생활권에 대한 것으로 도시 규모 또는 도시 단위의 개념은 아니다.[55] 또한 15분 도시는 '차이'보다 '동질성(또는 보편성)'을 강조하는 경향이 있다. 이는 걷기 · 자전거 · 자동차 이동에 대한 개인별 차이,[56] 특히 연령 · 성별 · 계급 · 신체 능력 등 인구사회학적 차이가 모빌리티에 미치는 영향을 간과하고, 지역별 건조 환경built environment의 차이에 따른 모빌리티의 차이를 충분히 고려하지 못한다.[57] 예를 들어, 남아메리카의 콜롬비아 보고타에 대한 사례 분석은, 개인의 선호도, 지리적 특성, 보행자 인프라의 질적 수준에 따라 접근성이 달라짐을 보여

54 C. Perry, *The neighborhood unit: A scheme of arrangement for the family-life community regional plan of New York and its environs*, Arno Press: New York, 1929.; E. Howard, *Garden Cities of To-Morrow*, Routledge: London, 1898(1965); P. Katz, *The New Urbanism: Toward an Architecture of Community*, New York: McGraw-Hill, 1994.

55 A. Khavarian-Garmsir, A. Sharifi, M. Abadi, Z, Moradi, "From garden city to 15-minute city: a historical perspective and critical assessment," pp. 1-15.

56 K. Mouratidis, "Time to challenge the 15-minute city: seven pitfalls for sustainability, equity, livability, and spatial analysis," *Cities* 153, 2024, p. 105274.

57 C. Birkenfeld, R. Victoriano-Habit, M. Alousi-Jones, A. Soliz, A. El-Geneidy, "Who is living a local lifestyle? Towards a better understanding of the 15-minute-city and 30-minute-city concepts from a behavioural perspective in Montreal, Canada," *Journal of Urban Mobility* 3, 2023, p. 100048; E. Knap, M. Ulak, K. Geurs, A. Mulders, S. van der Drift, "A composite X-minute city cycling accessibility metric and its role in assessing spatial and socioeconomic inequalities: A case study in Utrecht, the Netherlands," p. 100043.

준다.[58] 모빌리티 약자는 다양한 교통 편의 시설과 서비스를 필요로 하며, 장거리 대중교통은 도시의 지속가능성에 필요한 요소이다. 따라서 도시계획에서 걷기, 자전거 타기 등 능동적 이동 수단에 중점을 두더라도, 노인 · 장애인 · 저소득층의 이동 제한을 극복할 수 있는 서비스의 제공이 간과될 수 없다.[59]

15분 도시는 전 세계 모든 도시에 적용 가능한 것처럼 설명되지만, 이는 유럽 중심적 사고와 유럽의 도시 구조에 기반한 것으로, 국가와 지역에 따라 생활권에 대한 개념과 실천이 달라져야 함을 간과한다. 만약 지역적 상황에 대한 비판적 고려 없이 이 개념이 도시계획에 적용될 경우, 현재 상태의 사회적 및 물리적 인프라의 불균형을 심화시킬 수 있다.[60]

이런 점에서 15분 도시계획은 도시 불평등을 가져온 기존의 구조적 요인을 간과하며, 또한 필수 서비스에 대한 불평등한 접근을 간과한다.[61] 즉, 15분 도시계획은 개인의 다양성을 고려하지 못하기에, 의미 있고 공정한 도시 삶의 변화를 주도하기엔 부족

58 L. Guzman, D. Oviedo, V. Cantillo-Garcia, "Is proximity enough? A critical analysis of a 15-minute city considering individual perceptions," *Cities* 148, 2024, p. 104882.

59 A. Calafiore, R. Dunning, A Nurse, A. Singleton, "The 20-minute city: An equity analysis of Liverpool City Region," *Transportation Research Part D: Transport and Environment* 102, 2022, p. 103111.

60 E. Papadopoulos, A. Sdoukopoulos, I. Politis, "Measuring compliance with the 15-minute city concept: State-of-the-art, major components and further requirements," *Sustainable Cities and Society* 99, 2023, p. 104875.

61 M. Di Marino, E. Tomaz, C. Henriques, S. Chavoshi, "The 15-minute city concept and new working spaces: A planning perspective from Oslo and Lisbon," *European Planning Studies* 31(3), 2023, pp. 598-620.

한 실정이다.

②근접성 증후군

모레노는 '살아 있는 도시living city'는 고정된 것이 아니라 항상 변화하는 생태계 자체라고 본다.[62] 도시는 복잡성의 단면을 담은 것으로, 건축·교통·기술·인구·경제로만 도시를 이해하는 것은 불가능하다는 것이다. 모레노는 도시계획이란 긴 호흡의 과정으로, 생성된 도시의 리듬과 호흡을 통해 적정한 도시계획을 추구해야 한다고 강조한다. 하지만 15분 도시계획은 밀도와 근접성이 핵심 개념으로 부상하면서, 그가 강조하는 도시의 복잡성은 간과되고 있다.

실제, 15분 도시에 대한 연구는 생활권 내 상품과 서비스에 대한 근접성을 중심으로 논의되는 경향이 있다.[63] 전술한 것처럼 모레노는 15분 도시의 핵심 개념으로 다양성과 디지털화를 추가하였으나, 여전히 근접성과 밀도가 가장 중요한 요소로 설명되는 경향이 있으며, 다수의 도시계획과 도시 연구는 밀도와 근접성 위주로 연구를 진행하는데, 이는 '근접성 증후군proximity syndrome' 이란 비판에 직면한다.[64]

---

62 카를로스 모레노, 《도시에 살 권리》, 2023.

63 B. Caselli, M. Carra, S. Rossetti, M. Zazzi, "Exploring the 15-minute neighbourhoods. An evaluation based on the walkability performance to public facilities," *Transport Research Procedia* 60, 2022, 346–353; L. Guzman, J. Peña, J. Carrasco, "Assessing the role of the built environment and sociodemographic characteristics on walking travel distances in Bogotá," p. 102844.

64 E. Marchigiani, B. Bonfantini, "Urban transition and the return of neighbourhood

도시 연구에서 근접성이 주목받는 이유는 도보와 자전거 이용에 대한 근접성은 정량화가 쉬운 반면, 다양성 효과는 이해하기 어렵기 때문일 것이다.[65] 근접성 위주로 15분 도시에 대한 평가와 도시계획이 추진되면서, 도시 구성원의 다양성과 복잡한 건조환경의 특성이 간과되고, 이는 지속가능하고 공평한 공동체에 대한 논의를 간과하도록 한다. 라틴아메리카처럼 직장과의 접근성이 불평등하고, 비공식 부문이 많고, 소득과 고용이 불확실한 상황에서 근접성 개념은 적용하기 쉽지 않다.[66] 고용주가 거주지에서만 직원을 채용하지 않을 것이며, 성공적 직원은 거주지에서만 직업을 구하지는 않을 것이다.

실천의 한계

① 물리적 결정론

15분 도시계획은 물리적 결정론에 함몰되어 있다는 비판을 받는다.[67] 이는 도시 설계와 도시 형태(또는 구조)의 변화를 통해 도

planning. Questioning the proximity syndrome and the 15-Minute City," *Sustainability* 14(9), 2022, p. 5468.

65 E. Willberg, C. Fink, T. Toivonen, "The 15-minute city for all? Measuring individual and temporal variations in walking accessibility," *Journal of Transport Geography* 106, 2023, p. 103521.

66 L. Guzman, D. Oviedo, V. Cantillo-Garcia, "Is proximity enough? A critical analysis of a 15-minute city considering individual perceptions," p. 104882.

67 G. Pozoukidou, Z. Chatziyiannaki, "15-Minute City: Decomposing the new urban planning eutopia," p. 928.

시문제를 해결하려는 것으로, 현재 도시의 경제적·사회적·환경
적 문제를 물리적이고 기술적인 방법으로 해결할 수 없다는 비판
이 제기된다.[68]

15분 도시가 실현되려면 모든 도시 지역이 생활권으로 구성되
어야 하고, 근접한 거리에 충분한 수의 인구가 거주해야 한다. 하
지만 도시의 기능(예: 병원, 박물관, 대학, 학교, 공항 등)을 한곳에
집중시키는 것은 좋지 않을 수 있으며,[69] 고차 서비스는 도심 위
주로 입지하는 것이 바람직하고, 또한 모든 생활권이 필요한 서
비스를 제공하는 것은 불가능하다.

생활권은 뉴어바니즘이 강조한 보행권과 근린중심 도시계획으
로의 회귀를 의미한다.[70] 15분 도시의 생활권은 현대의 도시계획
과 조화를 이루기 힘든데, 왜냐하면 현대의 도시계획 패러다임이
자동차 기반의 교통 시스템에 의존하기 때문이다.[71] 서비스와 편
의 시설은 중심부와 쇼핑센터에 위치하고, 주거지역은 분산시키
는 패턴을 보인다. 대도시의 많은 사람들이 대규모 주거단지에
위치하고, 일상적 편의를 충족시키기 위해 자동차에 의존한다.

---

68 G. Pozoukidou, Z. Chatziyiannaki, "15-Minute City: Decomposing the new urban
    planning eutopia," p. 928.
69 K. Mouratidis, "Time to challenge the 15-minute city: seven pitfalls for sustainability,
    equity, livability, and spatial analysis," p. 105274.
70 L. Guzman, D. Oviedo, V. Cantillo-Garcia, "Is proximity enough? A critical analysis
    of a 15-minute city considering individual perceptions," p. 104882.
71 A. Poorthuis, M. Zook, "Moving the 15-minute city beyond the urban core: The role
    of accessibility and public transport in the Netherlands," p. 103629.

예를 들어, 오스트레일리아의 대도시처럼 혼잡하고 자동차 의
존적이며 교외화 등의 확산된 도시 구조를 갖는 경우, 15분 도시
패턴은 적절하지 않을 수 있다.[72] 한편, 네덜란드의 도시 지역과
비도시 지역에 대한 이동 연구에 의하면, 전체 이동에서 상품과
서비스를 위한 것은 상대적으로 제한적인 것으로 나타났다.[73] 이
는 상품과 서비스를 15분 이내에서 제공하더라도, 자동차를 비롯
한 모빌리티 수요는 지속될 수 있음을 의미한다. 또한 도시의 모
빌리티는 국내외 관광 수요와 밀접하게 관련되며, 이 과정에서 공
공공간의 상업화도 간과할 수 없다.[74] 이처럼 15분 도시계획은 일
상의 모빌리티 발생을 경제 중심적으로 해석하면서, 사회적, 문화
적, 정치적, 환경적 요인에 의한 이동을 부수적인 것으로 이해하
는 경향이 있다. 이런 점에서 물리적 설계와 도시 형태에 의존하
는 15분 도시계획은 도시의 역동성과 복잡성, 그리고 환경, 생물
다양성, 에너지 효율성, 지역문화 등을 포괄하지 못할 수 있다.

② 기능적 접근의 한계

15분 도시는 토지 이용을 기능적 측면에서 강조한다는 비판을

---

[72] S. Handy, "Is accessibility an idea whose time has finally come?" *Transportation Research Part D: Transport and Environment* 83, 2020, p. 102319.

[73] A. Poorthuis, M. Zook, "Moving the 15-minute city beyond the urban core: The role of accessibility and public transport in the Netherlands," p. 103629.

[74] 이용균, 〈모빌리티가 여행지 공공공간의 사적 전유에 미친 영향: 터키 여행공간을 사례로〉,《한국도시지리학회지》22(2), 2019, 47~62쪽.

받으며, 주거·교육·소비·문화·의료 등으로 토지 용도를 엄격하게 구분하는 것 자체가 문제라는 지적이 제기된다.[75] 도시의 토지가 반드시 계획에 의해서만 구획되고 사용되는 것은 아니며, 다양하고 복잡한 경제, 사회, 문화, 정치, 군사, 외교, 유흥 등의 활동을 포함한다. 이런 점에서 도시의 토지 이용은 엄밀한 기능적 배치를 강조하기보다 도시 전역이 다양한 라이프 스타일을 상호 연결할 수 있도록 배치하는 것이 바람직하다.

모레노는 15분 이내에 저렴한 주택, 다양한 문화, 적절한 서비스가 제공되어야 한다고 주장하지만, 실제 이러한 목표가 어떻게 추진될 수 있는지를 구체적으로 제시하지 못하고 있다. 생활권의 기능적 배치로서 다양하고 복잡한 도시문제를 해결할 수 있다는 것은, 마치 스마트 시티처럼 기술로 도시문제 해결이 가능하다는 인식과 유사하다.[76]

한편, 도시계획을 기능적으로 접근한다는 것은 하향식top-down 접근으로, 비슷한 기능의 생활권이 강조되면서 주민의 참여를 수반하는 상향식group-up 도시계획이 배제될 가능성이 있다.[77] 이는 시민을 동질적 존재로 간주하는 경향 때문으로, 시민의 다양한 배경

---

75 A. Khavarian-Garmsir, A. Sharifi, M. Abadi, Z, Moradi, "From garden city to 15-minute city: a historical perspective and critical assessment," pp. 1-15; S. Handy, "Is accessibility an idea whose time has finally come?" p. 102319.

76 A. Poorthuis, M. Zook, "Moving the 15-minute city beyond the urban core: The role of accessibility and public transport in the Netherlands," p. 103629.

77 G. Casarin, J. MacLeavy, D. Manley, "Rethinking urban utopianism: The fallacy of social mix in the 15-minute city," pp. 3167-3186.

과 서로 다른 문화적 특성이 생활권 계획에서 간과될 수 있다.

또한, 15분 도시는 낙후된 도시공간에 대한 체계적이고 지속적인 복지를 간과한다. 이는 모레노가 강조하는 테크노토피아의 이상과는 거리가 먼 것으로, 생활권 조성이 빈곤의 해결보다 '빈곤의 문제화'를 담론화하고, 빈곤 지구의 재개발에 주력할 가능성이 있다.[78] 즉, 빈곤의 문제화와 도시 서비스 기능의 근접성은 양질의 저렴한 주택을 제공하는 것보다 젠트리피케이션의 도구로 작용할 가능성이 있다.[79] 이런 점에서, 정교하게 구획된 생활권 위주의 지구 계획보다, 도시 전체에 대한 권리right to the whole city가 강조되는 도시계획이 필요하다는 주장이 제기된다.[80]

③소셜믹스의 한계

15분 도시는 도시 위주의 생활권 계획으로 도시 주변부와 농촌 지역의 발전을 간과하는 경향이 있다. 모레노는 복합용도지구의 활성화 등 소셜믹스를 강조하지만, 도시 중심의 생활권 계획은 여러 배제적 현상을 낳는다. 네덜란드의 경우, 대도시가 성장하면서 주변 농촌 지역으로 인구가 유입되었고, 주택 부족은 자

---

78 G. Casarin, J. MacLeavy, D. Manley, "Rethinking urban utopianism: The fallacy of social mix in the 15-minute city," pp. 3167-3186.

79 A. Poorthuis, M. Zook, "Moving the 15-minute city beyond the urban core: The role of accessibility and public transport in the Netherlands," p. 103629.

80 G. Casarin, J. MacLeavy, D. Manley, "Rethinking urban utopianism: The fallacy of social mix in the 15-minute city," pp. 3167-3186.

동차 기반 교통에 의존하는 교외의 개발을 촉진하였다.[81] 이러한
상황을 고려하지 않은 채, 15분 도시계획은 도심과 도시 중심 지
역에 관심을 두면서 도시 내 낙후 지역, 주변 지역 및 농촌 지역
의 발전은 간과하는 경향이 있으며, 이는 기존의 공간적 불평등
을 심화시킬 우려가 있다.

다양성과 토지 이용의 혼합에 의한 소셜믹스가 계급 간 평등
을 가져올 것이란 주장은 설득력이 떨어진다. 소셜믹스는 빈곤층
을 문제 집단으로 낙인찍거나 부자를 능력 있는 집단으로 간주할
우려가 있다.[82] 가난한 계급이 토지 이용의 혼합지구에 거주하면
서 주택비가 부담스럽지 않다면 문제가 덜할 것이나, 실제 도시
의 삶에서 혼합지구 내 가난한 사람은 주거 비용이 부담스럽고,
차츰 부자들의 공간으로 바뀔 가능성이 크다. 이는 계층 간 평등
한 공간을 만들기보다 젠트리피케이션에 의한 차별적 공간을 만
들 가능성이 크다. 따라서 소셜믹스를 통한 사회적 자본의 증대
와 이를 통한 주민 간 평등은 사실상 실현 불가능에 가깝다.

이런 점에서 소셜믹스 자체가 도시의 문제를 해결하지는 않는
다.[83] 모레노는 분명 사회정의와 평등을 지향한다. 하지만, 필요

---

81 A. Poorthuis, M. Zook, "Moving the 15-minute city beyond the urban core: The role
of accessibility and public transport in the Netherlands," p. 103629.
82 G. Casarin, J. MacLeavy, D. Manley, "Rethinking urban utopianism: The fallacy of
social mix in the 15-minute city," pp. 3167-3186.
83 G. Casarin, J. MacLeavy, D. Manley, "Rethinking urban utopianism: The fallacy of
social mix in the 15-minute city," pp. 3167-3186.

한 서비스를 한곳에 밀도 있게 집중시킨다고 해서 도시 빈곤이 구조적으로 해결되지 않으며, 한편으로 소셜믹스는 부자의 공간을 공고히 하는, 국가가 후원하는 젠트리피케이션이 될 수 있다. 어쩌면 15분 도시는 극심한 빈곤의 가시성만을 줄이는 효과에 그칠 수 있으며, 빈곤층의 물리적 이동physical displacement과 재배치 replacement를 가져올 수 있다.[84]

이에 따라 15분 도시는 다양한 격리diversity segregation 현상을 심화시킬 수 있고,[85] 사회적 단층social tectonics을 강화할 수 있다.[86] 특히 15분 도시는 스냅숏snapshot처럼 단기간 효과를 강조한다는 점에서, 장기적 측면의 도시재생 효과는 고려하지 못하는 한계가 있다.[87]

84 G. Casarin, J. MacLeavy, D. Manley, "Rethinking urban utopianism: The fallacy of social mix in the 15-minute city," pp. 3167-3186.

85 D. Hyra, "Greasing the wheels of social integration: housing and beyond in mixed income, mixed-race neighborhoods," *Housing Policy Debate* 25, 2015, pp. 785-788.

86 T. Butler, G. Robson, "Social capital, gentrification and neighbourhood change in London: A comparison of three South London neighbourhoods," *Urban Studies* 38, 2001, pp. 2145-2162.

87 G. Casarin, J. MacLeavy, D. Manley, "Rethinking urban utopianism: The fallacy of social mix in the 15-minute city," pp. 3167-3186.

참고문헌

국내 도서

앙리 르페브르, 《도시에 대한 권리》, 곽나연 옮김, 이숲, 2024.

에드가 모랭, 《복잡성 사고 입문》, 신지은 옮김, 에코리브르, 2012.

제이슨 무어, 《생명의 그물 속 자본주의》, 김효진 옮김, 갈무리, 2020.

제프리 삭스, 《지속가능한 발전의 시대》, 홍성완 옮김, 21세기북스, 2015.

카를로스 모레노, 《도시에 살 권리》, 양영란 옮김, 정예씨, 2023.

티머시 비틀리, 《그린 어바니즘: 유럽의 도시에서 배운다》, 이시철 옮김, 아카넷, 2013.

해외 도서

C. Perry, *The neighborhood unit: A scheme of arrangement for the family-life community regional plan of New York and its environs*, New York: Arno Press, 1929.

E. Howard, *Garden Cities of To-Morrow*, London: Routledge, 1898(1965).

J. Jacobs, *The Death and Life of Great American Cities*, New York: Vintage Book, 1961.

M. Crang, "Time: Space", in Cloke, P. and Johnston, R. (eds.), *Spaces of Geographical Thought: Deconstructing Human Geography's Binaries*, London: Sage, 2005, pp. 199-229.

N. Salingaros, "Compact city replaces sprawl", in A. Graafland, L. Kavanaugh, and P. Gerards (eds.), *Crossover: Architecture, Urbanism, Technology*, 010 Publishers: Rotterdam, 2006, pp. 100-115.

P. Katz, *The New Urbanism: Toward an Architecture of Community*, New York: McGraw-Hill, 1994.

Y-F. Tuan, *Topophilia: A Study of Environmental Perceptions, Attitudes, and Values*, New York: Columbia University Press, 1974.

국내 논문

김형준, 〈15분 도시의 개념과 적용에 관한 연구〉, 《한국산학기술학회논문지》

24(6), 2023, 134~139쪽.

이성근·최민아, 〈파리 15분 도시계획과 2040 서울도시기본계획의 보행생활권 계획 특성 비교〉, 《프랑스문화연구》 58, 2023, 73~97쪽.

이용균, 〈모빌리티가 여행지 공공공간의 사적 전유에 미친 영향: 터키 여행공간을 사례로〉, 《한국도시지리학회지》 22(2), 2019, 47~62쪽.

이용균, 〈지속가능한 개발의 한계와 대안적 지속가능성의 탐색〉, 《한국도시지리학회지》 24(2), 2021, 1~17쪽.

해외 논문

A. Calafiore, R. Dunning, A Nurse, A. Singleton, "The 20-minute city: An equity analysis of Liverpool City Region," *Transportation Research Part D: Transport and Environment* 102, 2022, p. 103111.

A. Khavarian-Garmsir, A. Sharifi, M. Abadi, Z, Moradi, "From garden city to 15-minute city: a historical perspective and critical assessment," *Land* 12, 2023, pp. 1-15.

A. Poorthuis, M. Zook, "Moving the 15-minute city beyond the urban core: The role of accessibility and public transport in the Netherlands," *Journal of Transport Geography* 110, 2023, p. 103629.

B. Caselli, M. Carra, S. Rossetti, M. Zazzi, "Exploring the 15-minute neighbourhoods. An evaluation based on the walkability performance to public facilities," *Transport Research Procedia* 60, 2022, pp. 346–353.

C. Birkenfeld, R. Victoriano-Habit, M. Alousi-Jones, A. Soliz, A. El-Geneidy, "Who is living a local lifestyle? Towards a better understanding of the 15-minute-city and 30-minute-city concepts from a behavioural perspective in Montreal, Canada," *Journal of Urban Mobility* 3, 2023, p. 100048.

C. Moreno, "Living in proximity in a living city," *Glocalism:Journal of Culture, Politics and Innovation*, 2021, p. 3.

C. Moreno, Z. Allam, D. Chabaud, C. Gall, F. Pratlong, "Introducing the "15-Minute City": Sustainability, resilience and place identity in future post-Pandemic cities," *Smart Cities* 4, 2021, pp. 93-111.

D. Hyra, "Greasing the wheels of social integration: housing and beyond in mixed income, mixed-race neighborhoods," *Housing Policy Debate* 25, 2015, pp. 785-788.

E. Knap, M. Ulak, K. Geurs, A. Mulders, S. van der Drift, "A composite X-minute city cycling accessibility metric and its role in assessing spatial and socioeconomic inequalities: A case study in Utrecht, the Netherlands," *Journal of Urban Mobility* 3, 2023, p. 100043.

E. Marchigiani, B. Bonfantini, "Urban transition and the return of neighbourhood planning. Questioning the proximity syndrome and the 15-Minute City," *Sustainability* 14(9), 2022, p. 5468.

E. Papadopoulos, A. Sdoukopoulos, I. Politis, "Measuring compliance with the 15-minute city concept: State-of-the-art, major components and further requirements," *Sustainable Cities and Society* 99, 2023, p. 104875.

E. Willberg, C. Fink, T. Toivonen, "The 15-minute city for all? Measuring individual and temporal variations in walking accessibility," *Journal of Transport Geography* 106, 2023, p. 103521.

G. Casarin, J. MacLeavy, D. Manley, "Rethinking urban utopianism: The fallacy of social mix in the 15-minute city," *Urban Studies*, 60(16), 2023, pp. 3167-3186.

G. Pozoukidou, Z. Chatziyiannaki, "15-Minute City: Decomposing the new urban planning eutopia," *Sustainability*, 13(2), 2021, p. 928.

K. Brookfield, "Residents' preferences for walkable neighbourhoods," *Journal of Urban Design* 22(1), 2017, pp. 44-58.

K. Mouratidis, "Time to challenge the 15-minute city: seven pitfalls for sustainability, equity, livability, and spatial analysis," *Cities* 153, 2024, p. 105274.

L. Guzman, J. Peña, J. Carrasco, "Assessing the role of the built environment and sociodemographic characteristics on walking travel distances in Bogotá," *Journal of Transport Geography* 88, 2020, p. 102844.

L. Guzman, D. Oviedo, V. Cantillo-Garcia, "Is proximity enough? A critical analysis of a 15-minute city considering individual perceptions," *Cities*

148, 2024, p. 104882.

M. Di Marino, E. Tomaz, C. Henriques, S. Chavoshi, "The 15-minute city concept and new working spaces: A planning perspective from Oslo and Lisbon," *European Planning Studies* 31(3), 2023, pp. 598 – 620.

S. Handy, "Is accessibility an idea whose time has finally come?" *Transportation Research Part D: Transport and Environment* 83, 2020, p. 102319.

T. Butler, G. Robson, "Social capital, gentrification and neighbourhood change in London: A comparison of three South London neighbourhoods," *Urban Studies* 38, 2001, pp. 2145-2162.

Z. Allam, M. Nieuwenhuijsen, D. Chabaud, C. Moreno, C., "The 15-minute city offers a new framework for sustainability, liveability, and health," *The Lancet:Planetary Health* 6(3), 2022, pp. e181-e183.

인터넷

A. Nurse, A. Calafiore, R. Dunning, 〈15-minute cities: How to separate the reality from the conspiracy theory〉, 《The Conversation》, 2023년 2월 18일자. (https://theconversation.com/15-minute-cities-how-to-separate-the-reality-from-the-conspiracy-theory-200111)

모빌리티 인문학 미래세계

2025년 2월 10일 초판 1쇄 발행

지은이 | 이진형 신인섭 김주영 이현영 김태희 양명심
　　　김치정 임보미 우연희 박해리 이용균
펴낸이 | 노경인 · 김주영

펴낸곳 | 도서출판 앨피
출판등록 | 2004년 11월 23일
주소 | (01545) 경기도 고양시 덕양구 향동로 218
　　　(향동동, 현대테라타워DMC) B동 942호
전화 | 02-710-5526　팩스 | 0505-115-0525
블로그 | blog.naver.com/lpbook12
전자우편 | lpbook12@naver.com

ISBN 979-11-92647-60-9　94300